NUEVO EXAMEN DELE B2

Cristina M. **Alegre Palazón**
Leonor **Quarello Demarcos**
A. **Romanacce Guerra**
M. **Almarza Durán**
M. D. **Corchado Rubio**

Destino DELE

B2

Preparación al Diploma de Español como Lengua Extranjera

4 modelos completos para el NUEVO examen a partir de 2013

Índice

Gramática

Modelos de examen

Modelos de examen elaborados por
Ana Romanacce Guerra, Mabel Almarza Durán, María Dolores Corchado Rubio

Los exámenes DELE

Los exámenes de certificación oficial DELE (Diplomas de Español como Lengua Extranjera) son oficiales y acreditativos (sin caducidad) y se insertan dentro de los descriptores de MCER (*Marco Común Europeo de Referencia*) para las lenguas. De esta manera, las actividades que se realizan en los exámenes de certificación DELE se basan en las competencias del hablante, es decir: conocimientos, habilidades y actitudes que el hablante pone en juego durante la actuación lingüística.

Los niveles comunes de referencia marcan la evolución de los aprendientes-usuarios desde el mínimo nivel susceptible, A1, hasta el más elevado, C2, pasando por toda la escala alfanumérica (A1, A2, B1, B2, C1 y C2). El nuevo formato del examen DELE B2 ha entrado en vigor a partir de la convocatoria de agosto de 2013.

La obtención del diploma DELE B2 proporciona al candidato la seguridad de que ha alcanzado un nivel avanzado de español que le permite desenvolverse sin problemas tanto a nivel oral como escrito. El candidato B2 comprende lo esencial de textos orales y escritos complejos, incluso sobre temas abstractos aunque se presenten en diversas variedades del español o tengan un carácter técnico. Interactúa con todo tipo de hablantes con un grado suficiente de fluidez y naturalidad, de modo que la comunicación no suponga esfuerzos por parte de ningún interlocutor. Redacta textos claros y detallados sobre asuntos diversos, incluidos los que suponen análisis dialéctico, debate o defensa de un punto de vista.

Para hacer el examen

Antes que nada tiene que inscribirse al examen teniendo en cuenta que las convocatorias anuales son tres: en mayo, en agosto (no en todos los países) y en noviembre y las fechas de inscripción suelen caducar un mes antes.

Las fechas de cada año, los precios, las sedes de examen se encuentran en la página web del Instituto Cervantes. De este sitio se pueden descargar las hojas de inscripción para rellenar y mandárselas al centro de examen que ha elegido junto a la fotocopia de su documento de identidad o puede presentarse directamente en uno de los centros de examen de su zona en donde encontrará hojas de inscripción y toda la información necesaria. Las direcciones de los centros de examen de cada país se encuentran en la misma página web del Instituto Cervantes.

El examen

El candidato recibe: **los cuadernillos** con las pruebas; **las hojas de respuesta** donde pondrá también sus datos personales; **un lápiz de número 2 y un bolígrafo** para la producción escrita (**es importante que tenga en cuenta que este material se lo procurará el Centro de examen**). En la prueba de expresión escrita, se han de seguir rigurosamente las instrucciones facilitadas en el enunciado de la prueba sobre el número de palabras y el formato del texto.

Se requiere la calificación de "apto" en cada una de las pruebas en la misma convocatoria de examen. La puntuación máxima que se puede obtener en el examen es de 100 puntos y es necesario obtener el 70% en cada parte.

Las pruebas

PRUEBA DE COMPRENSIÓN DE LECTURA

70 minutos

La prueba consta de 36 preguntas distribuidas en 4 tareas. Todas las preguntas se responden en la hoja de respuestas correspondiente señalada como *comprensión de lectura*, formato de marcas ópticas y rigurosamente con lápiz número 2.

Tarea 1	6 preguntas	En esta tarea se propone un texto informativo complejo y largo de ámbito público y profesional. Consta de 6 ítems con 3 opciones de respuesta múltiple.
Tarea 2	10 preguntas	Se proponen 4 textos expositivos personales que contengan puntos de vista, comentarios, opiniones o anécdotas con 10 ítems de respuesta preseleccionada: relacionar los 4 textos con preguntas o enunciados.
Tarea 3	6 preguntas	Es un texto (artículo de opinión, noticias, cartas al director, guías de viaje, etc.) con 6 ítems de completar párrafos con enunciados extensos (entre 15-20 palabras).
Tarea 4	14 preguntas	Se trata de completar un texto *cloze* (literario, histórico, biográfico, etc.) con 14 ítems y 3 opciones de respuesta.

PRUEBA DE COMPRENSIÓN AUDITIVA

40 minutos

La prueba consta de 30 preguntas distribuidas en 5 tareas. Todas las preguntas se responden señalando la solución en las marcas ópticas de la hoja de respuestas en el espacio pertinente señalado como *comprensión auditiva* y rigurosamente en lápiz número 2. Se oirá cada enunciado dos veces.

Tarea 1	6 preguntas	El candidato escuchará 6 conversaciones formales e informales de ámbito personal, profesional, público y académico y tendrá que responder a 6 preguntas de opción múltiple con tres opciones de respuesta.
Tarea 2	6 preguntas	El candidato escuchará una conversación entre dos personas, luego tendrá que indicar, para cada uno de los 6 ítems, si el enunciado se refiere a uno de los interlocutores o a ninguno de los dos.
Tarea 3	6 preguntas	El candidato escuchará una entrevista radiofónica o televisiva en la que se expone, describe o argumenta y se le harán 6 preguntas de opción múltiple con 3 opciones de respuesta.
Tarea 4	6 preguntas	El candidato escuchará 6 monólogos cortos o conversaciones que narran o describen experiencias, o expresan valoraciones, opiniones o consejos. Luego tendrá que relacionarlos con los 6 ítems de respuesta preseleccionada: 9 opciones para 6 respuestas.
Tarea 5	6 preguntas	El candidato escuchará una conferencia, discurso o monólogo en el que se describen o narran proyectos y/o experiencias y tendrá que responder a 6 preguntas de opción múltiple con tres opciones de respuesta.

PRUEBA DE EXPRESIÓN E INTERACCIÓN ESCRITAS

80 minutos

La prueba consta de 2 tareas y el candidato dispone de 80 minutos para completarla en el cuadernillo correspondiente señalado como *expresión e interacción escritas*.

Tarea 1	150-180 palabras	A partir de un estímulo oral (anuncio, noticia, oferta, comentario, retransmisión deportiva) el candidato debe redactar un texto epistolar, formal o informal en el que exponga las ideas de manera clara, detallada y bien estructurada, respetando las convenciones y rasgos de género.
Tarea 2	150-180 palabras	El candidato puede elegir una de las dos opciones propuestas: A (gráficos o tablas con datos estadísticos) o B (texto breve de un periódico, blog o red social, o sinopsis de obras de teatro, cine o libros) y, a partir del estímulo escrito, debe redactar un texto formal en forma de artículo de opinión en el que se expongan las ideas principales y secundarias de manera clara, detallada y bien estructurada.

PRUEBA DE EXPRESIÓN E INTERACCIÓN ORALES

15 minutos

La prueba consta de 3 tareas. Para la preparación de las tareas 1 y 2 el candidato dispone de 15 minutos antes de la entrevista para prepararse tomando notas y escribiendo un esquema de su exposición que podrá consultar durante el examen; en ningún caso podrá limitarse a leer el esquema. La tarea 3 no cuenta con la preparación previa del candidato, que desconoce el material que se le va a presentar para el desarrollo de la misma.

Tarea 1	4-5 minutos	A partir de una lámina (que presenta dos opciones) una situación problemática y de cinco o siete propuestas para solucionarla o mejorarla, el candidato debe sostener un monólogo y conversación para resolver el problema.
Tarea 2	3-4 minutos	Al candidato se le proponen dos opciones (foto con un enunciado que describe la situación y pautas para la intervención del candidato). Tras haber elegido una de las dos fotos propuestas, deberá sostener un monólogo y posteriormente una conversación con el entrevistador.
Tarea 3	3-4 minutos	El entrevistador proporciona una o dos láminas con las instrucciones (gráficas o escritas, encuestas, noticias sobre tendencias contemporáneas, etc.) de la tarea y el estímulo para conversar. Hay dos opciones y no se prepara antes.

UNIDAD 1

Y tú, ¿qué haces?

COMPRENSIÓN LECTORA

1 Cuatro personas (A-D) expresan opiniones a propósito del mundo laboral. Léelas y relaciónalas con los enunciados (1-6) correspondientes. Cuidado: dos de estas personas se relacionan con dos enunciados, las otras dos solo tienen un enunciado cada una.

A **Francisco**: Estoy desilusionado y agotado. Hace tiempo que estoy buscando algo mejor pero, nada, no hay trabajo. Soy uno de esos a los que la sociedad llama mileurista y eso que estoy licenciado en ingeniería. Hoy la crisis en el mundo laboral ha alcanzado un nivel tremendo. En España la situación es todavía más grave aún que en otros países europeos, ya que solo el 30% de la población gana más de 15.000 euros al año y además estos están muy mal repartidos.

B **Jacinta**: Soy fuerte, trabajadora y constante. En el taller donde trabajo hago de todo: uso el taladro, desmonto muebles y levanto cosas pesadas. Pero, cuando me quedé embarazada, tuve problemas con la maternidad. Noto que en el mundo del trabajo sigue habiendo desigualdades de trato entre hombres y mujeres. Los sueldos para nosotras son más bajos y son pocas las mujeres que acceden a los escalafones superiores.

C **Marisol**: Soy psicóloga del trabajo y puedo aseguraros que las mujeres, en ámbito laboral, son más amables, discretas y a veces incluso sociables que los hombres y, aunque somos capaces de tomar decisiones importantes creo que son ellos los que saben realmente demostrarse autoritarios a la hora de decidir y mandar, pero están más estresados. Son líderes, eso sí, pero no saben escuchar.

D **CARLOS**: Empecé a trabajar en la empresa a los 16 años así que pienso que conozco muy bien el ambiente laboral en el que trabajo. A los 35 llegué a ser ejecutivo en el sector de la economía y de la contabilidad y lo primero que hice, de acuerdo con el gerente, fue repartir entre los 45 trabajadores de la fábrica unas pequeñas acciones: ahora cada uno se siente mucho más comprometido y trabaja con más ganas. Y además he abierto un centro de escucha para los pequeños y grandes avatares cotidianos.

1 ☐ Hay cierta ambigüedad entre fuerza y debilidad.
2 ☐ Habla de liderazgo en el trabajo.
3 ☐ Está insatisfecho con su sueldo.
4 ☐ Se trabaja mejor sintiéndose a gusto y copartícipes.
5 ☐ Casi no le concedían la baja.
6 ☐ Dice que hay desigualdades en temas salariales.

HERRAMIENTAS

Las profesiones

abogado; administrativo; albañil; aprendiz; arquitecto; camionero; carpintero; canguro; cartero; conductor; contable; dependiente; director ejecutivo; empleado; empresario; enfermero; doctor/médico; farmacéutico; fontanero; gerente; mecánico; obrero; panadero; periodista; policía; practicante; recepcionista; recursos humanos; secretario; técnico; vendedor

2 **Lee el texto y ordena los párrafos (A-F). Luego subraya el léxico relacionado con el mundo laboral.**

PÁSATE TU GAP YEAR EN...

A [2] Por ejemplo existe el Projects Abroad dirigido a españoles e italianos que intenta modificar la idea común acerca de los períodos de pausa e interrupción laboral y tiene el reto de incrementar las actividades de voluntariado en el extranjero, y todo de acuerdo con un plan individualizado para cada participante. No hay restricción alguna, excepto la de la edad mínima de 16 años hasta la máxima que abarca la de la jubilación, una manera ideal para vivir la tercera edad sintiéndose joven aún.

B [6] Además de los proyectos de turismo solidario, existen otros dirigidos a los que están buscando trabajo y quieren empezar a hacer experiencia en diferentes sectores laborales como la economía, la enseñanza, los derechos humanos y hasta la medicina o la arquitectura. Como el proyecto Inca en colaboración con el Ministerio Peruano, que obra para la salvaguardia del patrimonio arqueológico del país y asimismo para la cooperación con los descendientes de esta antigua población, dado que se trabajará en la restauración del antiguo sistema de terrazas que permitirán el desarrollo de técnicas de cultivo precolombinas aún actuales.

C [3] Tampoco hay restricciones de destinos y el abanico de lugares y temporadas es amplio. Según las actitudes propias, el viajero adapta su viaje a uno de los 8 ámbitos propuestos, o sea: cultura y trabajo solidario y comunitario, por ejemplo artesanía u obras edilicias; ambiente como la conservación de ciertas especies animales o vegetales; de solidaridad humanitaria, por ejemplo en proyectos para ayudar a los niños que viven por la calle y muchos más.

D [4] Se opera donde hay más necesidad, especialmente en los países en vías de desarrollo o que han sufrido guerras recientemente, pero sin descuidar la seguridad del viajero, de ahí que se evitarán países en conflicto o bajo riesgo de enfermedades epidémicas.

E [1] ¿Estás cansado de tus estudios o de tu trabajo? Pues, cógete tu año sabático, es decir interrumpe tus actividades diarias, deja la rutina que te aplasta y vete al extranjero para intercambiar nuevas experiencias y, al mismo tiempo, ser útil. Esta manera de viajar y trabajar está muy arraigada en los países anglosajones, mientras que en los países latinos, aunque ya está empezando a tomar pie, está tardando en ser aceptada, y eso que existen asociaciones que actúan en campo de proyectos de voluntariado y experiencias de prácticas laborales. De entre estos, el viaje solidario, sigue siendo el más valorado entre españoles, italianos y franceses.

F [5] Todo está planeado cuidadosamente por la asociación que flanquea al voluntario introduciéndote en la comunidad de elección por medio de tutores que facilitan las informaciones necesarias y la puesta en marcha del proyecto. Así como la familia nativa donde se alojará y que le pondrá en contacto con la sociedad y la gente con la que va a operar.

Texto adaptado de "Experimentar, aprender y cooperar en un sólo viaje", ¿Qué tal?, n°2, 2008

3 **Lee el texto sobre el *gap year* otra vez y elige la respuesta correcta entre verdadero (V) o falso (F) o respuesta múltiple.**

1 El viaje solidario…
- a ☐ acaba de tomar pie en los países anglosajones.
- b ☐ todavía no es aceptado aunque existan asociaciones de voluntariado.
- c ☐ tiene un éxito diferente según los países.

	V	F
2 El Projects Abroad obra en España e Italia.	☐	☐
3 La edad puede ser una restricción para la participación.	☐	☐
4 Como se ofrecen varios tipos, el proyecto se adapta al viajero.	☐	☐
5 El alojamiento será en casas particulares.	☐	☐

6 El Projects Abroad…
- a ☐ incluye también actividades laborales sin cobrar.
- b ☐ desarrolla proyectos de prácticas agrícolas de vanguardia.
- c ☐ facilita la búsqueda de un trabajo en el extranjero.

7 El viaje solidario más difundido se realiza hacia Italia y Francia.
V ☐ F ☐

8 Este tipo de viaje es solo posible…
- a ☐ a partir de la tercera edad.
- b ☐ si tienes ya 18 años.
- c ☐ a partir de los 16 años.

9 La meta más útil es hacia lugares en los que ha habido guerra.
V ☐ F ☐

10 El voluntario será flanqueado…
- a ☐ por el tutor para insertarse en la comunidad.
- b ☐ por la familia que le ayudará en el trabajo.
- c ☐ por el tutor para planear el projecto.

11 El proyecto…
- a ☐ conjuga ocho ámbitos diferentes en un solo viaje.
- b ☐ se adapta al viajero.
- c ☐ ofrece la posibilidad al viajero de adaptar su viaje.

4 **A partir de las siguientes palabras, adivina la profesión. Cuidado: hay una palabra en cada lista que no tiene nada que ver con la profesión, subráyala.**

A	B	C
Despegue	Llave inglesa	Ventanilla
Uniforme	Tornillo	Taxímetro
Bufete	Taller	Neumático
Facturar	Mono	Planchar
Pasajeros	Pleno	Cliente

A ____________ B ____________ C ____________

HERRAMIENTAS

Lugares de estudio y trabajo

agencia de viajes; aula; banco; biblioteca; bufete; cafetería; clínica; comedor; Correos; departamento; despacho; empresa; escuela; fábrica; gestoría; gimnasio; hospital; instituto; laboratorio: de diseño/informático/lingüístico…; oficina; salón de actos; secretaría; taller; tienda; vestuarios

5 Completa el texto insertando los párrafos (A-F) que te damos a continuación.

ERASMUS AYER Y MAÑANA

En Copenhague, en 2012, se celebraron los primeros 25 años del programa europeo de mobilidad estudiantil por razones de estudio: la beca internacional llamada simplemente Erasmus. En la misma ocasión la comisaria Vasiliou presentó el nuevo proyecto dirigido a un público más amplio que tenía el objetivo de encarse al problema del paro juvenil.
(1) ....

Se ha invertido el 70% más de los años anteriores, o sea el 1% del balance europeo global.
El objetivo principal será el de potenciar la movilidad internacional. (2) ....

Desde 1987, el Proyecto Erasmus ha podido contar con casi tres millones de participantes que han vivido esta experiencia única que, como dice el eslógan, «abre la mente y cambia la vida». (3) ....

Las estadísticas demuestran que los estudiantes que han estudiado en otro país tienen más posibilidades de encontrar trabajo en el extranjero. Además de la simple beca, durante la celebración se ha anunciado la asignación de 100 millones de euros como fondo de garantía para otorgar préstamos a los jóvenes que quieran cursar un máster a otro país.
(4) ....

De entre los participantes en la función había también unos embajadores Erasmus que han asistito junto a algunos discapacitados que han expuesto su experiencia positiva y la superación de las barreras. (5) ....

Los requisitos dependen de la Universidad de procedencia que es la misma que asiste a los estudiantes proporcionando ayuda y asistencia. Para más informaciones véase la página web. (6) ....

La mayoría de los estudiantes Erasmus son españoles, a los que siguen franceses, alemanes, italianos y polacos. España, de momento sigue siendo el destino más codiciado.

A Se pueden cursar de entre tres meses a un curso completo. Y se puede elegir entre más de dos mil centros de enseñanza en unos treinta países.

B Eso significa que cualquiera puede animarse para concurrir.

C Así que, a partir de 2014 el Erasmus, bajo el nombre de *Erasmus for all*, abrirá sus puertas a todos, estudiantes y jóvenes trabajadores que quieran aprender un idioma, hacer prácticas laborales o simplemente estudiar.

D Pero, ¿en qué consiste la contribución? La beca cubrirá una parte de los gastos y, al regresar, se podrán convalidar los exámenes hechos en el extranjero.

E El reto final será el de conseguir entre 2014 y 2020, los 5 millones de estudiantes.

F A esto hay que sumar, siempre según las palabras de presentación por parte de la Unión Europea, «conocer una cultura diferente, el estudio de una lengua extranjera, encontrar a nuevos amigos».

HERRAMIENTAS

Palabras útiles (I)

absentismo; año sabático; apuntarse; aprobar; ascenso; aumento; asesoramiento; asignaturas; Bachillerato; beca; candidato; cargo; carrera; certificado; cobrar; colegio; contrato; convocatoria; Currículum Vitae (CV); cursar; desempleo; despedir; diploma; doctorado; don de gente; entrevista de trabajo; estar de baja; estar en paro; exámenes; extranjería; facultad; ficha; formulario; funcionario; ganar; graduado escolar; hacer horas extras; hacer negocios; horario flexible

DELE PALABRAS

6 Imagina que eres el director del personal de una empresa y debes seleccionar candidatos para un puesto de trabajo. Primero subraya en la página 6 todos los adjetivos que expresan cualidades y aspectos del carácter, luego escribe las que valoras más a la hora de emplear eligiendo de entre las subrayadas, las del cuadro y añade por lo menos 5 más.

abierto amable ambicioso autoritario comunicativo determinado divertido estresado exigente fantasioso generoso gracioso hablador impaciente impulsivo inteligente introvertido irresponsable leal optimista perezoso práctico respetuoso responsable serio sincero tímido tolerante tranquilo vago

7 Elige la palabra correcta (A-B-C) de entre las que te proponemos en la página sucesiva.

Pero, ¿qué español?

(1) .... hay que afirmar que el hecho de aprender un idioma es simplemente un medio para comunicarse, es decir es pura comunicación y esto no hay que olvidarlo cuando hablamos de aprendizaje de lenguas. Pero, en el caso del castellano o español, ¿(2) .... castellano hay que aprender/enseñar? El estándar según la mayoría de las (3) .... expresadas por los estudiantes que quieren aprender castellano. (4) .... existe un español estándar de acento norcentral de España, no cabe duda, pero también se puede hablar de castellano o de español estándar de Suramérica. Tomo un zumo en España y un jugo en Suramérica. La bebida es la misma, pero…

En segundo lugar al profesor de ELE, (5) .... últimamente, se le plantea siempre la misma cuestión: si él es, supongamos, andaluz, ¿tiene que cambiar y adaptar su acento? Muchos lo hacen pero otros son partidarios de que eso no (6) .... ni justo ni correcto así que, si un andaluz sesea, que sepa que está bien, que es lo normal pero solo en su tierra y que puede que haya problemas de malentendimiento en otros lugares del dominio hispanohablante.

La verdadera polémica empieza a la hora de hablar de cantidades. Si el español hoy (7) .... por el número de hispanohablantes, esto se debe a la población americana que, por supuesto, supera abundantemente a la española. Así que la pregunta es: ¿es justo seguir hablando de español puro de la zona norcentral de la Península si tenemos en cuenta que se trata verdaderamente de una minoría? Los que (8) .... a favor de la eliminación de las lenguas minoritarias, aunque esto sea natural debido al paso del tiempo, está claro que prefieren un español sin "ce" a favor de un español con "se". Por otro lado, sobre todo al comienzo del estudio de (9) .... lengua, sería mejor facilitar el aprendizaje (10) .... de la simplificación y una lengua más estandarizada, que ayude en el aprendizaje de la ortografía, pronunciación y reglas, lo dicho, con el riesgo de una excesiva… simplificación.

HERRAMIENTAS

Palabras útiles para expresar una opinión

Considero que…; creo que…; detesto….; en mi opinión…; lo que me gusta/no me gusta…; lo que valoro/me importa…; me cuesta más…..; me molesta…; me parece…; me pone nervioso…; me resulta…; opino que…; para mí…; pienso que…; se me da mejor/peor…

1	A primero	B al comienzo	C en primer momento
2	A quién	B cuál	C qué
3	A informaciones	B opiniones	C relaciones
4	A por cierto	B seguro	C seguramente
5	A sobre todo	B sin embargo	C todavía
6	A hubiera sido	B fue	C sería
7	A está bien	B goza de buena salud	C está bueno
8	A están	B estén	C estarán
9	A cada	B cualquier	C cualquiera
10	A gracias	B a través	C mediante

RINCÓN MODISMOS

PANDILLA = COMITIVA

8 Completa las frases 1-5 con A-E.

1 Mi cuñado me saca de quicio: yo estoy en paro

2 Tienes menos luces que un barco pirata:

3 La precariedad me repatea:

4 Te veo agotado: se te ha fundido un cable,

5 Por favor, preséntheme este proyecto laboral

A 3 estoy hasta las narices de ser auxiliar y hasta de cobrar en negro.

B 4 deja un momento de estudiar: te quemas las pestañas sobre los libros.

C 5 dentro de una semana: sin falta.

D 1 y en cambio él ha conseguido un trabajo fenomenal porque tiene enchufe.

E 2 para aprobar solo hace falta que te prepares unas chuletas.

9 Relaciona cada modismo y refrán (1-10) con la situación (A-E) en la que lo usarías. A cada modismo puede corresponder a más de una situación. Luego inventa 10 frases que contengan los modismos.

A con el jefe

B en una entrevista de trabajo

C en un examen

D con tu amigo que no consigue decidirse

E en un situación no adecuada para ti

1 E Meter la pata

2 D Cruzársele los cables

3 A Dar jabón

4 C Catear/Dar calabazas

5 D Echar un capote/una mano

6 D Enseñar los dientes

7 D Estar entre Pinto y Valdemoro

8 E No pintar nada

9 B Tener salero

10 E Ser un cero a la izquierda

COMPRENSIÓN AUDITIVA

02

1 **Escucha los dos diálogos. Para cada uno se te harán tres preguntas con respuesta múltiple.**

Diálogo 1

1 En Internet…
- a ☐ se encuentra información suplementaria.
- b ☐ uno se puede matricular en la universidad rellenando la ficha.
- c ☐ se encuentra el número de teléfono.

2 El chico necesita…
- a ☐ ayuda para viajar a Madrid.
- b ☐ un asesoramiento.
- c ☐ ayuda para aprobar los exámenes de admisión.

3 La Academia…
- a ☐ emite los documentos para la inscripción.
- b ☐ facilita los documentos de residencia.
- c ☐ organiza los exámenes de admisión.

Diálogo 2

4 El abuelo…
- a ☐ vivía en un chabolo.
- b ☐ era campesino.
- c ☐ trabajaba sus tierras.

5 La nieta…
- a ☐ tiene jornada partida.
- b ☐ la despidieron hace tres años.
- c ☐ terminó la carrera hace tres años.

6 De los jóvenes hoy…
- a ☐ la mayoría vive gracias a la familia.
- b ☐ poco menos de la mitad vive gracias a la familia.
- c ☐ un poco más de la tercera parte vive gracias a sus ingresos y a la familia.

RINCÓN MODISMOS

2 **En el diálogo 2 aparecen varios modismos y palabras de la jerga juvenil, vuelve a escuchar y relaciónalos con las mismas frases pero expresadas en lenguaje estándar.**

1	es como un chabolo	A ☐	es un problema
2	no hagas el gamba	B ☐	trabajar mucho
3	es un marrón	C ☐	colaborábamos
4	arrimábamos el hombro	D ☐	es una cárcel
5	trabajar como un mulo	E ☐	no hagas el tonto
6	trabajábamos codo a codo	F ☐	trabajábamos con ganas
7	a currar	G ☐	hacer una tarea trabajosa y difícil

03 **3** **Escucha la presentación de una escuela de idiomas y corrige el error contenido en las afirmaciones siguientes.**

1 Hay que hacer la confirmación on-line después de la reserva.
2 Hay que ponerse de acuerdo para el número de horas de los cursos DELE.
3 La lencería está incluida en ambas fórmulas de alojamiento.
4 Los cursos de los niveles B y C deben empezar el lunes.
5 El estudiante decide si cursar por la mañana o por la tarde.
6 El seguro es obligatorio.
7 El NIF es: ESG NEM 6789 UVV 647.

Ejercicio de ESTRATEGA

4 **Vuelve a escuchar las grabaciones anteriores y rellena la parrilla con las expresiones relacionadas con estos temas.**

1 Cursos y universidad	
2 El trabajo y los jóvenes	
3 El pasado	
4 Fichas, certificados, documentos y diplomas	

04 **5** **Escucha y participa. Escucha el diálogo parcial: tienes que hacer una entrevista de trabajo contestando a las preguntas que te hará el jefe. Usa las pautas en cursiva, tendrás 10 segundos para contestar.**

Jefe ....
Tú *nombre y apellido(s)*
Jefe ....
Tú *presentación, Bachillerato, hincar los codos*
Jefe ....
Tú *matrícula de honor, posgrado: extranjería*
Jefe ....
Tú *certificaciones internacionales, vivir en el extranjero*
Jefe ....
Tú *hacer prácticas sin cobrar*
Jefe ....
Tú *expresar duda, máster: resolución problemas de quiebras y cobra de deudas*
Jefe ....
Tú *expresar agradecimiento*
Jefe ....
Tú *gratificante, no estresante*
Jefe ....
Tú *despedida*

Ejercicio de ESTRATEGA

6 **En los diálogos oídos, qué expresiones hay para...**

1 Expresar agradecimiento
2 Manifestar un acuerdo
3 Ofrecer ayuda y asesoramiento
4 Manifestar asentimiento

HERRAMIENTAS

Palabras útiles (II)

incorporación inmediata; informe; jornada laboral/partida/completa/intensiva; jubilarse; licenciatura; matricularse; matrícula de honor; negociación; oferta; oposición; organigrama; personal; precariedad laboral; puesto de trabajo, recursos humanos; remitir; requisitos; se busca/se ofrece/se precisa/se valora; sindicato; solicitar; sueldo; suspender; trabajo (de cara al público, de responsabilidad, divertido, estresante, gratificante, monótono, rutinario); turno; universidad; voluntariado

EXPRESIÓN E INTERACCIÓN ESCRITAS

Carta informal

Cada vez se usa menos, desde la invención del teléfono, pasando por el correo electrónico y los SMS hasta llegar a hoy, pero si la tienes que escribir hazlo correctamente.

Características

- trato en segunda persona de singular;
- fórmulas de saludo que remarquen la cercanía con el interlocutor (*¿Qué tal estás?* al principio o con afecto en la despedida);
- lenguaje sencillo, familiar y correcto.

Forma

- Parte superior: lugar y fecha (la fecha es importantísima, esto no es un mail. Especificamos pues lugar, día, mes y año);
- Saludo: *Querido/a + nombre*, *Estimado/a* + nombre, simplemente *Hola*. Seguido rigurosamente de los dos puntos;
- Cuerpo: con la información que se vaya a transmitir;
- Despedida: *Un abrazo*, *Besos*, *Hasta pronto*;
- Firma (sin apellidos).

No olvides el sobre en el que pondrás en la parte inferior derecha: el nombre, dirección y código postal y lugar del destinatario. Detrás, en la solapa que cierra la carta, el remite.

1 **Después de haber leído las indicaciones sobre como se escribe una carta informal, escribe una de carácter personal a un miembro de tu familia, a un amigo/a o a tu novio/a. Sigue las siguientes pautas (180 palabras).**

- Saludar y recordar cuál es la relación que os une;
- contarle al otro el trabajo que acabas de obtener o los estudios que vas a emprender enumerando todos sus detalles y características;
- saludar y enviar/transmitir saludos a otro amigo o familiar. Proponer la próxima comunicación con el interlocutor por carta, mail, teléfono, etc.

2 **Escribe una carta formal en la que respondes a la propuesta de trabajo. Ten en cuenta las siguientes pautas. (150-180 palabras)**

- Saludar;
- mencionar el objeto de la carta;
- presentarse en relación al perfil requerido por el anuncio.

Se necesita personal

La Biblioteca Pública del Barrio de San José en Las Palmas necesita una figura profesional para cubrir el cargo de "archivador histórico" de la Biblioteca. El trabajo consiste en media jornada de trabajo, seis días a la semana con horario flexible teniendo en cuenta el horario de la biblioteca. Los candidatos, que deberán poseer una licenciatura en Historia y al menos un máster sobre archivación, deberán enviar su currículum y una carta de presentación directamente a la Biblioteca en cuestión indicando que va dirigida a la sección de "selección de personal" .

3 A partir de los siguientes datos que aparecen en la cédula de identidad de María Rosa, inventa su biografía. Usa los datos, los tiempos en pasado y los verbos de cambio.

4 Escribe una carta solicitando una beca de estudios. Para ello ten en cuenta las características de la beca que se ofrece. No olvides que eres el candidato ideal.

BECAS PARA EXTRANJEROS

Tipo de beca: Becas del gobierno de México para extranjeros. La secretaría de relaciones exteriores del gobierno de México otorga las siguientes becas para realizar estancias para creación artística bajo la tutoría de un experto en la materia.

Características de la beca: Alojamiento, manutención, transporte durante los 6 meses que durará la creación artística. La beca incluye el seguro médico.

Lugar: México.

Destinatarios: Artistas de carrera media de los países donde se difunda la información sobre estas becas. No residir en México en el momento de su aplicación.

Plazo para presentar la solicitud: 30 de noviembre del año anterior al disfrute de la beca. Presentar la solicitud y la documentación anexa en español.

EXPRESIÓN E INTERACCIÓN ORALES

1 **Para romper el hielo.**

- ¿A qué te dedicas? ¿Estudias o trabajas?

  Si estudias habla de tus estudios, el lugar en el que estudias, los horarios, las asignaturas, tus compañeros... y si trabajas habla de tu profesión, lugar de trabajo, compañeros, horarios...

2 **Ten en cuenta las siguientes imágenes: describe lo que está pasando y relaciónalas con las expresiones más adecuadas para cada situación.**

1 Le acompaño en el sentimiento.
2 ¡Felicidades! ¡Qué cumplas muchos más!
3 ¡Qué preciosidad! ¡Enhorabuena! Que lo criéis con salud y con mucha felicidad.
4 ¡Lo siento! ¡Lo siento mucho! ¡Perdóneme, ha sido culpa mía!
5 Estoy muy disgustado. No puedo parar de llorar desde que me lo han dicho.
6 La felicidad me inhunda. ¡Estoy enamorado!

3 **Teniendo en cuenta las imágenes anteriores ponte de acuerdo con tu compañero en la elección de la fotografía que mejor refleja el sentimiento expresado. Luego intenta contar qué problema ha habido en las fotos 3, 5 y 6, y cómo lo solucionarías.**

Ten en cuenta además:

- la buena calidad de la foto;
- cómo son los personajes que aparecen;
- los colores de las imágenes.

4 **Lee el siguiente texto y después:**

- habla de las ideas principales y de las ideas secundarias;
- habla sobre el opinión/punto de vista del autor;
- expresa tu opinión teniendo en cuenta las siguientes preguntas:

  ¿Crees que uno es del lugar en el que nace o del lugar al que pertenecen sus progenitores?

  ¿Piensas que tiene que haber un límite de generaciones para poder seguir siendo ciudadano de un país en el que no se vive y al que se pertenece porque a él pertenecían los propios ancestros?

Pasaporte y ciudadanía europea

Durante el siglo XIX y la mitad del siglo XX, miles de europeos abandonaron sus países de origen debido a las guerras y a las crisis económicas, pero a pesar de las distancias, mantuvieron sus costumbres y sus vínculos, transmitiendo su ciudadanía a sus descendientes por derecho sanguíneo, por matrimonio o por naturalización. Para argentinos y mexicanos descendientes de italianos y españoles, la obtención de la ciudadanía de estos estados miembros de la Unión Europea les facilita el acceso a la ciudadanía europea y, como consecuencia de ello, obtienen derecho a residir y trabajar en cualquier parte del territorio europeo. Ayer los emigrantes europeos cruzaron el Océano Atlántico para llegar a América, hoy sus descendientes, en búsqueda de mejores oportunidades económicas y sociales, desandan el camino, pero mejor oportunidad no podrían tener pues su condición de hijos de emigrantes europeos les permitirá acceder a la ciudadanía del país de origen de su ascendiente (padre, abuelo, bisabuelo, tatarabuelo) por el derecho sanguíneo. Un grupo humano que tiene abiertas las puertas para adquirir la ciudadanía española son los latinoamericanos descendientes de españoles gracias a la Ley de memoria histórica a partir de diciembre del 2008 que tendrá una vigencia de dos años. Esta ley se aplicará a los descendientes hijos y nietos de los exiliados españoles en el periodo transcurrido entre el 18 de julio de 1936 hasta el 31 de diciembre de 1955, los años más duros de la dictadura franquista. Una vez obtenida la ciudadanía del estado miembro de la Unión Europea, el emigrante está listo para obtener la ciudadanía europea, lo que le permitirá obtener el pasaporte europeo. Obtener la ciudadanía europea le permitirá a todo emigrante tener derecho a circular libremente por todo el territorio de la Unión Europea y establecerse en el estado miembro que desee. También podrá participar activamente en las elecciones municipales y en las elecciones europeas. Gozará además, en su calidad de poseedor de pasaporte europeo, de protección diplomática.

5 **Imagina que estás en la comisaria para solicitar el DNI español por primera vez. Ten en cuenta las pautas.**

Tú *Saludar y decir qué quieres hacer el DNI.*

Empleado *Responder al saludo y preguntar por el certificado de nacimiento.*

Tú *Preguntar si es válido aunque hace dos meses que lo has realizado.*

Empleado *Confirmar la validez puesto que el límite máximo son tres meses. Preguntar por las dos fotografías necesarias de 32 por 26 milímetros.*

Tú *Confirmar que las tienes y que las has hecho de frente y sin gafas de sol.*

Empleado *Responder que muy bien también porque no lleva nada que le cubra el rostro y la cabeza en general.*

DELE GRAMA

Pretérito perfecto

1 Con el **préterito perfecto (o pasado compuesto)** expresamos acciones, situaciones y hechos ocurridos en el pasado dentro de un período de tiempo que no ha terminado todavía para el hablante. Aparece con marcadores temporales como *esta + mañana, semana, este + mes, año hoy*. Pero también con marcadores temporales que tengan como límite *hoy: en los últimos + meses, año..., hasta + ahora, hoy, este momento, últimamente*.

Esta semana me han presentado a dos amigos especiales. / En los últimos diez días ha querido conocer a todas las personas de mi agenda.

2 Asimismo, expresa hechos, situaciones y acciones del pasado del que el hablante presenta como información general:

He trabajado en una agencia de viajes y en un hotel pero sobre todo he viajado mucho.

3 Además expresa el arco de tiempo que va desde ese momento pasado hasta el momento en el que se habla. En este sentido le acompañan palabras como: *todavía, alguna vez, nunca...*

¿Has estado alguna vez en el Caribe? Yo nunca he viajado tan lejos hasta la fecha.

Pretérito indefinido

1 Con el **pretérido indefinido (o pasado semplice)** se expresan hechos, acciones y situaciones que ocurrieron en un momento específico, concreto, del pasado que en el momento de hablar ya ha terminado. Y los marcadores temporales que le acompañarán serán: *hace* + cantidad de tiempo, *ayer, el año pasado, el otro día, la semana pasada, anteayer, en el año* + fecha concreta, *anoche, por tres años, por media hora...*

La semana pasada me matriculé en el curso de francés de la Academia Belga.

2 El pretérito indefinido sirve también para expresar opiniones de carácter general, a modo de resumen o síntesis sobre un hecho, acción o situación en el pasado. En este sentido, a veces el marcador temporal no aparece, quedando sobreentendido.

El domingo (pasado) fue un día horrible. No tuve tiempo de descansar ni un momento. ¿A ti qué tal te fue?

1 ¿Préterito perfecto o indefinido? Ten en cuenta los marcadores.

1 Hace dos años (*cursar, nosotros*) .... el primer año de universidad en la Complutense de Madrid.

2 No (*ver, yo*) .... nada raro cuando (*estar, nosotros*) .... en el centro esta tarde.

3 El verano pasado (*estar, ellos*) .... trabajando de animadores en unas colonias de verano para niños.

4 Mis padres (*llegar*) .... de la oficina hace dos horas y no (*encontrar*) .... tráfico porque toda la gente está de vacaciones.

2 Completa las siguientes frases con uno de los marcadores temporales del cuadro, teniendo en cuenta el tipo de pasado.

alguna vez   hace tres meses
ayer   el verano pasado

1 Ahora lo recuerdo. ¿Tú trabajaste en aquel supermercado tan grande ....?

2 ¿ .... se te ha pasado por la cabeza buscar un trabajo serio con el que ganar dinero?

3 Empecé a estudiar informática .... y la verdad es que he aprendido muchas cosas.

4 .... no pude estudiar porque tuve mucho trabajo en la tienda.

Pretérito imperfecto

1 Sirve para expresar acciones, hechos o situaciones habituales en el pasado, sin que se puntualice el momento concreto en el que tuvieron lugar.

Antes iba todas las semanas a la oficina de empleo pero ahora ya voy una vez al mes.

2 Sirve además para describir a una persona, una situación o una cosa en el pasado.

Era un hombre alto y fuerte y llevaba siempre un sombrero de ala ancha que le tapaba la cara.

3 Aparece con préterito indefinido y con el préterito perfecto en oraciones donde estos tiempos expresan la acción principal, mientras que el imperfecto expresa la secundaria. En ocasiones la acción que expresa el imperfecto se ve interrumpida por la del pretérito perfecto o pretérito indefinido.

Cuando llegaste (ayer) yo estaba comiendo y no tuve tiempo de hablar contigo.

4 Además el pretérito imperfecto sirve para marcar la duración de una circunstancia como las emociones, deseos, intenciones, el estado de salud...

No creas que no quería ir, pero me dolía tanto la cabeza que no conseguía levantarme de la cama.

3 Justifica el uso del pretérito imperfecto en las siguiente frases.

A acciones habituales en el pasado
B describir
C acción secundaria
D marca la duración de una circunstancia

1 ☐ Mi hermano era muy alto de pequeño y tenía el pelo rubio. No le gustaba jugar conmigo porque yo era más pequeña que él.
2 ☐ Ayer fui al cine y delante de mí se sentó una señora que llevaba un sombrero enorme, no podía ver nada así que me tuve que cambiar de sitio.
3 ☐ La reunión era aburrida y a mí me cansaba oír todo el tiempo las mismas cosas, tenía los nervios de punta.
4 ☐ Esta mañana me he levantado con mi prima que estaba en la cocina preparando el desayuno. He desayunado con ella que tenía un hambre feroz y después nos hemos ido juntos a la escuela.

4 Completa las siguientes frases usando un verbo en imperfecto que funcione en la frase.

1 Cuando mis hermanas y yo .... con las Teresianas en la calle del Castillo, ... a pie hasta el colegio.
2 Todas las tardes mis hermanos .... en el parque mientras yo .... en la tienda con mis padres.
3 En la boda de mi tío, mi tía .... puesto un vestido largo precioso.
4 Llegamos a la estación y el tren .... de salir.
5 La empleada del hogar .... de Salamanca y .... siempre muchas ganas de hablar.
6 Antes .... el fútbol todas las semanas, pero ahora no tengo tiempo.

Pretérito pluscuamperfecto

Se refiere a un hecho, acción o situación que ha tenido lugar en un pasado anterior a otro hecho, acción o situación pasada.

Cuando has venido a matricularte, ya no había plazas para este curso.

5 Construye frases relacionando los siguientes contextos y usando el pretérito pluscuamperfecto.

0 He llegado a la reunión a las tres y media. La reunión se ha terminado a las tres.
Cuando he llegado a la reunión, ya se había terminado.
1 Luis ha leído en el Periódico que había trabajo en el mercado. Luís ha ido al mercado y el empleo estaba dado.
2 El hijo de los señores Rivas nació a las dos de la tarde. El señor Rivas llegó al hospital a las dos y media.
3 Marta llega a la parada de autobús. El autobús acaba de partir cuando Marta llega.

ACTIVIDAD GLOBAL

Completa con todos los tiempos del pasado.

El mes pasado (*trabajar, ellos*) (1) .... en una colonia de verano y ahora (*conseguir, ellos*) (2) .... un trabajo como animadores en una guardería. Esta tarde les (*encontrar, yo*) (3) .... y me (*contar, ello*) (4) .... que les encanta el lugar pero (*estar, ellos*) (5) .... un poco preocupados porque cuando pase el verano se quedan sin trabajo porque antes de empezar, sus jefes ya les (*decir*) (6) .... que esto era solo un trabajo temporal. En realidad, teniendo en cuenta que son tan buenos chicos (*pensar, yo*) (7) .... que (*poder, nosotros*) (8) .... llamarles para hacer de canguro cuando tenemos que salir por allí como (*hacer, nosotros*) (9) .... con tu tía cuando hasta hace unas semanas (*vivir, ella*) (10) .... cerca de nuestra casa y nos (*cuidar*) (11)................. ella a los niños. Ahora que ella no está, pueden ocuparse ellos.

UNIDAD 2

Casas para vivir

COMPRENSIÓN LECTORA

1 Identifica las imágenes (1-3) con el nombre de las casas (A-C) en el texto.

Patrimonio Mundial de la Unesco

1

2

3

Las Casas Colgadas de Cuenca, la Casa Vicens de Barcelona, la casa estudio de Luis Barragán en México son Patrimonio Mundial de la Unesco. Forman parte del legado que recibimos del pasado, que vivimos en el presente y transmitimos al futuro. Por este motivo protegemos estos lugares tomando conciencia de su trascendencia universal.

A [3] Las Casas Colgadas de Cuenca se encuentran literalmente colgadas de las rocas y sus balcones de madera miran hacia el río Huécar. Su origen es incierto, pero ya estaba documentada su existencia en el siglo XV. Son tres las supervivientes: Casa de la Sirena, que es un edificio de tres plantas, de carácter popular, con entramado a vista de madera y mampostería enfoscada, y las Casas de Rey que se encuetran adosadas a la primera. Se trata de edificios del gótico popular reformado en el siglo XX para adaptarlas a su nuevo uso.

B [1] La casa estudio de Luis Barragán se encuentra situada en el barrio popular de Tacubaya de casas pequeñas y tradicionales en Ciudad de México. Es uno de los lugares más visitados de la ciudad por su enorme valor arquitectónico contemporáneo. Posee rasgos tanto de la arquitectura popular como de los antiguos conventos de México. En la planta baja se encuentra la pequeña portería de estilo tradicional similar a la de los conventos realizada en madera, piedra y muros encalados. De ahí se accede al vestíbulo que lleva a un vestidor que comunica en la planta alta con la habitación principal. Desde el vestíbulo se accede al salón con doble altura donde se encuentran la biblioteca y la estancia construida con materiales naturales como madera maciza, piel, fibras vegetales y lanas. El comedor y desayunador están caracterizados por la presencia del jardín al que también da la amplia cocina. En la planta alta se encuentra la habitación de huéspedes, el cuarto blanco y la habitación principal.

C [2] La Casa Vicens del arquitecto Gaudí está estructurada en cuatro niveles o plantas, correspondientes a un subterráneo para ser utilizado como bodega, dos plantas con destino a vivienda y unas buhardillas para uso del servicio. La abundante presencia de cerámica en la fachada de mampostería en la que se alternan filas de azulejos, que reproducen flores amarillas propias de la zona, son una de las características esenciales de la construcción que recuerda las viviendas árabes. Cuenta con un jardín amplio y espacioso puesto que se trata de una villa, a diferencia de otros edificios importantes como la Casa Milá que cuenta únicamente con un patio interior. La casa se remata con chimeneas y unas torres en forma de templetes. En el interior destacan los techos de vigas de madera policromada, adornados con temas florales de "papier maché" y el suelo es de mosaico romano.

2 **Responde a las siguientes preguntas.**

1 Las Casas Colgadas de Cuenca…
- a ☐ son del siglo XV.
- b ☒ son solo tres.
- c ☐ están construidas en puentes colgantes.

2 La casa estudio Luis Barragán...
- a ☒ es una de las muestras más importantes de la arquitectura contemporánea.
- b ☐ se sitúa en el lugar que fue un tradicional convento.
- c ☐ se sitúa en un lujoso barrio de Ciudad de México.

3 En la casa estudio Luis Barragán…
- a ☐ la cocina es pequeña.
- b ☐ la biblioteca es cuadrada y baja.
- c ☒ el vestíbulo es adyacente al vestidor.

4 La Casa Vicens…
- a ☐ tiene un jardín lleno de flores amarillas.
- b ☒ está revestida de azulejos.
- c ☐ es igual al resto de las casas de Gaudí.

5 En la casa Vicens...
- a ☒ el servicio dormía en la buhardilla.
- b ☐ no hay bodega.
- c ☐ la chimenea queda muy bien en el tejado.

DELE PALABRAS

3 **Ten en cuenta el léxico evidenciado en azul y haz una lista en la que lo divides por campos semánticos. Para que pienses un poco, te damos 6 campos semánticos para que titules las listas pero, como ves, solo 4 son los que necesitas, los otros sobran.**

partes del edificio **partes de la fachada** **partes de la vivienda**
elementos arquitectónicos **materiales** **muebles**

1	2	3	4 ....

HERRAMIENTAS

Tipos de viviendas

apartamento; ático; bloque; casa rural; caserío; chalé independiente/individual; chalé adosado; cortijo; dúplex; edificio; masía; pazo; piso (amueblado; sin amueblar); polígono industrial; rascacielos; urbanización

4 En el blog se recogen diferentes consejos para restructurar una casa (1-8). Leélos y luego relaciona cada título de artículo del blog con el texto (A-F) correspondiente. Ten cuidado, dos sobran.

Restructura y cambia casa, cambia casa y restructura

Renovar la casa no es reestructurar. Solo cuando se hacen reformas estructurales en la vivienda se puede hablar de reestructuración. En nuestro blog te ofrecemos diferentes posibilidades, aquí tienes la lista de las reformas que se pueden llevar a cabo en tu hogar. Pincha en el que más te interese.

1 Habilitar altillos y bajocubiertas.
2 Fusionar la cocina y el salón.
3 50 m convertidos en vivienda y despacho.
4 Fusionar dos baños.
5 Fusionar salón y terraza.
6 Estilo industrial en tu casa.
7 Cambiar la bañera con la ducha.
8 Estilo campestre en tu casa.

A ☐ Nace así la comúnmente llamada cocina americana. Con ello se consigue espacio y ventajas a nivel de convivencia.

B ☐ Los baños son pequeños normalmente para habilitar una buena zona de baño. Cambiar la bañera por el plato con la ducha. Esta suele ser una de las reestructuraciones más actuadas.

C ☐ Se trata del entretecho que sobre todo encontramos en las casas antiguas. Es caro porque hay que usar material de aislamiento, crear la escalera, las ventanas... pero al final ganas nuevas habitaciones llenas de encanto.

D ☐ Ideal para los que viven en un bajo con terraza o balcón grande que da a una gran autovía, o para los que no suelen salir a la terraza por el ruido o los humos de la ciudad o simplemente por los vecinos. Consiste en cerrar completamente la terraza con doble acristalamiento para ganar un salón más grande y mejor iluminado.

E ☐ Usar puertas correderas, armarios a medida en todos los ambientes con puertas con espejo que crean amplitud. En el baño inodoro compacto y plato de ducha extraplano y en la cocina muebles a medida y encimera en silestone.

F ☐ Antiguos almacenes, fábricas, comercios de donde sacar espacios abiertos, usando pocos elementos decorativos y materiales como el metal, el aluminio, el cemento, el vidrio o la madera sin pulir. Muebles, de estilo antiguo, o los propios elementos estructurales como vigas, tuberías al aire, etc.

HERRAMIENTAS

Partes de la vivienda

aseo; ático; azotea; bajos; buhardilla (o desván); cocina; corral; cuarto; dormitorio; entresuelo; escaleras; establo; fachada; galería; garaje; pajar; pared; pasillo; portal; portería; portero automático; puerta; recibidor; rellano; sala de estar; salón (comedor); sótano; suelo; techo; tejado; terraza; trastero; sala de estar; sótano; ventana

RINCÓN MODISMOS

5 Subraya los proverbios, refranes o modismos que encuentras en el texto y relaciónalos con el significado correspondiente (1-6). Luego elige y al menos cuatro de los siete que hay y haz una frase con cada uno.

Barrios en la ciudad, partes esenciales de los pueblos

Muchos barrios de muchas ciudades tienen vida propia, algunos desde siempre, otros la reivindican diariamente. ¿Para qué? Para que no sea necesario ir siempre al centro para disfrutar del ocio y de la cultura. ¿Cómo? Pues favoreciendo el pequeño comercio que da vida a las calles, recuperando las fiestas populares de cada barrio, manteniendo cines y espacios para la cultura. Haciendo en definitiva que los centros culturales de barrio sean centros de encuentro y convivencia e incluso llegando a cerrar algunas calles los domingos para que los niños salgan a jugar... Nada que decir contra los centros comerciales que hacen su servicio y crean nuevos lugares para el encuentro y la convivencia de la que hablábamos. Pero existe, sin duda, diferencia entre un "centro" de ese tipo y los centros de ciudades pequeñas como Sevilla, y no digo más que a buen entendedor pocas palabras bastan. Me refiero a esos barrios de esa que se llama "la Sevilla rancia" sin olvidar, claro está, también barriadas obreras lejanas del centro en las que vive la gente del pueblo y los cotos cerrados, los maestrantes, la Caridad, las cofradías... Y entre medias de los barrios del centro y los más alejados, los arrabales históricos, como el barrio de la Macarena, camino de la Alameda, barrios del centro como el de la Feria, el de la calle Ancha en el que se juntan gentes de toda la vida: señoras mayores, vecinos antiguos, con "progres", con bohemios, con jóvenes profesionales y artistas. Nada de esto es exclusivo de Sevilla pero como se dice: yo a barrer "pà" casa que soy sevillana y a aprovechar que la ocasión la pintan calva. Un barrio, el de la calle Ancha, en el que te puedes encontrar al lado de un estudio de arquitectura una sala vanguardista de exposiciones y un poco más allá el alboroto del mercado de la plaza de abastos con sus puestos tradicionales y con otros nuevos de productos ecológicos, helados caseros y pastas artesanas. Pero sobre todo encuentras bares, muchos bares: bares de tapas, bares creativos, bares étnicos; en definitiva una zona llena de vida y de calor humano sobre todo en época de Feria cuando se festeja a bombo y platillo. El corazón de este barrio, como en muchos otros, son los comerciantes y "puesteros" de la plaza con los que se mezclan las gentes del barrio y otras venidas de toda la ciudad que buscan este agradable contraste entre el sabor añejo del barrio antiguo y la vanguardia social, que se ha instalado en la zona en los últimos años. Todos buscan lo mismo, un rato con los amigos y estar en la calle, esa calle que late al ritmo del mercado y de la gente que se mueve, que se para, que charla, que se toma una tapa para matar el gusanillo en una de las bodegas de esa arteria principal del barrio que a barriga llena, corazón contento y contento es el que está en la calle Ancha de la Feria. Allí, en la esquina peatonal con Calderón de la Barca, la vida es sueño, sueño de detener el ritmo frenético de la ciudad y sus otros barrios llenos de tráfico y gente con prisas porque como se dice: ¡bebe del agua del río por turbia que vaya y vive en la ciudad por mal que te vaya!

1 .... Para llenar el agujero del hambre.

2 .... La comida nos da la energía que hace que estemos más felices.

3 .... Aunque sea difícil a veces, es mejor la vida urbana.

4 .... Aprovecho para hablar de lo mío.

5 .... Con ruido que indica que se festeja por todo lo alto.

6 .... Son pocas las oportunidades y cuando surgen hay que aprovecharlas.

7 .... A veces con decir poco basta y no es necesario añadir más.

HERRAMIENTAS

Cómo puede ser la casa

amueblada; antigua; bien comunicada; cómoda; equipada; exterior/interior; grande; luminosa; moderna; oscura; pequeña. Dispone de calefacción autónoma; dotada de dobles cristales; equipada con electrodomésticos

6 **Completa el texto con los siguientes enunciados (A-F). Sobra uno.**

A cansado de globalización y de ciudades construidas en su mayor parte por edificios de formas homogéneas, encuentra sus raíces.

B analiza todos los aspectos que justifican los diferentes tipos de vivienda, tales como las condiciones atmosféricas y el resto de los que hablábamos más arriba.

C vive y esta forma obedece a diferentes criterios como son los materiales cercanos, disponibles, las condiciones del terreno en el que construye, el clima.

D caseríos, humildes viviendas en las que se trabaja en País Vasco, en Navarra y en Asturias; cortijos para lo mismo en el Sur y en Andalucía, masías en Cataluña,

E que poco tiene que ver con la "arquitectura culta", la que viene estudiada dentro de los capítulos de los monumentos históricos funcionales o de adorno.

F cansado de generalización y de pueblos hechos de casa de formas iguales, encuentra a sus ancestros.

CASAS CON FORMAS DIFERENTES

Desde tiempos inmemorables el hombre le da forma al lugar en el que (1) .... Condiciones que en épocas antiguas (lo que se viene llamando "arquitectura primitiva") estaban relacionadas con la defensa y la religión y las necesidades más inmediatas. Así surgen las cabañas de pastores, los graneros, los refugios de montaña. Se trata de lo que se denomina "en ocasiones" la "arquitectura sin arquitectos" (2) .... No, aquí nos referimos a la "arquitectura vernácula o preindustrial" de la que también se puede decir que es "arte popular". En éste, la mayoría de los que han trabajado en su construcción gozaban de poca instrucción y el destino de los alojamientos que construían estaba relacionado con la vida y el trabajo. En la actualidad se está revalorizando este tipo de arquitectura. El hombre, (3) .... Nacen así movimientos que reivindican lo local, las tradiciones, las identidades, el apego al "lugar", que no está visto como una actitud de retroceso sino como la búsqueda de integrarse en la sociedad mundial pero conservando los rasgos de identidad.

Amos Rapopot, en su libro *Vivienda y cultura*, analiza por primera vez en 1969 el porqué de las diferentes formas de las viviendas. En esta obra, Rapopot (4) .... Pero por encima de estos, Rapopot valoriza la capacidad y la libertad del hombre de escoger la forma que darle a su vivienda o al lugar en el que almacena el grano, o los animales de trabajo... De esta manera, Rapopot, destaca claramente el aspecto cultural y sociológico que conlleva la creación de ese lugar yendo más allá de la mera justificación material. Así, que existan elegantes residencias en forma de pazos y hórreos para almacenar el grano en Galicia, pero también en Cantabria y en Asturias; (5) .... , torres en Aragón, barracas en Valencia y Murcia, molinos de viento en la Mancha, los silos en Castilla y León. Todas estas construcciones están realizadas con técnicas que han ido pasando de generación en generación y son una clara muestra de lo que decía Leonardo: «La imaginación se encuentra en las viviendas pequeñas y no en las grandes.»

7 Teniendo en cuenta el texto de la página anterior completa cada uno de estos anuncios con el tipo de casa rural que se está anunciando teniendo en cuenta las características que aparecen descritas.

1 Barraca
2 Cortijo
3 Torre aragonesa
4 Masia
5 Caserío

CASAS DE VACACIONES

la alternativa rural para los tiempos de crisis

A 3 ... El Mirador de Córdoba. Posee capacidad para 9 plazas y 3 supletorias incluyendo cuna si fuese necesario. Se trata de 5 confortables dormitorios de los cuales tres habitaciones dobles en la planta baja con acceso minusválidos. Una habitación triple y una simple en la primera planta. Dispone de dos baños completos: uno con ducha y otro con bañera. Cocina completa, amplio salón-comedor con TV y chimenea. Piscina exterior. Porche cubierto, barbacoa y merendero.

B 5 ... Els Xofars. De nueva construcción, inaugurada en 2010, está ubicada en la frontera entre la provincia de Tarragona y de Lérida, en Cataluña, en la periferia de la Villa de Flix, a 50 km de Lérida capital, 80 de Tarragona y 60 del Delta del Ebro. En la casa Els Xofars encontrarás un entorno traquilo cerca del Ebro y bien comunicado.

C 2 ... La colina verde. Espacios amplios llenos de luz natural que aportan los amplios ventanales. Techos altos con vigas, muros, traviesas, arcos de puertas y ventanas en piedra. Ambiente de los dos pisos separados del ambiente buhardilla. El exterior de la casa cuenta con elementos rústicos como paredes encaladas, vigas en el porche y suelos empedrados.

D 4 ... La albufera. Repleta de elementos tradicionales como enseres de las faenas agrícolas en hierro forjado, enseres domésticos en latón y cobre; cerámicas en baños y cocina de acuerdo con la sencillez del lugar y las dimensiones limitadas de las estancias.

E 1 ... Monte alto. Decorada con muebles antiguos y rústicos de la tradición aragonesa, en algunos casos decorados a mano jugando con las distintas tonalidades de madera. Los materiales que predominan son la madera y la forja combinados con tela, cristal y azulejos de barro cocido y esmaltados.

HERRAMIENTAS

Mobiliario

Los muebles pueden ser: antiguos; clásicos; cómodos/incómodos; en buen estado; funcionales; modernos.

COMPRENSIÓN AUDITIVA

05 **1** Escucha los diálogos entre las diferentes personas y relaciónalos con las imágenes. ¿De qué están hablando?

06 **2** Escucha estas personas y escribe en tu idioma cómo se dice:

1 Pagar el recibo de la luz, del gas, del agua
2 Pagar la hipoteca de la casa
3 Domiciliar los pagos en la cuenta
4 La casera
5 Pagar por adelantado

HERRAMIENTAS

Salón

aparador; comedor; chimenea; mesa (de comedor/de hormigón/madera/cristal/plástico; para... personas); mueble para la televisión; mueble aparador; mueble para la cristalería

Dormitorio/estudio

cama (cuna; individual; litera; matrimonial; nido); cómoda; flexo; mesa de ordenador; mesilla de noche; lámpara; lámpara de pie; librería

07 **3** **Escucha y escribe.** Escucha la descripción de estas casas: un piso en una ciudad, un chalé adosado en una urbanización y una casa de pueblo. Relaciónalos con las imágenes y luego describe con el mismo detallismo tu casa.

08 **4** **Lee los enunciados que te proponemos. Luego escucha el siguiente programa radiofónico de opinión en el que diferentes personas van a opinar sobre vivir en el campo o vivir en la ciudad. Luego relaciona los enunciados que has leído con cada uno de los personajes que intervienen desde sus casas. Cuidado los personajes son 5 y los enunciados 6.**

1 Hay que tener en cuenta las ciudades pequeñas. ....
2 La ciudad para trabajar pero para "vivir" el pueblo. ....
3 Vivir en la ciudad es ruidoso. ....
4 Solo la ciudad te ofrece modernidad y todos los servicios que necesitas. ....
5 Barrio de ciudad y, de cuando en cuando, el pueblo. ....
6 Soy muy joven para vivir en un pueblo. ....

5 **Escucha otra vez y responde a las preguntas. ¿Verdadero (V) o falso (F)?**

		V	F
1	El locutor opina que el tema no tiene nada de novedoso.	☐	☐
2	A Arancha no le gusta para nada la ciudad.	☐	☐
3	Irene quiere combinar tecnología y modernidad en un futuro.	☐	☐
4	Silvia piensa que vivir y trabajar en la ciudad es lo mejor.	☐	☐
5	Para Ricardo lo mejor es vivir en una ciudad pequeña.	☐	☐
6	Jaime se refiere a vivir en el campo como una ventaja económica.	☐	☐
7	A Juan le encanta Madrid porque es una ciudad muy verde.	☐	☐

09 **6** **Escucha el siguiente texto en el que se habla de pueblos y ciudades poco conocidos. Completa las siguientes afirmaciones con el nombre de las ciudades y pueblos que vas a escuchar.**

(1) .... es un pueblo que parece sacado de otro planeta.
Muchos conocen el Acueducto de Segovia pero pocos el de
(2) ....
Uno de los ejemplos de pueblo blanco y colgante es
(3) ....
(4) .... es una de las ciudades de México en las que hay menos delincuencia.
El nombre de
(5) .... se relaciona con una de las ciudades medievales con vistas espectaculares.
En (6) .... parece que el tiempo se detuvo en el siglo XVIII.

HERRAMIENTAS

Cocina
armarios de cocina; cocina (de gas/vitrocerámica/eléctrica); encimera; horno; estanterías; nevera

Baño
aplic; bañera; cisterna (a muro); ducha (ducha de teléfono); escobilla; estantería; grifo; lavabo; portarrollos; wáter

Elementos decorativos
alfombra; copas de cristal; jarrón; figuritas de cerámica/cristal; flores; plantas de interior; quinqué; reloj (de pared/de pie); tapiz; tazas de café

EXPRESIÓN E INTERACCIÓN ESCRITAS

¿Cómo redactar una carta formal de quejas y reclamación?

1 **Encabezamiento**
El nombre del remitente o membrete (el que envía) a la izquierda; el nombre del destinatario (a quien va dirigida) a la derecha o debajo del remitente; la fecha (a la derecha sin abreviaturas); el asunto (resumido).

2 **Saludo inicial**
Distinguido/a/os/as Señor/a/es/as (+ nombre)
Estimado/a/os/as Señor/a/es/as (+ nombre)
Señor/a/es/as + nombre; *Muy señor/a/es/as mío/a/os/as*
Recuerda: hay que poner siempre los dos puntos después del saludo inicial y letra mayúscula.

3 **Cuerpo de la carta**
La introducción: *Desearía...; el motivo de mi carta...; le/s escribo...; les informamos que...; me dirijo a Ud/Uds...; tengo/tenemos el gusto de....* .
El desarrollo de cada idea ocupa un párrafo y debe ser breve, pero claro y completo.

4 **Cierre**
La despedida: *Aprovecho la ocasión para enviarle/s...; En espera de sus noticias...; Estoy a su completa disposición para...; Sin otro particular...*
El saludo final: *Atentos/cordiales saludos; muy atentamente...*
La firma a la derecha del remitente y eventualmente el posdata (P.D.) para añadir una brevísima información, o anexos (si hay documentos adjuntos).

¡OJO! Recuerda que en España la dirección tiene el nombre de la calle (**av.** – avenida; **c/** – calle; **p.** – paseo; **pl.** – plaza; **gl.** – glorieta) + número cívico + planta + puerta (letra o izquierda/derecha).

Si se trata de una carta formal con motivo de reclamaciones o quejas hay que:
- escribir las razones de la queja: *Es una lástima que...; Había pedido/reservado... y en cambio...; Lamentablemente...; Le(s) escribo para decirle(s) que hay un error en/una equivocación en...; Me dirijo a Ud/Uds para avisarle(s) que...; Me pongo en comunicación para reclamar por...*
- pedir una resolución: *Confío en que la situación pueda mejorar/subsanarse/ resolverse; Espero que no se repita el error/ todo se solucione; Exijo una explicación de lo sucedido... de no ser así/de lo contrario me veré obligado/ a tomar medidas legales.*

HERRAMIENTAS

Ropa de hogar
albornoz; almohada; bayeta; cojín; colchas; edredón; manta; toalla; trapo de cocina; sábana

Electrodomésticos
aspiradora; cocina de gas/ eléctrica/ vitrocerámica; lavadora; lavaplatos/lavavajillas; microondas; nevera/ frigorífico

Palabras útiles
alquilar; amueblar; comprar; construir; decorar; dotar; dueño/ propietario; encalar; inquilino; mudarse; portero; renovar; vecino (comunidad de vecinos); vender

1 **Lee las pautas y luego elige una. Escribe una carta formal (150-180 palabras).**

Opción 1
Te quejas con la agencia inmobiliaria porque el piso alquilado: no corresponde a lo prometido; hay ruido; es interior; algún equipamiento está roto; etc..

Opción 2
Te quejas con la agencia de mudanza porque: el presupuesto no correspondía; problemas con los embalajes; ruptura de vajillas o cristalería (descríbelos: tamaño, material, características, valor); el seguro no está claro; etc...

DELE PALABRAS

2 Elige el intruso, escribe la motivación y propon otra palabra más adecuada en su lugar.

1 A dúplex B apartamento C casa rural
2 A reembolso B alquiler C devolución
3 A azotea B encalado C acristalado

10 **3** Escucha y escribe. **Escribe un resumen (120 palabras) en el que debes presentar la información y las características principales de cada tipo de vivienda, luego redacta un texto (150-180 palabras) en el que darás tu opinión personal y dirás qué tipología prefieres, el porqué y qué mobiliario pondrías si fuera tu casa.**

4 **A partir de las tipologías de casas del ejercicio anterior, imagina que eres un agente inmobiliario y redacta un anuncio de media página en el periódico local.**

No pueden faltar:

- la tipología
- la ubicación
- la destinación (alquiler, compra, venta)
- los servicios de los que dispone (comunicado, no comunicado, interior/exterior, amueblado o no amueblado, tipo de calefacción si dispone de ella, tipos de instalaciones, aire acondicionado, etc...)
- los detalles (número de baños/ aseos y cómo son, orientación, si es un piso, en qué planta está, si es una casa individual, de cuántas plantas dispone)
- las habitaciones (incluyendo, si los tiene, el garaje, el sótano, la buhardilla, etc...)
- si hay espacio verde y eventuales servicios (piscinas, canchas, etc...)
- mencionar eventuales aspectos mejorables
- su historia

5 **Un lugar donde vivir... Escribe un texto (150-180 palabras) para describir cómo es el lugar perfecto para ti donde vivir.**

Tienes que:
- elegir el lugar geográfico
- el tipo de vivienda
- decir con quién lo compartirías
- decir el porqué de tu elección

HERRAMIENTAS

Frases útiles

se alquila/ofrece/vende; el piso/casa/chalet... está bien comunicado; tiene... habitaciones; cocina equipada; es moderno/ antiguo/renovado; si le interesa/está interesado en... puede llamarnos al número... / enviarnos un correo electrónico a la dirección de correo...; puede contactar con nosotros en el teléfono fijo/móvil; puede dejar un mensaje en el contestador automático

EXPRESIÓN E INTERACCIÓN ORALES

1 Para romper el hielo.

- ¿Cómo es tu casa?
- ¿Estás contento o cambiarías algo?
- ¿Muebles antiguos o modernos?
- ¿Tienes vecinos?
- ¿Cómo son?
- ¿Cuál debería ser el entorno ideal de tu casa?
- ¿Piensas que es mejor alquilar o comprar una casa?

2 Tú compañero/a y tú. Los dos vais a una agencia inmobiliaria para alquilar un piso donde pasar el año de estudios en el extranjero, pero tenéis opiniones diferentes: tú prefieres un piso pequeño, muy sencillo, en pleno casco antiguo, tu compañero/a prefiere otro más grande en la periferia. Discutid siguiendo las pautas y llegad a un acuerdo.

Tú

te gusta vivir en pleno centro

preferencias:
centro/ubicación cómoda

tardar poco tiempo
en llegar a la Universidad

no tener que usar medios
de transportes

no piensas compartirlo

Tu compañero/a

estar acostumbrado
a vivir en espacios grandes

precio del alquiler barato

compartir la vivienda
con más estudiantes
para ahorrar dinero

3 Mira las fotos, descríbelas con todo lujo de detalles, expresa tu opinión e imagina también un diálogo en discurso directo con tu profesor(a) o compañero/a.

4 **Lee el texto, expresa las ideas principales con tus palabras. Luego resume el contenido ofreciendo una valoración personal.**

Las casas más bonitas del mundo

Existe una clasificación de las casas más bonitas del mundo entero que han votado los navegantes de la red. De esta se desprende que la sencillez no se conjuga con la belleza en tema de mansiones, ya que las diez casas incluidas en este listado lucen lujo y riqueza, sí, pero a veces, algo exagerado. **Updown Court**, con su valor de $ 139.000.000, encabeza la lista. Se encuentra en Windlesham, en la campiña inglesa. Su propietario es un indio dueño de la mayor fabrica de acero del mundo. La casa asombra por el número de habitaciones: 103 de las cuales 22 son dormitorios superando así a las del palacio de Buckingham. Cuenta con una bolera, un cine, pistas de tenis, una de squash, una sala de billar, cinco piscinas, una piscina interior realizada como un antiguo baño romano, un baño turco, una sauna, una sala de masaje, un salón de baile, una galería de arte y un estudio cuyo suelo está hecho con oro. En la segunda posición encontramos **One Hide Park**, la penthouse. En realidad no se trata de una casa independiente, sino de un ático situado en el complejo residencial más caro de toda Inglaterra. Se caracteriza por la idea de seguridad ya que dispone de cristales a prueba de balas, habitación "del pánico", ascensor privado con identificación óptica y, por supuesto, vista espectacular sobre la ciudad. **The Manor** es la tercera y es famosa por ser la casa más cara de todo Hollywood porque perteneció a un productor de cine. Alberga 123 habitaciones, de entre las cuales: diez cuartos de baño, cuatro bares, tres cocinas, una bodega, una biblioteca, el gimnasio, un teatro, una bolera y hasta un museo de muñecas y, claro, no podría faltar un salón de cine con capacidad para 300 personas. Cuenta con amplios jardines. A todo esto hay que sumar los ocho garajes. Esta mansión la puso en venta la viuda del productor ya que afirmó que esa casa era demasiado "para una sola persona". **Villa Leopolda** es la cuarta y se encuentra en la Costa Azul. En 1902 el rey de Bélgica, Leopoldo II pagó 1 franco simbólico por hacerse con un terreno donde poco después se erigiría la mansión. Se trata de una casa escalonada y a sus pies surge una inmensa piscina rodeada por olivos, naranjos, limoneros y ciruelos y... cincuenta jardineros para cuidarlos. La quinta, situada en Mumbai (India), es la primera mansión en llegar al billón de dólares: 6 propietarios con 600 dependientes. Tiene 27 plantas una de las cuales con nieve artificial. Por lo que parece esta casa tiene más instalaciones que muchos países enteros. En la sexta posición está Hearst Mansion, una casa con historia ya que su primer propietario, un magnate de la publicidad, fue el personaje en quien se inspiró Orson Welles para su película *Ciudadano Kane*. Fue utilizada en muchas películas entre las que destaca *El padrino I*. Además John F. Kennedy pasó parte de su luna de miel en 1953 con su esposa Jacqueline. Entre sus instalaciones hay también una casa entera para los agentes de seguridad.

¿A quién de nosotros no le gustaría vivir en una de estas mansiones? Tener jardines, piscinas, instalaciones de todo tipo, vistas increíbles, es el sueño dorado de muchos. Estas casas que parecen sacadas de los cuentos de hadas solo se las pueden permitir los multimillonarios, los propietarios de las grandes firmas de negocios, empresas relacionadas con Internet y la telefonía, de las industrias que quieren gozar de una vida placentera. Pero imagínate el coste de su mantenimiento, los problemas de seguridad..., la verdad es que todo parece bastante exagerado. ¿A que sí?

DELE GRAMA

Subjuntivo presente regular

Alquil-ar: *alquil-**e**; alquil-**es**; alquil-**e**; alquil-**emos**; alquil-**éis**; alquil-**en***
Vend-er: *vend-**a**; vend-**as**; vend-**a**; vend-**amos**; vend-**áis**; vend-**an***
Viv-ir: *viv-**a**; viv-**as**; viv-**a**; viv-**amos**; viv-**áis**; viv-**an***

Verbos con irregularidades ortográficas

Para mantener el mismo sonido del infinitivo, estos verbos tienen que adaptar la ortografía cambiando la consonante final de la raíz, es decir:

apar**car** >> apar**que**; ejer**cer** >> ejer**za**; apa**gar** >> apa**gue**; diri**gir** >> diri**ja**; distin**guir** >> distin**ga**; enla**zar** >> enla**ce**; constr**uir** >> constr**uya**; atesti**guar** >> atesti**güe**

Subjuntivo presente irregular

Verbos que diptongan

Los verbos de la 1ª y 2ª conjugación conservan la misma diptongación del presente de indicativo (en todas las personas menos *nosotros* y *vosotros*)

Entender: entienda; entiendas; entienda; entendamos; entendáis; entiendan

Verbos con cambio vocálico

Los verbos de cambio vocálico en presente de indicativo, en subjuntivo cambian la vocal *-e* en *-i* en todas las personas (incluidos *nosotros* y *vosotros*).

Conseguir: consiga; consigas; consiga; consigamos; consigáis; consigan

¡OJO! *Dormir: d**ue**rma, d**ue**rma, d**ue**rma, d**u**rmamos, d**u**rmáis, d**ue**rman*

Principales verbos con irregularidades consonánticas

caber >> quepa; decir >> diga; hacer >> haga; oír >> oiga; poder >> pueda; poner >> ponga

Principales verbos con irregularidad propia

haber >> haya
ir >> vaya
saber >> sepa
tener >> tenga
ver >> vea

1 **Conjuga los verbos siguientes en presente de subjuntivo.**

jugar empezar desaparecer
dormir repetir acostarse

2 **Completa conjugando el verbo entre paréntesis en presente de subjuntivo.**

1 ¿Os importa que (*pagar*, *nosotros*) .... la factura de la luz el próximo mes?
2 No creemos que (*conseguir*, *él*) .... vender el piso sin poner anuncios.
3 La agencia de la mudanza nos pide que le (*dar*, *vosotros*) .... la dirección del piso nuevo.
4 No hay ninguna casa que (*valer*) .... y (*merecer*) .... la pena que (*cambiar*, *tú*) .... de casa.
5 (*Decir*, *ellos*) .... lo que (*decir*, *ellos*) .... y (*hacer*) .... el tiempo que (*hacer*) .... yo prefiero vivir fuera de la ciudad.

3 **Completa con los verbos del cuadro conjugándolos en subjuntivo presente.**

marchar escoger salir construir
apretar arreglar saber tocar poder

1 Ella espera que (*yo*) .... un ático, no creo que .... lo que puede valer.
2 Es necesario que (*tú*) .... fuerte el picaporte o que (*tú*) .... varias veces el timbre porque la abuela no oye bien.
3 ¡Qué maravilla que los niños .... al jardín a jugar!
4 Es necesario que el fontanero .... la calefacción para que .... bien durante las vacaciones.
5 Por favor, cariño, pídele a la empresa que .... en esa plazoleta el garaje para que (*nosotros*) .... aparcar con facilidad.

4 **Forma frases conjugando el verbo de la subordinada en presente de subjuntivo.**

0 llamar / agencia / alquilar / piso dúplex / céntro *He llamado a la agencia para que me alquilen un piso dúplex en el centro.*
1 desear / nosotros / encontrado / vosotros / casa sueños
2 Carlos / telefonear / dueña / traer / factura gas
3 ellos / buscar / chalé / tener / piscina / jardín amplio
4 yo / saber / todavía / ellos / encontrar / piso

Pasados del subjuntivo

El pretérito perfecto se forma a partir del presente del verbo *haber* + el participio del verbo: *haya, hayas, haya, hayamos, hayáis, hayan alquilado/vendido/vivido*
Se usa principalmente para indicar una acción ocurrida recientemente (*No me parece que José haya pagado ya la factura del gas*) o futura respecto a un hecho posterior (*No pienso que hayamos podido encontrar casa antes del próximo mes.*).
El imperfecto se forma a partir de la tercera persona plural del pretérito indefinido de indicativo eliminando *-ron* y añadiendo las desinencias: *-ra/se; -ras/ses; -ra/se; -ramos/semos; -rais/seis; -ran/sen.*
Yo alquilara/alquilase; tú alquilaras/alquilases; él alquilara/alquilase; nosotros alquiláramos/alquilásemos; vosotros alquilarais/alquilaseis; ellos alquilaran/alquilasen.
Todos los verbos irregulares en pretérito indefinido, mantienen la misma irregularidad en el imperfecto de subjuntivo. Se usa principalmente para expresar una acción pasada (*No nos gustó que fueran a vivir al extranjero.*); indicar una acción hipotética (*Me gustaría que encontrarais el piso de vuestros sueños.*); expresar un deseo (*¡Ojalá no viviera en la ciudad, me gustaría vivir fuera.*)
El pretérito pluscuamperfecto se forma a partir del imperfecto de subjuntivo del verbo *haber* + participio pasado: *hubiera/se, hubieras/ses, hubiera/se, hubiéramos/semos, hubierais/seis, hubieran/sen alquilado/vendido/vivido*
Se usa para expresar una acción pasada respecto a un momento temporal posterior (*Pensábamos que hubierais ido a casa*), expresar un deseo o una esperanza con *ojalá* (*¡Ojalá hubiera salido ya del trabajo!*)

5 Completa conjugando el verbo entre paréntesis en uno de los tiempos pasados del subjuntivo:

1 Espero que me (*publicar*) .... el anuncio en el periódico.
2 ¡Ojalá (*vender*) .... la casa del campo el año pasado!
3 Tal vez mis padres (*coger*) .... el autobús 34, es el más cómodo para llegar a tu casa.
4 No creo que (*entender*, *vosotros*) .... la situación.
5 Nos pareció extraño que mi compañero (*alquilar*) .... el piso sin decirnos nada.

ACTIVIDAD GLOBAL

Elige la opción correcta (a, b o c).

1 Creemos que se .... portado mal con sus padres.
a ☐ hayan b ☐ han c ☐ hubieran

2 No creo que te .... a ti invitarme esta vez.
a ☐ tocara b ☐ toque c ☐ toca

3 Por favor cariño, pídele que no me .... nada.
a ☐ devuelve
b ☐ ha devuelto
c ☐ devuelva

4 Nos gustaría que para el próximo jueves .... los deberes.
a ☐ terminárais
b ☐ habríais terminado
c ☐ hayáis terminado

5 Le había extrañado que le .... un ramo de flores.
a ☐ regaláramos
b ☐ regalábamos
c ☐ hayamos regalado

6 Me habría parecido raro que se .... en casa.
a ☐ quedaron
b ☐ hubieran quedado
c ☐ queden

7 Mis padres nos piden que .... enseguida.
a ☐ dormamos
b ☐ dormimos
c ☐ durmamos

8 No están seguros de que .... a la fiesta.
a ☐ vengan b ☐ vienen c ☐ vinieran

9 Les molestará que no .... durante la ceremonia.
a ☐ las hayan llamado
b ☐ llamaran
c ☐ llamaron

10 ¡Ojalá .... las vacaciones pronto!
a ☐ comiencen
b ☐ comenzasen
c ☐ hayan comenzado

UNIDAD 3

Una salud de hierro

COMPRENSIÓN LECTORA

1 Lee el texto y responde a las preguntas múltiples y verdadero/falso.

España en los Juegos Olímpicos

España debutó en los Juegos Olímpicos de 1900, en París. Luego participó en Amberes 1920. En las Olimpiadas de Berlín en 1936 no participó porque la España republicana había decidido no tomar parte, junto con otros países liberales, en unas olimpiadas organizadas por un país gobernado por Hitler y como reacción se organizaron unas olimpiadas alternativas y de protesta en Barcelona, pero el alzamiento nacional del 18 de julio acabó con la ceremonia y empezó la Guerra Civil. A partir de la edición sucesiva a la de Berlín, la delegación española representada por el COE (Comité Olímpico Español) participaría en las demás ediciones, consiguiendo un total de 38 medallas de oro, 59 de plata y 35 de bronce por un total de 132 medallas en los juegos de verano hasta las de 2012. En cambio, si hablamos de los juegos olímpicos de invierno, el País debutó en Garmisch-Partenkirchen 1936 y en todas las demás ediciones. Los resultados totales no fueron deslumbrantes y esto parece deberse a varias causas. Una inversión de tendencia se vislumbró a partir de los Juegos Olímpicos celebrados en Barcelona 1992 que revitalizaron tanto la ciudad como la fachada internacional del País entero y sobre todo el interés y la destinación de recursos financieros hacia otras disciplinas diferentes del fútbol y de la tauromaquia y restándoles interés. Además, Barcelona 1992 cambió la historia de las Olimpiadas porque con ellas nacieron las olimpiadas modernas. Esto se concretizó en algunas medidas como el Plan ADO, un conjunto de ayudas económicas a los deportistas olímpicos y cuya cuantía estaba determinada en función de los resultados y la mejoras en la preparación de los atletas. Este hecho influyó positivamente incluso en la manera de vivir "otros" deportes y enseñó otras caras del deporte al pueblo español más allá de los tópicos de siempre: toros y fútbol. A partir de ese momento los resultados cosechados mejoraron paulatinamente. Mucho ha cambiado desde la primera medalla de oro de la historia por parte de deportistas españoles (pelota vasca y cesta punta) conseguida en la edición de París y se puede afirmar que en las Olimpiadas de Londres 2012, España participó con orgullo y estrenando 282 deportistas de los cuales 114 eran mujeres. Esto a pesar de que la crisis haya tenido su peso: como no hay ingresos, los clubes no aseguran pagar, los profesionales se van, pero de esto puede que se beneficien los jóvenes con menos pretensiones y que se fichan cobrando menos. El abanderado de la delegación de este año tenía que ser Nadal pero por problemas de lesión fue sustituido por Pau Gasol, hombre mediático y fiable, que hizo soñar con poder dar la revancha a lo que pasó en Pekín 2008 cuando se tocó el oro con las yemas de los dedos. El superhéroe del baloncesto, junto con un grupo de talentos, tras empezar con derrotar a los chinos, solo se rindió frente a los invencibles de EE.UU. Pero lo mejor vino de los deportes acuáticos: la vela con el oro, el piragüismo, la natación, la natación sincronizada y el water polo. Y para terminar hay que mencionar el oro del taekwondo, con el que España siempre recupera vigor y el bronce del balonmano que está creciendo debido al hecho de que los españoles son un país de juguetones, para nada fanfarrones y de lanzamiento poderoso. Y eso que, en el tenis, faltó Nadal por haberse lesionado…

1 A partir de 1936 España participó en todos los Juegos Olímpicos.

V ☐ F ☒ En Berlin 1936 no participó por razones históricas

2 España en los Juegos Olímpicos...

a ☐ ha deslumbrado por la cantidad de medallas cosechadas a partir de 1992.

b ☐ no ha mejorado la manera de afrontar el deporte.

c ☒ ha cambiado su actitud frente a deportes como el fútbol y la tauromaquia.

3 A partir de los juegos olímpicos de Barcelona…

a ☐ se revitalizaron las ayudas económicas del País al deporte.

b ☐ se propiciaron nuevas medidas en favor de todos los deportes.

c ☒ salieron más beneficiados los ganadores.

4 La primera medalla de oro de la primera edición la ganaron los españoles.

V ☐ F ☒ Fue la primera medalla de oro para los españoles en pelota vasca y cesta punta

5 Debido a la crisis económica…

a ☒ los deportistas irán a lugares más rentables.

b ☐ hay planes de ayudas económicas en favor de los atletas.

c ☐ se fichará a los que cobren menos.

6 En China el equipo de baloncesto no se llevó la medalla de oro.

V ☐ F ☐

7 En las Olimpiadas de Londres 2012…

a ☐ los deportes acuáticos ganaron el oro.

b ☒ el campeón del voleibol Pau Gasol ganó medalla de plata contra los EE.UU.

c ☐ se ha demostrado que últimamente el balonmano español ha mejorado.

8 Los deportes acuáticos fueron los más galardonados.

V ☒ F ☐

DELE PALABRAS

2 **En el texto anterior se citan varios deportes. Clasifícalos añadiendo todos los que conozcas (algunos caben en más de una columna). Luego controla en las herramientas de la página sucesiva.**

Deportes acuáticos | Deportes de exhibición | Deportes de equipo | Deportes individuales | Deportes de tiro y combate

HERRAMIENTAS

Los lugares del deporte

campo (de fútbol...); cancha (de tenis); carretera; frontón (pelota vasca); gimnasio; mar/playa; piscina; pista (de atletismo, de esquí...)

3 Completa el texto insertando los párrafos que te damos en la página siguiente.

DEPORTES PARALÍMPICOS: PURA EMOCIÓN

No tienen piernas pero corren como leopardos, ¿su proteína? El coraje. ¿Su secreto? La eliminación de toda barrera en tema de prótesis. ¿Discapacitados? Pues, no, capaces de todo.

Hoy, y gracias en buena parte a Barcelona '92 y a la importancia que por primera vez en la historia se le dio a los Juegos Paralímpicos, con duro trabajo, los deportistas discapacitados han conseguido salir en la pantalla y en la prensa gracias a sus esfuerzos y a la capacidad de superarse a sí mismos. (1) ....C......... ¡Y sabemos muy bien que el sueldo de un deportista nace y crece a partir de la audiencia! Lo primero es abandonar la palabra discapacitados: la aceptación de la minusvalía, en el deporte, es total.

Alex Zanardi debutó en la Fórmula 1 en 1990 compitiendo para Jordan, Minardi, Lotus y Williams y cosechando éxitos. Pero en 2001, durante una carrera, sufrió un gravísimo accidente y la colisión con otro coche le provocó la amputación de las piernas. Lejos de abandonar las pistas y gracias a su fuerza de voluntad, el piloto siguió corriendo en campeonatos como el Europeo de Turismo. (2) .....F............... Además, en 2006, pilotó nuevamente en Fórmula 1 con un coche adaptado a sus necesidades. En las Olimpiadas Paralímpicas de Londres 2012 conquistó dos medallas representando a Italia.

Otro italiano, Andrea Stella, a pesar de sufrir una paraplejía en las piernas por haber sido víctima de un tiroteo en su viaje premio a los EE.UU. después de su licenciatura, en 2000, consiguió construir un catamarán accesible a todos. (3) ......D..............

David Barallo, catalán, una pierna sola, afirma que las prótesis no son las que te pueden dar más ventajas, sino la capacidad cardíaca. Y añade que faltando los músculos, el cansancio es mayor y la necesidad de suplir la energía con el resto del cuerpo hace que pierdan un 25% más de energía que al resto de los atletas.

(4) ....A........... Al fin y al cabo el verdadero secreto es asumir la discapacitad y trabajar con voluntad para superarse, ni más ni menos que como cualquier otro atleta.

(5) ....B............ Poe eso le han llamando "el guepardo" porque es el hombre con prótesis más veloz del mundo en los 100 metros (10.97 segundos).

Gracias a la tecnología hoy en día el alpinista Hugh Herr que perdió las piernas por congelamiento, consigue impresionar trepando paredes con prótesis de metal y madera para no resbalar. A la redactora de la revista *Handicap*, Günter Belitz, cuando era niña, un tiburón le arrancó una pierna y, tras años de tentativos, hoy lleva una pierna de fibra de vidrio con la que pudo ganar el oro en salto de altura en Barcelona 1992. Rubén Fuentes, tras perder una pierna en un accidente de moto, con su prótesis de fibra de carbono, logró el oro en salto de longitud en los Paralímpicos de Sydney.

(6) ....E............ Shirley nos da la receta: «La ayuda técnica es el 10% de la solución, la parte restante mezcla un 30% de fuerza física y un 60% de voluntad».

Párrafos:

A Hay muchos ejemplos: Marlon Shirley, abandonado en orfanatos por sus padres; siempre fue deportista y, después de que una segadora de césped le amputara la pierna izquierda, aún más.

B Y lo ha hecho Marlon Shirley, con buena dosis de coraje, su proteína especial y su extremidad artificial bautizada cheetah, el animal más rápido del mundo.

C Y todos nos emocionamos al ver en la tele los Juegos Paralímpicos, aunque quede mucho camino por hacer y eso debido al espacio todavía muy reducido que se les ofrece a estos campeones del deporte respecto por ejemplo al espacio que se le da al fútbol.

D Junto con su familia se convierte en proyectista de objetos que permiten la accesibilidad incluso a deportes difíciles de practicar para un discapacitado, como la vela, su pasión, convirtiendo los puntos débiles en puntos de fuerza. En 2003 funda una asociación empeñada en la eliminación de las barreras arquitectónicas.

E Claro, todo esto no es nada fácil: fibra de vidrio, de carbono; la elección dependerá del estilo del atleta y se tardan meses en aprender a correr, saltar y mantener el equilibrio con esos artilugios.

F También hizo una carrera en el circuito donde tuvo el accidente con un coche parecido al que pilotaba aquel día alcanzando los 311 km por hora, es decir un récord para un piloto discapacitado.

Ejercicio de ESTRATEGA

4 Después de haber leído el texto divídelo en fragmentos y atribuye a cada uno de ellos uno de los titulares. ¡Cuidado: no están en orden!

a [7] Héroes del deporte
b [3] Aceptación de la minusvalía
c [5] El mar en silla de ruedas
d [4] Seguir corriendo: la carrera no termina nunca
e [1] Ser capaz de todo, superarse
f [8] Artilugios de la técnica
g [2] Tener éxito en los medios de comunicación y emocionar
h [6] Energías, músculos y prótesis

HERRAMIENTAS

Los deportes

ala delta; atletismo; automovilismo; ballet; baloncesto; balonmano; barranquismo acuático; béisbol; boxeo; buceo; ciclismo; danza; descenso de cañones; equitación; escalada; esgrima; esquí; fútbol; gimnasia artística/rítmica; golf; halterofilia; hockey sobre hielo/hierba/ruedas; judo; karate; lucha; marcha; motociclismo; natación; natación sincronizada; parapente; piragüismo; polo ; senderismo; surf/kitesurf; taekwondo; tenis; tiro al blanco/con arco; triatlón; vela; voleibol; vóley playa; waterpolo

5 Lee el texto y subraya la opción correcta, luego contesta verdadero/falso.

Medicina alternativa, fenómeno social

En inglés se llama CAM (Complementary Alternative Medicine) y abarca todos los productos, los tratamientos y las prácticas médicas que no están incluidas en las curas tradicionales y (**1**) *estándar / normales*, es decir los cuidados practicados por médicos, enfermeros y fisioterapeutas. Hablamos de acupuntura, hidroterapia, quiropráctica, medicina herbaria, homeopatía, reflexología, etc... Debido al uso cada día mayor de estas prácticas, se están desarrollando estudios para confirmar la seguridad y la utilidad de tales medicinas alternativas (**2**) *a pesar de que / para que* no sean simplemente "promisorias".

Los promotores de la medicina alternativa están convencidos de que su desarrollo contribuye tanto a la promoción de la identidad cultural de un pueblo debido a todos los conocimientos de remedios naturales y antiguos que conlleva, como a la diversidad. Al mismo tiempo sostienen que en cada ocasión se debe tener un grado de mixtura entre la sabiduría popular y los conocimientos médicos tradicionales, o sea el remedio de la abuela, ¡pero controlado (**3**) *con / por* el farmacéutico!

La medicina alternativa juega un papel importante incluso en campo social. Por ejemplo, si tomamos en consideración la figura de la mujer encargada de mantener viva y activa la tradición sanitaria en los países en vías de desarrollo, podemos destacar que en estas redes las mujeres pueden (**4**) *adquirir / incrementar* una función extra: la de promocionar el encuentro y la profesionalidad de (**5**) *segmentos / pedazos* sociales débiles.

Además, la medicina alternativa, en ese sentido (**6**) *propiciaría / propiciara* la vuelta "al pueblo", o sea un (**7**) *encararse / enfrentar* el problema de salud de manera más humana, favoreciendo la participación del enfermo para que el paciente no (**8**) *se limite / se limitará* simplemente a ir a la consulta y volver con su papelito sellado y con la indicación. Los que creen que para estar como un roble, hay que utilizar las medicinas alternativas, (**9**) *son / están* más convencidos de que las medicinas tradicionales se están alejando de obtener resultados positivos ya que la medicina es, por sí misma, un fenómeno cultural nuclear mucho más amplio que la homogeneización hecha por un sistema oficial (**10**) *cada vez / sin embargo* más en crisis. El reto no es anteponer métodos, (**11**) *mas/ sino* enriquecerlos (**12**) *ambos / juntos* para dejar libres a las personas de elegir el tipo de atención médica que más necesiten en ese momento.

Texto adaptado de Todamedicinalternativa.com

	V	F
1 Los estudios de las medicinas alternativas han demostrado que solo ofrecen promesas.	☐	☒
2 Hoy la medicina alternativa puede tener también un rol social.	☒	☐
3 La medicina tradicional ha homogeneizado a la medicina alternativa.	☐	☒
4 La medicina alternativa no se enfrenta a la medicina tradicional.	☒	☐
5 El deslinde entre paciente y médico se eliminaría con una escucha y una educación más atentas.	☐	☒

RINCÓN MODISMOS

6 **En el texto hay un modismo que se refiere a la salud. Búscalo. Después divide en dos grupos (salud y enfermedad) los siguientes modismos y frases hechas, luego inventa una frase para cada uno.**

estar agotado   estar en los huesos   estar hecho polvo
llevar una vida sana   tener una salud de hierro

7 **Lee las siguientes frases: los modismos, proverbios y frases hechas han sido invertidos en las frases. Subráyalos y colócalos en su sitio cambiando algo de las frases si hace falta.**

1 —¡Qué feo este mono de esquí!
—Y eso que lo he pagado un abrir y cerrar de ojos.

2 —Por favor, Manuela, ¿no te das cuenta de que le hace la vista gorda a todo el mundo? Nos está engañando.

3 —No le digas nada a tu prima de tu trabajo en el hospital, en ese período no quiere oír nada de enfermos y enfermedades, no se encuentra muy bien: baja la cabeza.

4 —No llevaba una vida sana así que ahora voy a correr todos los días y mi vida ha cambiado y me ha costado un ojo de la cara.

5 —Ahí le aprieta el zapato y a aceptar lo que manda el médico.

6 —La abuela es demasiado buena: les toma el pelo cualquier cosa hagan esos niños traviesos.

8 **En cada frase se usa un modismo, una frase hecha o un proverbio. Elige la explicación correcta para cada una de entre las dos opciones que te proponemos.**

1 ¡Eres un bocazas!
a Eres una persona que habla por hablar.
b Eres una persona que dice palabrotas.

2 Te tengo que tirar de la lengua.
a Te sonsaco la información.
b Te estoy diciendo que eres un descarado.

3 Chema tiene cara dura.
a Chema es uno que se aprovecha.
b Chema es tímido.

4 A Gloria se le han subido los humos a la cabeza después de haber protagonizado la película.
a Gloria se ha vuelto famosa.
b Gloria se ha vuelto presumida.

5 A Carmina le das la mano y se toma el brazo.
a Carmina es una aprovechada.
b Carmina es una desconfiada.

HERRAMIENTAS

Enfermedades

Me duele el estómago/ la cabeza/la garganta
Me he roto el codo/ la pierna/ tengo una fractura/lesión
Soy alérgico/a al polvo/ polen
Tengo acné (granos)/ catarro/dolor de muelas/ estrés/fiebre/gripe/una herida/mareos/náuseas/ otitis/tos/úlcera/

COMPRENSIÓN AUDITIVA

11 **1** Escucha y responde a las preguntas múltiples.

El yoga

1 En general...
- a ☐ podemos adaptarnos al yoga y a sus diferentes tipologías.
- b ☐ el yoga adapta nuestra personalidad y temperamento.
- c ☐ el yoga se diferencia en la oferta.

2 El yoga...
- a ☐ es capaz de remover cualquier tipo de dolor físico indeseable.
- b ☐ te hace apreciar la vida a través del conocimiento interior.
- c ☐ resuelve los problemas en familia y en el trabajo.

3 El yoga de Patanjali...
- a ☐ en los pasos 5-8 desarrolla actividades más prácticas.
- b ☐ es el más clásico.
- c ☐ es el más conocido, difundido y practicado mundialmente.

EL PILATES

4 Joseph Pilates...
- a ☐ ideó unas máquinas para la prevención del dolor de espalda.
- b ☐ propuso ejercicios que se podían hacer tendidos en el suelo y sin aparatos.
- c ☐ abrió una clínica para curar y operar las lesiones musculares de los deportistas.

5 El Método Pilates...
- a ☐ ha cambiado su raíz con el tiempo.
- b ☐ se ha renovado con la acción de su mujer Clara.
- c ☐ ha mantenido su filosofía.

6 Hoy el Método Pilates...
- a ☐ es una práctica física exitosa.
- b ☐ se enseña en una sola escuela oficial.
- c ☐ lo siguen estrictamente los profesionales del baile y del deporte.

Medicinas naturales

7 Está demostrado que la acupuntura...
- a ☐ sirve para prevenir mareos y vómitos.
- b ☐ es un método que mejora la salud y el bienestar del paciente.
- c ☐ afecta la manera de segregar sustancias químicas.

8 La quiropráctica...
- a ☐ valoriza mucho el cuerpo.
- b ☐ trata de normalizar la estructura del cuerpo humano.
- c ☐ es una técnica mental de focalización.

9 A propósito de la medicina herbal...
- a ☐ los boticarios la consideraban como un medicamento dietético.
- b ☐ se basaba en el uso terapéutico del olor de la planta.
- c ☐ no se debe subestimar su uso.

12 **2** Escucha el diálogo y contesta verdadero (V) o falso (F).

		V	F
1	El sistema del CAP existe también en Sudamérica y funciona igual.	☐	☐
2	Puedes ir a un CAP cualquiera pero tienes que residir en España.	☐	☐
3	Si eres pensionista no pagas los medicamentos.	☐	☐
4	El 20% para pagar la sanidad pública el estado lo saca del sueldo de los trabajadores.	☐	☐
5	En el CAP está tu médico de familia.	☐	☐
6	Si quieres puedes sustituir el especialista con otro de otro CAP.	☐	☐
7	Para hacerte análisis recetados necesitas una hoja redactada por el médico.	☐	☐
8	El fin de semana el horario es de jornada continua pero encuentras solo a un médico de guardia.	☐	☐

13 **3** Escucha y escribe. **Escucha el diálogo e identifica marca el icono de todos los deportes que *no* se han mencionado en la grabación.**

4 **Ahora escribe el nombre de todos los deportes que aparecen en los iconos del ejercicio 3, luego elige uno de ellos y en tu cuaderno, descríbelo citando los objetos y la ropa que se usa para practicarlo, en qué lugar se practica, cuáles son las reglas principales y porqué te gusta.**

14 **5** **Escucha el texto y corrige las afirmaciones contenidas en los enunciados.**

1 Es la clasificación de los deportes más extraños que forman parte de las disciplinas olímpicas.
2 El tiro de la cuerda empezó en 1920.
3 El tiro de la cuerda consistía en un deporte poco ecologista.
4 Las mujeres participaron en el tiro al pichón por primera vez en los Juegos Olímpicos de París 1920.
5 Trepar la cuerda es una disciplina que se hace en gimnasia rítmica.
6 El hockey sobre ruedas y el trampolín se siguen praticando como disciplinas olímpicas.
7 La canne debutó en los años treinta del siglo XX y luego se ha convertido en la esgrima.
8 La marcha se ha convertido en un deporte olímpico.

HERRAMIENTAS

Palabras útiles (I)

Hacerse una inyección; un trasplante; una vacuna
Ir: al Ambulatorio o CAP (Centros de Asistencias Primarias); al centro de salud; a la consulta (del médico); a la farmacia; al hospital; a un SPA (centro bienestar); a Urgencias
Ponerse una crema; una pomada; una tirita; una(s); venda(s)
Profesiones: cirujano; dentista; dietista; enfermero; farmacéutico; fisioterapeuta; homeópata

EXPRESIÓN E INTERACCIÓN ESCRITAS

Cómo escribir un texto expositivo-divulgativo

Características de este tipo de texto

- Se trata de explicar de forma objetiva unos hechos o un tema.
- Tiene como objetivo informar y difundir conocimientos sobre un tema de interés tratando de dar respuesta a preguntas como *¿Qué? ¿Cómo?* y *¿Por qué?*, presentando una serie de ideas que explican conceptos y argumentos.
- Se usa una sintáxis elaborada que presenta subordinadas de distinto tipo.
- Se usan marcadores discursivos lógicos para cohesionar ideas y párrafos como:
  - conectores aditivos: *incluso, es más, además, encima*
  - conectores consecutivos: *así, entonces, por tanto*
  - conectores de contraargumentación: *en cambio, por el contrario, sin embargo, no obstante, ahora bien, eso sí*
- Se usa poco léxico técnico junto al léxico común, no especializado, haciendo así que el texto sea accesible a un público amplio al que se dirige con la intención de persuadir, de ahí el empleo de recursos retóricos como la repetición.
- El emisor no da su opinión pero puede plantear diferentes puntos de vista y tomar posición por uno de ellos.

Partes

- **Introducción** – presentación del tema.
- **Desarrollo** – explicación del tema tratado.
- **Conclusión** o **síntesis** – en la que recordamos los puntos más importantes de nuestra argumentación de forma resumida y ordenada para que el receptor los recuerde y de ese modo consigamos convencerlo.

(15) **1** Escucha y escribe. **Escucha el siguiente artículo, toma apuntes y, a partir de las ideas principales del mismo, escribe un texto de tipo expositivo-divulgativo. No olvides usar los marcadores del discurso antes mencionados (150-180 palabras).**

2 **El bienestar humano tiene múltiples aspectos. A partir de la tabla, redacta un texto en forma de artículo o blog (150-180 palabras).**

Elementos básicos	Las relaciones sociales	La salud	La comida	Los gustos
La calidad de vida: la salud, las relaciones sociales, la comida, la educación, los gustos, etc.	La amistad La familia	El derecho a la salud La salud pública y privada La medicina alternativa El deporte Las termas y los SPA	La comida sana	El tiempo libre La música La lectura Los viajes El teatro, el cine, el arte

HERRAMIENTAS

Palabras útiles (II)

Recomendar/prescribir/recetar: unos análisis; un medicamento; una receta
Tomar: un antibiótico; un antidolorífico; una cápsula; un comprimido; fermentos lácticos; unas gotas; un jarabe; una pastilla
Quedarse a reposo
Remedios: acupuntura; homeopatía; medicina alternativa/convencional/herbal/tradicional; quiropráctica; reflexología; remedio casero/de la abuela

3 Coloca las diferentes partes del cuerpo en el lugar correspondiente de la imagen.

tobillo cadera rodilla cuello hombro codo
antebrazo tórax abdomen muslo

4 Y ahora señala dónde se encuentra cada uno de estos huesos subrayando la respuesta correcta.

1	el radio	a ☐ muñeca	b ☐ pie	c ☒ antebrazo
2	el fémur	a ☐ codo	b ☒ muslo	c ☐ cuello
3	la tibia y el peroné	a ☐ tobillo	b ☐ talón	c ☒ pierna
4	la rótula	a ☒ rodilla	b ☐ muñeca	c ☐ codo
5	la pelvis	a ☐ tobillo	b ☒ cadera	c ☐ pie

16 **5** Escucha el siguiente diálogo de uno que suele "meter la pata". Señala en la parrilla las diferentes lesiones que aparecen en relación al deporte del que se habla y a la parte del cuerpo afectada.

Lesión	Parte del cuerpo	Deporte
1	....	....
2	....	....
3	....	....
4	....	....
5	....	....
6	....	....

LÁPIZ
DÍA
BATIR
ANÉGDOTA
CARNICERÍA
CONTAMINACIÓN
ESTIVAL
ORDENADOR
MÓVIL
ÁRBOLES
APROVECHAR
ORARIO
PLANICIE

EM

HERRAMIENTAS

Cuerpo humano

barriga; brazo; cabeza; caderas; cintura; codo; corazón; cuello; espalda; estómago; garganta; hombro; huesos; mano; muñeca; músculos; oreja (oído); rodilla; pantorrilla; panza; pecho; pie; pierna; pulmón; ~~rodilla~~; trasero; tobillo

dedos: pulgar; índice; medio/corazón; anular; meñique

cara/rostro: boca; cejas; dientes; frente; labios; mejillas; muelas; narices; nariz; ojos; orejas; pestañas

cinco sentidos: gusto; oído; olfato; tacto; vista

EXPRESIÓN E INTERACCIÓN ORALES

1 **Para romper el hielo.**

- ¿Practicas algún deporte? ¿Cuál? Expón sus reglas, los objetos que se necesitan para practicarlo y las partes del cuerpo que compromete.
- ¿Te gusta ver el deporte en TV o escucharlo en la radio o en Internet? ¿Crees que puede sustituir a la práctica del deporte? ¿Qué relación hay entre el deporte y la salud?
- ¿Cómo funciona el sistema sanitario de tu país? ¿Qué piensas de este?

2 **Lee el siguiente texto y luego expón tu opinión sobre el mismo teniendo en cuenta las siguientes preguntas como pautas:**

- Es un argumento muy actual. ¿Por qué?
- ¿Qué piensas del dopaje en el deporte?
- ¿Crees que el texto refleja la realidad?
- ¿Podrías dar otra versión del final de esta "fábula"?

La Fábula del Médico y el Dopaje

Un día pasa un deportista a la consulta y dice:

— Doctor, ¿qué me puedo tomar? No voy cara adelante, entreno y entreno y no mejoro, cada vez me veo peor, intento esforzarme más y más, pero cada vez estoy peor. Estoy nervioso, me despierto por las noches, estoy cogiendo peso –y eso que no como casi–, estoy de mal humor, me siento frustrado.

Una vez analizada la situación de forma pormenorizada, nos encontramos con un sobreentrenamiento de libro: intensidades de entrenamiento excesivas, falta de carbohidratos en la comida, ausencia o mala ejecución de trabajos de acondicionamiento físico general (elasticidad, fuerza, técnica, etc.), exceso de competiciones, falta de trabajo, de recuperación, etc.

Tras estudiar los distintos aspectos, se le plantea un plan de trabajo.

— A saber: debes tomarte un respiro, de un par de semanas al menos, y a partir de ahí, empezar con un plan de trabajo mejor estructurado, y correctamente tutelado por un profesional del entrenamiento. Se le aconseja entrenar a menor intensidad general, menos competiciones y mejor elegidas, y trabajo invisible: estiramientos, fuerza, etc.

Si hemos sido suficientemente convincentes, el "paciente" (nunca mejor dicho) nos hará caso, lo que va a significar que cuando salga a entrenar, sistemáticamente sus compañeros van a dejarlo atrás, y él, con la excusa de que eso es lo que le ha dicho el médico, lo va a llevar más o menos, aunque siempre, con alguna duda.

Como quiera que el trabajo, con el paso de las semanas, se ha realizado adecuadamente, habrá perdido peso graso y ganado masa muscular, mejorado su capacidad aeróbica, habrá podido hacer los entrenamientos de potencia aeróbica y potencia anaeróbica a las intensidades adecuadas (porque ya no está tan cansado), recupera mejor, duerme mejor, está de mejor humor, irá cogiendo confianza en lo que está haciendo.

Un buen día toca competir, y sale, según lo propuesto, de menos a más. Por tanto, sus compañeros de entrenamiento vuelven a salir por delante. Pero, llegada a la mitad de la prueba, de forma progresiva los va adelantando uno a uno, terminando por delante de ellos y encima con sensación de que podría haber hecho más, y sobre todo, habiendo disfrutado.

Los compañeros, que llegan por detrás, algunos exhaustos, otros "apajarados" y lo ven en meta tan contento, una vez que han vuelto a la calma le preguntan:

— ¿Y a ti que te ha dado el médico?

Texto adaptado de Blog IMD
(Istituto de Medicina del Deporte)

2 ¿Sabes que periódicamente, siete años antes de cada Ólimpiada, el COI (Comité Olímpico Internacional) toma en consideración introducir nuevos deportes olímpicos? Te proponemos tres deportes que no son olímpicos pero que podrían llegar a serlo. Completa la parrilla con los nombres correspondientes que aparecen en el cuadro y asocia cada deporte (A-C) a la foto correspondiente (1-3). Luego, explica oralmente en qué consiste cada uno e ilustra lo que estás contando con las imágenes.

peleas de bolas de nieve   snowboarding   escalar hielo

A ....

Existen 200 equipos en Japón en el Campeonato Mundial. Estos torneos se juegan en campos que son más o menos de las dimensiones de una cancha de tenis y es una combinación entre quemados y jugar bandera.

B ....

Los deportistas compiten entre ellos y contra reloj por llegar a la cima de una pared de hielo, usando hachas para hielo, picos etc. Varios países alrededor del mundo tienen competiciones anuales.

C ....

Deporte en el que los deportistas realizan acrobacias volando con sus tablas. Existen numerosas competiciones mundiales.

1 ◯

2 ◯

3 ◯

3 Y ahora piensa en deportes o "juegos" que conoces y que no son olímpicos: en cuatro minutos aproximadamente explica sus reglas y defiende oralmente su posible participación en los juegos.

DELE GRAMA

El subjuntivo en las oraciones independientes

Normalmente las proposiciones independientes, es decir las principales en una frase, tienen el modo indicativo; sin embargo, con algunas proposiciones independientes, con adverbios o locuciones adverbiales que indican deseo, duda, exhortación o probabilidad, pueden aparecer varios modos verbales.

Deseo: subjuntivo

¡Qué te vaya bien! ¡Si ganara el gordo de Navidad!
Para expresar deseo:

- *¡**Así** pierda el partido: no le aguanto por lo presumido que es!*
- *¡**Si** aprobaran el examen!*
- *¡**Quién** lo hubiera podido adivinar: era un misterio!*
- *¡**Ojalá** mis padres cambiaran los muebles!*

Duda y probabilidad: indicativo o subjuntivo

Para expresar una duda o una probabilidad los siguientes adverbios admiten los dos modos. Dependerá del grado más remoto (indicativo) o menos remoto (subjuntivo) remoto de la duda/posibilidad.

- *¡**Acaso** lo han comprado ya!* (más seguro, posible)
  *¡**Acaso** lo compren!* (menos seguro, improbable)
- ***Posiblemente/probablemente/quizá/quizás/ seguramente/tal vez***
  Vamos mañana, posiblemente./Quizá me vaya de vacaciones el año que viene.

¡OJO! En caso de que las locuciones se usen pospuestas respecto al verbo, este va en indicativo. (*Lo comeré más tarde, seguramente.*)

- ***Seguramente*** no expresa algo seguro, cierto, sino una probabilidad. (*Seguramente no aprobaré/apruebe.* Indica que probablemente no aprobaré.)
- ***A lo mejor/igual/lo mismo*** admiten solo el indicativo.
  A lo mejor preparamos una tortilla.
- ***Puede que*** admite solo el subjuntivo.
  Puede que nos vayamos antes.

Exhortar (consejo, invitación, orden): imperativo afirmativo o negativo

Para exhortar, aconsejar, invitar, ordenar:
¡No abra la ventana, hace frío! /
Vete de una vez, no te soporto más. /
Que entre la novia. /
No le hagas caso.

1 Completa con el verbo del cuadro conjugado en indicativo o subjuntivo.

estudiar poder tener irse portarse venir

1 A lo mejor .... razón: es una persona inteligente y razonable.
2 ¡Ojalá .... pronto de mi casa! No puedo más.
3 Quién lo .... imaginar: Juan Pablo y Sofía por fin se han casado.
4 Puede que mi amiga Pamela de Salamanca .... a verme antes de que termine el año.
5 .... (*nosotros*) mañana la lección de literatura, quizás.
6 ¡No .... (*tú*) así nunca más! No te lo permitiré.

2 Completa con uno de los siguientes nexos: ***ojalá*, *seguramente*, *acaso* o *así*.**

1 .... no llueva mañana para que podamos ir a la playa.
2 Eres tan presumido que solo puedo decir que ¡ .... te manches el traje!
3 Hoy no ha venido a clase. .... se ha quedado dormido y no le veremos hasta la tercera hora.
4 Ya no sale los sábados. .... quiera ahorrar.

3 Completa con el imperativo negativo.

1 No (*escuchar, vosotros*) .... lo que os están diciendo. No tienen razón.
2 Si tienes frío no (*abrir, tú*) .... la ventana o será peor.
3 ¡Ester, no (*cruzar*) .... la calle sin mirar!
4 Si no quieres venir, no (*venir*) ....

¿Que o Qué?

1 *Que* (sin acento) + subjuntivo
Expresa un deseo en frases fijas con: *aprovechar, cuidar, cumplir, descansar, divertir, dormir, ir (bien/mal), mejorarse, pasarlo, recuperarse*
¡Que le haya ido bien por una vez! ¡Que descanses!

2 Qué (con acento) + adjetivo (bueno/raro/bonito) o adverbio (bien/mal) o sustantivo (alegría/maravilla/pena) + subjuntivo presente. **Expresa una constatación exclamativa**. *¡Qué bien que te hayas divertido tanto!*

4 **¿Qué dirías en las siguientes ocasiones? Expresa un deseo usando *que + subjuntivo*.**

1 una boda
2 una fiesta
3 un examen
4 una enfermedad
5 una comida
6 unas vacaciones

5 **Indica si es exclamativa (E) o si expresa un deseo (D).**

1 ☐ ¡Que os vaya bien!
2 ☐ ¡Que duermas toda la noche!
3 ☐ ¡Qué bien que se hayan casado!
4 ☐ ¡Que te cuides!
5 ☐ ¡Qué suerte que hayas encontrado trabajo!
6 ☐ ¡Que te lo pases bomba!

ACTIVIDAD GLOBAL

Elige la opción correcta (a, b o c).

1 Le voy a decir claramente que me cae antipático: acaso lo .... ya. En efecto seguro, me mira con una cara rara.
a ☐ sabe
b ☐ sepa
c ☐ supiera

2 No te veo bien: mejor .... un rato!
a ☐ descanses
b ☐ hayas descansado
c ☐ descansas

3 Es posible que .... a las ocho en punto, pero nosotros no les vimos.
a ☐ vinieron
b ☐ vengan
c ☐ hubieran venido

4 Para cocer este plato, hija mía, no .... tanto el agua.
a ☐ hierves
b ☐ hiervas
c ☐ hierva

5 ¡Si .... el coche el mes pasado! Ahora no estaría roto.
a ☐ haya cambiado
b ☐ hubiera cambiado
c ☐ había cambiado

6 Tal vez .... a alguna isla del Caribe las próximas vacaciones, me gustaría mucho, pero lo veo muy muy difícil.
a ☐ voy b ☐ iré c ☐ vaya

7 ¡Que lo .... esta vez! A lo mejor lo .... ya.
a ☐ entiende / había entendido
b ☐ entienda / ha entendido
c ☐ hubiera entendido / entendiera

8 He invitado a mucha gente para que me acompañe a la fiesta, pero nadie quiere ir: .... voy solo.
a ☐ igual
b ☐ de todas
c ☐ puede que

9 No pienses todo el rato .... ella, por favor. .... caso.
a ☐ Ø / hace
b ☐ a / haz
c ☐ en / hazme

10 .... cosa digas o hagas, no podrá cambiar los hechos.
a ☐ cualquiera
b ☐ cualquier
c ☐ cada

UNIDAD 4

De lo bueno lo mejor

HIRVIENDO: ACQUA BOLLE

COMPRENSIÓN LECTORA

1 Lee y responde a las preguntas.

LA VARIEDAD ESTÁ **SERVIDA**

De entrante: la "alta cocina", un tipo de cocina que ensambla alimentos que tradicionalmente no se cocinan juntos como, por ejemplo, carne con salsa de caramelo o langostinos con parmesano rallado.

Y, de primero: la "clásica", en la que se entiende la cocina como un arte en el que, a través de procedimientos simples, se elaboran y modifican salsas y guisos tradicionales. De segundo, la "nueva" en la que se cocinan platos delicados sustituyendo, por ejemplo, la harina para espesar salsas, por almidón.

Y de postre... la de "fusión", la más relacionada con el enriquecimiento cultural porque en ella se fusionan tradiciones gastronómicas de al menos dos regiones o países diferentes.

Un lugar aparte lo ocupa la cocina "molecular", en la que se introducen elementos químicos como nitrógeno líquido o bien en la que se combinan elementos cuya composición molecular es compatible para la elaboración de sus platos. Por otro lado, este tipo de cocina se encarga de estudiar los ingredientes, cuál será su reacción a nivel químico y cuáles serán las reacciones químicas que producen en las comidas. Así se crean nuevas recetas pero también se retoman las tradicionales e, incluso, ancestrales.

Se trata de la vanguardia en el mundo de la cocina que pisa fuerte de la mano de cocineros como el prestigioso español Ferrán Adriá.

En definitiva en este tipo de cocina se modifican la texturas sin alterar su sabor original. Ahora bien, ¿se trata de una cocina sana? Son muchos los que piensan, además de sus creadores, que sí, ya que las técnicas que utiliza, tales como la gelificación o el aumento de viscosidad, permiten que se manifiesten determinadas propiedades de los alimentos que hacen que estos no pierdan su sabor original. Además en este tipo de cocina no se usan ni la sal ni las especias, no se usa la harina y por tanto es apta para celíacos y, por si faltara poco, no está previsto freír y usa el propio jugo de los alimentos para darles el gusto justo sin alterarlos.

Claro que hay quien pone en duda lo saludable que pueda ser y entre los detractores más conocidos de estas cocina se encuentra el chef español Santi Santamaría que reivindica un retorno a la cocina tradicional, además de considerar que los aditivos que se utilizan en la elaboración de platos moleculares pueden resultar poco saludables.

1 La cocina clásica es la cocina tradicional.
V ☐ F ☐

2 Deducimos del texto que la cocina de fusión...
- a ☐ mezcla diferentes ingredientes.
- b ☐ relaciona gastronomías de dos ciudades.
- c ☐ supone ampliar horizontes culturales.

3 La cocina molecular es sana porque...
- a ☐ sus alimentos mantienen el sabor original.
- b ☐ contiene poca sal.
- c ☐ es buena para los celíacos.

2 Te presentamos una entrevista "descompuesta" o "deconstruida" como la cocina molecular. Complétala con las preguntas que te damos abajo.

Osadía para prepararla y curiosidad para probarla

Este tipo de cocina tan novedosa que propone platos tan curiosos como gel de ostras, migas de paté, caviar de ajo, esponja de mandarina, cuenta con uno de sus mayores representantes en Latinoamérica, Esteban Carreño al que hemos entrevistado.

1 .... Bueno, es que la propiedad que tiene es la de congelar cualquier sustancia a -40°C. La primera vez que vi una preparación con nitrógeno pensé que al llevarlo a la boca se me iba a quedar pegado. La verdad es que impresiona.

2 .... Sí, podríamos decir que sí. Es una cocina para grandes entendedores de alimentos, de comidas. Los que la practicamos nos transformamos en una especie de alquimistas que combinan alimentos y química.

3 .... Sí, absolutamente sí. Frutas, verduras, pescados, mariscos, todo vale, basta que el cocinero conozca muy bien el producto para seleccionar el proceso adecuado. Y luego, hay que conocer las técnicas, no la que puede hacer cualquiera y además hay que disponer de los utensilios necesarios.

4 .... No, si se conoce como es debido la técnica. Pero efectivamente las cantidades tienen que ser súper exactas porque, de lo contrario, el producto puede llegar a ser tóxico.

5 .... Pues por ejemplo las espumas, tanto las frías como las calientes o las dulces y las saladas haciendo un puré o crema que se inyecta en un sifón. Y se hace de todo: zanahorias, salmón, naranja.

6 .... Sí, explicar que por ejemplo se mezcla alginato de sodio con el alimento; luego se añaden con una jeringa unas gotas de cloruro de calcio; estas se coagulan y luego explotan en la boca como el caviar.

7 .... Se trata de coger los alimentos que forman un plato por separado, trabajarlos individualmente modificando su textura y luego servirlos de nuevo juntos. En el momento de comer estos tres alimentos juntos sabran al plato que pertenecían.

8 .... Para nada, este tipo de cocina se prepara en el momento, no puede ir al congelador ni antes ni después de comerla. Se necesitan muchas personas trabajando para cada plato porque un caviar puede costar una hora de tiempo de preparación.

A Y sin ánimo de polémicas, ¿lo de las cantidades exactas representa un problema, verdad?

B Menudo peligro. Y cuéntenos ¿cómo se consiguen todas estas texturas tan diferentes?

C ¿Díganos, Guillermo, qué es eso de congelar alimentos con nitrógeno líquido?

D Está claro que además de saberla cocinar hay que saberla explicar esta cocina.

E Toda una sensación, sin duda. ¿Y eso de "deconstruir" la comida?

F Cierto, el humillo del frío, el miedo de que sea hielo. Pero no. Y a este propósito, porque hay que estar abiertos a la novedad para probar este tipo de platos ¿nos confirma pues que la cocina molecular es una cocina solo para unos cuántos?

G ¿Pero no se puede cocinar antes y dejar preparado? Como se suele hacer con algunos pasos de la elaboración de platos en los restaurantes.

H Y cualquier alimento puede someterse a este tipo de procesos?

3 En los siguientes anuncios (1-4) encuentras diferentes lugares para ir a comer. Completa con el tipo de cocina que aparece en el primer texto de esta unidad y con los enunciados (A-E).

1 **Risa Puouge** es un restaurante con terraza, en el centro del casco antiguo de Barcelona. Cocina novedosa en la que los convencionalismos desaparecen. Posee una carta en la que los alimentos de primer orden encuentran nuevas uniones para convertirse en plato.

Menú: desde 60 euros
Tipo de Cocina: ....

2 El restaurante **Wogatoo Madrid** es la nueva incorporación de la cadena Wogatoo y el primero que abre sus puertas en la capital. Su filosofía está basada en el concepto de "fun eating", es un restaurante que mezcla la cocina mediterránea, asiática e internacional en un ambiente divertido y de decoración moderna, de estilo neoyorkino. Ideal para banquetes.

Menú: 70 euros
Tipo de Cocina: ....

3 El restaurante **Átom** ofrece una cocina diferente en la que nada es lo que parece. Atrévete y conocerás nuevas sensaciones gracias a nuestros cocineros que te explicarán paso a paso lo que han cocinado para ti y te estás comiendo. Cada alimento recobra su esencia y su sabor original. Nuestra lista de clientes para los primeros meses del año, estará abierta a partir de noviembre. Te esperamos.

Menú degustación: 250 euros
Tipo de Cocina: ....

4 El restaurante **Carallot** ofrece un menú de pescado basado en la cocina tradicional revisitada por nuestros chefs para alcanzar platos de gusto sublime de absoluta vanguardia. En nuestro local probará creaciones únicas que le sorprenderán y que sobre todo le recordarán que la cocina se ha convertido en todo un arte. Abrimos todo el año.

Menú: desde 50 euros
Tipo de Cocina: ....

A ☐ Si quiero puedo celebrar la boda de mis hijos en este restaurante.
B ☐ En este local, un plato básico y sencillo se convierte en objeto de un menú.
C ☐ Si quiero ir a comer a ese lugar, tengo que reservar con mucha antelación.
D ☐ Puedo llevar a comer a toda la familia el día de Navidad.
E ☐ Ideal para los que les gusta la comida exótica y les cuesta decidirse.

HERRAMIENTAS

Alimentos

aceite; arroz; azúcar; bollos; carne (pavo, pollo, ternera, conejo, cordero); champiñones; chocolate; galletas; helado; huevo; jamón; leche; mantequilla; pan; pescado (atún, lenguado, lubina, mero); pimienta; queso; sal; tarta; vinagre; yogur

4 Completa los huecos con la solución correcta y luego clasifica los productos de Denominación de Origen que aparecen eligiendo una de las siguientes categorías.

1 Producto cárnico
2 Producto lácteo
3 Producto vegetal
4 Producto elaborado
5 Producto piscícola

De lo bueno, lo mejor

Efectivamente para un cocinero es indispensable utilizar en la cocina productos de calidad para que los resultados en la elaboración culinaria (**1**) .... los esperados. Por eso, por encima del precio, está la calidad.
Son muchas las ocasiones en las que los cocineros (**2**) .... a los productos de Denominación de Origen Controlada (D.O.C.) o a los productos con Indicación Geográfica Protegida. Este sistema existe en muchos países para poder (**3**) .... la mayor calidad de un producto con respecto a otros de la misma clase. Porque la zona geográfica en la que este se produce influye en su cultivo, su elaboración y el resultado de textura y sabor. Si no los encuentran directamente en el mercado los pueden encontrar a través de la (**4**) .... y recibirlos directamente en su restaurante con las máximas garantías de (**5**) .... y calidad.
Los grandes especialistas de la cocina conocen los productos de su región y de su país pero no todos conocen los productos de otros países. En el caso de España, existe una web oficial para conocer las producciones nacionales, es la del Ministerio de Agricultura Pesca y Alimentación (MAPA). Basta entrar e insertar en el buscador el tipo de producto y la página oficial proporcionará su localización y una extensa información sobre sus características y de las distintas empresas que trabajan amparados por el (**6**) .... de garantía, al Consejo Regulador de la Denominación de Origen que como el anterior organismo tiene como misión potenciar y promocionar los alimentos D.O.C. Si por (**7**) .... no trabajan a través de la red, una buena opción será ponerse en contacto con el Consejo Regulador de la Denominación de Origen correspondiente que le facilitará la dirección de los lugares donde se puede adquirir los productos o buscarán la manera de ayudarle para comprar el producto que necesita. Recordemos que estos organismos buscan satisfacer a los clientes, seguros de que este es el mejor sistema de promoción.
La selección de productos españoles de D.O.C. es muy amplia y aunque (**8**) .... son particulares, son muchos los que pertenecen al conocimiento popular.

El arroz de Valencia ☐, las berenjenas de Almagro ☐ en Castilla la Mancha, los calçots de Valls ☐ (un tipo de cebolleta fresca) en Tarragona, la ensaimada ☐ y la sobrasada ☐ de Mallorca, los espárragos de Navarra ☐, el bonito del país Vasco ☐, los plátanos de Canarias ☐ y el queso manchego ☐. Y luego, el aceite de Baena ☐ en Andalucía y las avellanas de Reus ☐ en Tarragona. Para terminar el turrón de Alicante ☐, el mazapán de Toledo ☐, la miel de la Alcarria ☐ y los melocotones de Calanda ☐ en Aragón.

1	A son	B hayan sido	C sean
2	A compran	B recurren	C necesitan
3	A reconocer	B adivinar	C escoja
4	A mail	B red	C sitio
5	A espesura	B tesitura	C frescura
6	A sello	B marca	C marco
7	A acaso	B necesidad	C casualidad
8	A algún	B alguien	C algunos

5 Elige la opción correcta entre las dos marcadas en cursiva.

Un problema de peso para la salud pública

Expertos de la Universidad de Harvard han propuesto que la comida menos sana sea gravada con un impuesto especial del 25%. Según los autores, esa tasa es la mínima para que (1) *haya/tenga* un efecto en la salud de la población. Las opiniones (2) *los/las* ha publicado el US Medical Review. Uno de los trabajos, dirigido por Robert Oliver, parte del estudio de países que ya (3) *adoptarán/han adoptado* algún tipo de medida en este sentido. Por ejemplo, el año pasado Suecia (4) *ha introducido/introdujo* un impuesto sobre la grasa, Bulgaria otro (5) *de/a* la comida basura, e Italia (6) *en/a* las bebidas azucaradas. También en partes de EE. UU. hay iniciativas similares. La idea se abre poco a poco camino. Va tomando pie. El año pasado, la ONU debatió el papel de este tipo de gravámenes para prevenir enfermedades no transmisibles, y es posible que el tema vuelva a estar sobre la mesa en la Asamblea Mundial de la Organización Mundial de la Salud. La eficacia de estas medidas está todavía sin probar. El informe admite otro problema: que aumentar los impuestos sobre esos productos perjudica a los más pobres. De hecho normalmente las personas con menos recursos acuden a dietas menos sanas. Para estos casos proponen que la medida no sea única, y (7) *sea/vaya* acompañada de otras, como una subvención de los alimentos más saludables (verduras, frutas). Por otro lado, precisamente los pobres son los que reaccionan más a los cambios de precio de los productos, por lo que el impuesto podría suponer una modificación (8) *hasta/hacia* dietas más sanas. Lógicamente, la industria está en contra, y los autores del trabajo reconocen que sus portavoces afirman que las propuestas son «poco efectivas, injustas» y «llevarán a la pérdida de puestos de trabajo». Pero añaden que es lo mismo que argumentaron las tabacaleras en su momento, (9) *con/sin* que el efecto haya sido tan claro.

«Nosotros somos más partidarios de la educación que del tema impositivo, pero está claro que en los países donde lo han hecho los resultados han sido buenos». Y la ventaja del sistema impositivo, frente a prohibir, es que se mantiene la libertad individual de consumir, (10) *como / aunque* sea más caro.

«Las bebidas azucaradas o la bollería, que no (11) *sean/son* alimentos básicos (12) *pero/sino* más bien objeto de diversión y no son de primera necesidad» podrían ser los primeros en sufrir este aumento de precio, y los productos que corren un gran riesgo si se tasan, se trata de los alimentos «de la cesta básica de la compra de parte de la población». En (13) *esos/ese* caso, (14) *tendría/habría*, además, «que estudiar la posibilidad de subvencionar las alternativas, porque actualmente es más cara una manzana que una pieza de bollería».

Ejercicio de ESTRATEGA

6 **Ahora, teniendo en cuenta el contenido del texto, completa las frases.**

1 La propuesta de un grupo de expertos de la Universidad de Harvard es ....
2 El estudio realizado por Robert Oliver constata que ....
3 Probablemente la Asamblea Mundial de la Organización Mundial de la Salud ....
4 Uno de los problemas que presenta el informe es ....
5 La industria está en contra de estas medidas porque ....

RINCÓN MODISMOS

7 Identifica los ocho refranes o proverbios que aparecen en el texto y relaciónalos con los títulos 1-8.

¿Qué países cuentan con la dieta más sana?

Desde luego que el horno no está para bollos y nunca mejor dicho porque son muchos los países en los que la esperanza de vida y el índice de obesidad nos indican que la dieta practicada no es sana. Las dietas mejores las tenemos en países orientales entre los que Japón está a la cabeza con una tasa bajísima de obesidad gracias a una dieta a base de pescado, brócoli y productos de soja. Y además de contenerse en la elaboración de los platos, en Japón practican aquello de come poco si eres viejo y conservarás el pellejo. Y lo mismo en otros países asiáticos como Singapur en el que se consume mucho arroz con pequeñas cantidades de carne, pescado, verduras y maravillosos frutos tropicales frescos porque ¿a quién no le amarga un dulce? Y otros que están como espaguetis son los chinos y lo podemos decir con envidia porque sin duda la china es una comida bastante saludable entre otras cosas porque como en las anteriores el pan se sustituye por cereales simples como el arroz (4) que no solo de pan vive el hombre y hablando de pan, quién no ha probado a comer en "un chino", como les llamamos coloquialmente, y ha pensado que todo estaba de toma pan y moja pero sin pan claro, con "nubes de dragón", esa especie de patatas fritas de arroz, que a falta de pan, ya se sabe, buenas son tortas. La china es, sin duda, una cocina sana a base de hortalizas, frutas, granos, semillas de soja y frijoles, aunque a diferencia del resto de las orientales tiene un punto débil: la fritura.

Por Europa, Suecia está a la cabeza en cuanto a dieta sana se refiere. Es un país en el que a causa del clima escasean frutas y verduras frescas pero los lácteos y el pescado compensan lo suficiente, como en Francia, que tiene también una de las tasas de obesidad más bajas del Viejo Continente. Porque en Francia fríen poco y evitan comer en exceso. En España tampoco está tan mal la cosa debido a la llamada dieta mediterránea y a los productos de mar en general que nos sacan las castañas del fuego. Es una cocina que tiene poca fama de saludable, pero en general las proporciones de los alimentos con alto contenido en fibra y bajos en grasa no están mal. Y, como España, Grecia, con una cocina con muchos cereales integrales, legumbres, verduras y pescado. Y sin comerlo ni beberlo llegamos a los peores de la clasificación mundial: Estados Unidos. ¿Es casualidad que sea el país en el que se consume más comida rápida?

1 En suma, que algo está muy bueno.
2 La palabra clave es un dulce muy popular en el mundo hispano.
3 Siempre se agradece algo bueno o positivo.
4 Cuando hay hambre no hace falta complicarse tanto.
5 Es como decir sin esperar o sin pensar.
6 Si lo haces te quemas.
7 Como decir que se tienen otras necesidades.
8 Es la fórmula para vivir muchos años.

8 Ahora responde a las siguientes preguntas para completar los refranes y una vez resueltos, ecríbelos y haz una frase con cada uno.

1 Te quiero tanto que "contigo pan ¿y?"
2 ¿Qué es de otro costal? Por eso se dice ser...
3 ¿Qué es lo que no hay que pedir al olmo?
4 ¿Qué es lo que tiene que freír alguien cuando se le manda?

COMPRENSIÓN AUDITIVA

17 **1** Relaciona las imágenes con nueve de los catorce consejos sobre el comer sano que vas a escuchar.

A

B

C

D

E

F

G

H

I

HERRAMIENTAS

Frutas y verduras

ajo; albaricoque; alcachofa; apio; berenjena; calabaza; calabacín; cebolla; cereza; ciruela; coliflor; espinacas; fresa; frutas secas: almendras; avellanas; nueces; guisantes; lechuga; mandarina; manzana; melocotón; melón; naranja; patata; pepino; pera; pimiento; piña; plátano; sandía; tomate; uvas; zanahoria

2 Después de haber relacionado las nueve imágenes con los consejos correspondientes, ten en cuenta los otro cinco consejos y describe qué imágenes crees que podrían ilustrarlos.

18 **3** Escucha la siguiente noticia de radio sobre la gran feria del negocio alimentario, toma apuntes y luego responde a las preguntas.

1 ¿Para qué se encuentra la enviada especial en el Palacio de Ferias y Congresos?
2 ¿Cuál es el objetivo que tiene “España Original” y cómo lo pone en práctica?
3 ¿De qué novedad de este año se habla en el texto?
4 ¿Qué es y para qué sirve la nueva marca presentada en la Feria?

4 Escucha y responde verdadero (V) o falso (F).

		V	F
1	En resumidas cuentas, se desayuna lo mismo a lo largo de todo el mundo hispano.	☐	☐
2	Un bollo y una factura son muy parecidos.	☐	☐
3	Las arepas se consumen solo en Colombia.	☐	☐
4	En Costa Rica comen para desayunar carne de ave.	☐	☐
5	El guayoyo venezolano se parece al café largo americano.	☐	☐
6	En Perú se come pan con aceite para desayunar.	☐	☐

5 **Escucha el diálogo y completa las siguientes frases. Relaciona las imágenes con las respuestas. Cuidado: sobran dos imágenes.**

1 El protagonista que le gusta la cocina defiende los programas de cocina porque ....

2 El amigo del protagonista descubre que los programas de cocina ....

3 Los programas de ahora respecto a los del pasado ....

4 Gracias a los programas de cocina, el protagonista prepara ....

5 Algunos títulos de los nuevos programas de cocina son ....

EXPRESIÓN E INTERACCIÓN ESCRITAS

¿Cómo se redacta un texto para narrar o describir unos hechos?

La redacción debe ser de unas 150-180 palabras. Puede ser:

1 **narrativa**: para contar hechos que te han ocurrido, anécdotas, acontecimientos reales o inventados. El orden puede ser cronológico o invertido en sus partes; los tiempos verbales normales son sobre todo el presente y los pretéritos. Te aconsejamos que sigas la división clásica: *introducción* (exposición y circustancia del hecho que vas a contar); *nudo* (la parte central donde se encuentran las acciones en sucesión); *desenlace* (el final).

2 **descriptiva**: para describir personas, lugares, objetos, situaciones. Aquí también seguirás un orden, por ejemplo de lo general a lo particular o primero los datos más generales y luego los más específicos: recuerda, seguir un orden te ayudará. El tiempo verbal clásico es el imperfecto si describes algo en pasado y el presente; deberás reparar en los adjetivos porque especifican y enriquecen tu descripción. Usa los cinco sentidos: vista (color, forma, tamaño), oído (ruidos, musicalidad, sonidos), olfato (olores, perfumes), gusto (sabores), tacto (textura).

3 **recursos y consejos**:
- puedes usar figuras (símiles, comparaciones, etc...)
- escribe frases no muy extensas: más breves serán, más fáciles van a resultar
- emplea los conectores para entrelazar cada frase o párrafo. Principales nexos:
  - ✔ sucesión: *al cabo de*, *primero*, *en primer lugar*, *luego*, *después*, ...
  - ✔ tiempo: *a lo largo de*, *al mismo tiempo*, *cuando*, *el año/semana... pasado/a*, *de repente*, *mientras*, ...
  - ✔ causas: *como* (al comienzo de la frase) *y porque* (en el medio de la frase), *por eso*, ...
  - ✔ consecución: *así*, *así que*, *total que*, ...
  - ✔ conclusión: *en conclusión*, *en fin*, *para concluir*, *para terminar*, *por último*
  - ✔ varios: *asimismo*, *incluso*, *y encima*, *también*, ...

1 Elige una de las pautas y luego redacta un texto (150-180 palabras).

Opción 1
Cuentas una anécdota, algo divertido que te ocurrió en relación al tema de la cocina. Algún plato que te ha salido mal a la hora de cocinar, algo que te ha pasado en algún restaurante, el porqué es especial o divertido para ti, etc... No te olvides de describir el lugar o el plato y de formular una conclusión.

Opción 2
Presentas y describes tu país o región a través de su comida típica: recetas, platos, ingredientes tradicionales, etc... Elabora una conclusión.

Opción 3
Describes todo lo que hay que hacer y cómo comer para mantenerse sanos.

DELE PALABRAS

2 Antes de empezar rellena la parrilla con las palabras que consideras útiles. Sigue el ejemplo.

Poner la mesa	*Mantel, ...*
Frutas y hortalizas	*Piña, ...*
Carnicería y pescadería	*Lubina, pollo, ...*
Productos lácteos	*Leche, ...*
Verbos para cocinar	*Mezclar, ...*
En el restaurante	*Pedir, ...*

21 **3** Escucha y escribe. Escucha el texto sobre las nuevas tendencias de los cocineros españoles, toma apuntes y luego escribe un resumen.

¡¡Recuerda!!
No deberán faltar: las novedades, los nuevos nombres y la característica principal de cada uno de los cocineros, el papel de la mujer chef de la que se habla y el premio con el que ha sido galardonada.

Ejercicio de ESTRATEGA

4 Escribe y habla. La clase se divide en grupos. Un grupo será el jurado mientras que el resto de los grupos inventarán un menú a partir de todo lo que conocen sobre la cocina hispana. Luego cada grupo le presenta al jurado su menú, mientras el resto de la clase escucha, intentando convencerle de que es el mejor. Al final, el jurado elegirá uno motivando su elección.

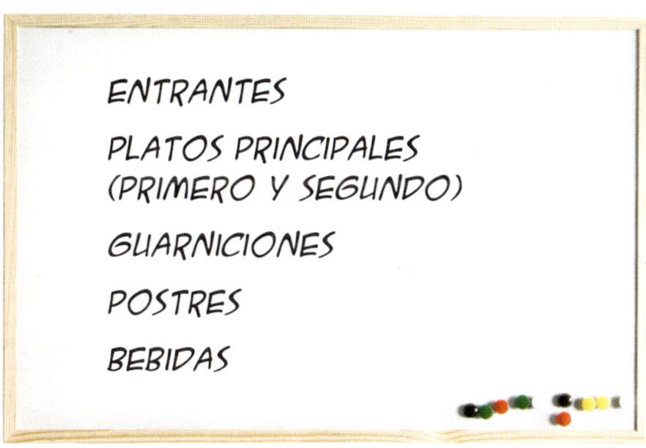

5 Escribe un mail a un(a) amigo/a tuyo/a con el que normalmente intercambias recetas y consejos de cocina.

- Agradécele que te haya mandado una receta suya.
- Dile qué tal ha salido el plato.
- Di en que ocasión has preparado ese plato.
- Dale tú una receta (ingredientes y elaboración). Usa el imperativo.

HERRAMIENTAS

Bebidas

agua, café; gaseosa, té; refrescos (de cola, de limón, de naranja..)

En la mesa

botella; jarra; cubiertos (cuchara; cucharita; cuchillo; ensaladera; fuente; tenedor); plato (llano, sopero y de postre); mantel y servilletas; vaso o copa; salero y pimentero; aceitera y vinagrera

EXPRESIÓN E INTERACCIÓN ORALES

1 **Para romper el hielo.**

- ¿Comida rápida o casera? • ¿Comer en el resturante o en casa?
- ¿Te gusta cocinar? • ¿Qué cocinas?
- ¿Qué piensas de la comida para llevar? • ¿Te gusta tapear?
- ¿Si vas al restaurante, prefieres el menú del día o la comida a la carta?

2 **Lee estas afirmaciones sobre algunas costumbres alimenticias de los españoles y expresa tu opinión sobre todo haciendo una comparación con las costumbres de tu país. Usa las herramientas.**

A En toda España, incluidos los pueblecitos más pequeños, suele haber muchos bares. El bar, para los españoles, es un lugar de encuentro donde charlar, tomar algo, jugar a las cartas, al futbolín, ver un partido.

B "Vamos a la terraza", pero, ¿qué es la terraza de un bar? Cuando hace buen tiempo, se suelen colocar sillas y mesitas fuera, en la acera; a eso se la llama terraza. Los bares con terraza permanecen abiertos todo el día hasta la noche. El precio de lo que pedimos puede variar según nos sentemos en la terraza, en el interior o permanezcamos simplemente en la barra.

C ¿Vamos de tapas? En los bares se pueden comer, sobre todo al mediodía, unas tapas o raciones que son lo mismo, solo se diferencian por la cantidad y, por supuesto, por el precio. Suelen ser pequeñas cantidades de aceitunas rellenas, patatas bravas, banderillas de atún, marisco y mucho más. Hay una variedad sorprendente. Así, que, ¿vamos a picar algo?

D No, déjalo, te invito yo. Lo normal es pagar la consumición de la persona que está contigo. Pagar la ronda si se la pagas a todos tus amigos. Pero, ten cuidado, si no pagas nunca, te llamarán "gorrón".

E No es obligatorio darle la propina al camarero, pero si se la dejas, eso sí, el camarero te lo agradecerá. La cantidad de dinero dependerá del servicio, del tipo de establecimiento y, claro, de tus posibilidades.

F En España se suele comer a horarios diferentes respecto a los otros países del mundo. Muchos desayunan un café solo y, a media mañana o un poco más tarde, si su trabajo se lo permite, pueden salir a algún bar y tapear o comerse un "bocata". El almuerzo, que es la comida principal del día, se hace alrededor de las dos, dos y media de la tarde y la cena, por consiguiente, a partir de las nueve y media, diez.

HERRAMIENTAS

Cómo expresar tu opinión y dar consejos

Creo que... opino que... pienso que... Para mí... En mi opinión... Tienes/tendrías que... Piénsatelo bien antes de... Yo en tu lugar/yo que tú...
A lo mejor/tal vez te equivoques/equivocas/arrepientes/arrepientas

3 **Tu compañero/a y tú. Mirad las fotos y discutid. Cada uno deberá invitar al otro a uno de los dos restaurantes, intentando convencerle. Llegad a un acuerdo final.**

4 Lee el siguiente texto y responde a las preguntas. Luego haz un resumen oral de los principales beneficios de comer algas.

- ¿Qué opinas de la cocina alternativa?
- ¿Has comido ya algas? ¿Las comerías?
- ¿Qué otros alimentos alternativos y poco tradicionales conoces?

Las algas... ensalada del mar

Desde los mercados orientales como el chino, las algas van abriéndose paso hacia el mercado occidental. El porqué de este éxito es que se supone que, en primer lugar, su uso reduciría el espacio de explotación agrícola de los terrenos y, por consiguiente, la contaminación derivada de la agricultura ya que se podrían cultivar en el mar que ocupa más de tres cuartas partes del planeta. En segundo lugar, como están cargadas de vitaminas, minerales, proteínas y fibras, son una fuente valiosa de alimentación y además ofrecen una gran variedad de texturas, sabores y perfumes. Para seguir, además del uso masivo que se podría hacer de las algas en el sector alimenticio, hay que pensar que pueden servir para hacer abonos, e incluso carburantes verdes etc. Los occidentales conocen nombres y propiedades de un sinfín de plantas pero ni un solo tipo de alga mientras que los asiáticos, chinos y japoneses, en particular, tradicionalmente las incluyen en su dieta. En Europa, por ejemplo, hasta ahora, las algas se usan especialmente en el mercado agroalimentario. La biomédica también las usa para cremas, pasta dentífrica, champús y otros productos de cosmética. Así que ya consumimos algas diariamente y no lo sabemos y España, es en ese sentido, es el segundo productor de agar, producto obtenido de las algas. Las algas se prestan al cultivo controlado y es una lástima que no se aprovechen más en la alimentacíon ya que poseen propiedades como la de equilibrar el organismo, estimular las glándulas endocrinas, y eliminar las toxinas. Contienen yodo, calcio, fósforo, hierro y por eso remineralizan los huesos fortaleciéndolos. Y, en fin, siendo ricas en fibras, favorecen el tránsito intestinal de forma natural. ¡Venga, a comer la verdura del mar!

5 Presenta a la gente de tu país/región a través de sus costumbres alimentarias: ingredientes básicos, platos preferidos, si prefieren comer fuera o en casa, quién cocina, etc...

22 **6** Escucha y habla. ¿Eres goloso? Escucha la descripción de la repostería española, luego mira las fotos e identifica algunos de los dulces más conocidos y en fin habla con tu compañero/a de los dulces: ¿cuál prefieres? ¿por qué? ¿hay dulces típicos en tu país?

A

B

C

D

DELE GRAMA

Verbos de cambio o de transformación

Es importante tener en cuenta que cada uno de estos verbos se usan para indicar un cambio concreto.

1 Algunos pueden construirse exclusivamente con sustantivos como es el caso de:

- **convertirse en**: indica una transformación
  Se convirtió en calabaza. Se convirtió en doctor.
- **llegar a ser**: indica un cambio conseguido con esfuerzo y cuyo resultado es exitoso
  Ha llegado a ser el jefe de la empresa.

¡OJO! tanto convertirse en como llegar a ser pueden sustituirse en la frase por el verbo ser.

2 Otros en cambio se construyen con adjetivo como es el caso de:

- **volverse**: indica un cambio dramático de actitud o un cambio repentino
  Se ha vuelto insoportable.
- **quedarse**: cambio como consecuencia normalmente de un acontecimiento negativo y que además permanece en el tiempo
  Se ha quedado sordo debido al trabajo en la fábrica.

¡OJO! estos verbos pueden sustituirse en la frase por el verbo *estar*.

3 Otros en cambio pueden construirse con sustantivos adverbios, o adjetivos. Es el caso de:

- **ponerse**: indica un cambio en el aspecto físico o en el estado de ánimo.
  Se ha puesto rojo; se ha puesto triste.
- **hacerse**: indica cambio de ideología, cambio de tiempo y cambio de edad que, a diferencia de *volverse*, tiene lugar de manera paulatina y no es negativo como en el caso de *quedarse*.
  Hacerse viejo; hacerse un hombre; hacerse tarde

1 **Completa el pretérito indefinido.**

1 Tienes que remover el compuesto hasta que .... en crema densa y suave.
2 Madonna .... la cantante pop más famosa del mundo.
3 El agua .... en hielo cuando la temperatura baja.
4 El director del banco .... loco y empezó a repartir acciones entre todos sus clientes.
5 Ella........... muda, después de la regañina que le metieron todos sus compañeros.
6 Si lo ves no le conoces, ... un perfecto imbécil.

2 **Completa con *hacerse* o *volverse en* presente de indicativo.**

1 ¡A Pedro ya ni lo conoces! ¡Te lo digo yo! .... un raro, con lo sensato que era.
2 Tenemos que irnos porque .... de noche y no me gusta conducir a estas horas.
3 A nuestros vecinos les encantaba la carne pero .... vegetarianos.
4 ¡Este hijo .... tonto! ¿Cómo piensa estudiar saliendo cada noche de juerga?
5 Jaime tiene ya veinte años y .... todo un hombre.

Imperativo positivo irregular

	Tú	Vosotros	Usted	Ustedes
Decir	di	decid	diga	digan
Hacer	haz	haced	haga	hagan
Ir	ve	id	vaya	vayan
Poner	pon	poned	ponga	pongan
Salir	sal	salid	salga	salgan
Ser	sé	sed	sea	sean
Tener	ten	tened	tenga	tengan
Venir	ven	venid	venga	vengan

3 **A partir de estas palabras, forma frases que contengan el imperativo afirmativo: usa el tú, el vosotros, el usted y el ustedes. Sigue el modelo.**

0 *hervir/agua/arroz: Hierve/hervid/hierva/hiervan el agua para el arroz.*
1 mezclar/ingredientes/tarta/limón
2 romper/huevos/tortilla
3 batir/azúcar/nata/postre
4 amasar/harina/agua/pizza
5 freír/patatas/aceite
6 vertir/masa/molde

Imperativo negativo

Se construye con la negación ***no*** más el presente de subjuntivo para todas sus personas.
no cocines/no cocine/no cocinemos/no cocinéis/no cocinen;
no bebas/no beba/no bebamos/no bebáis/no beban;
no abras/no abra/no abramos/no abráis/no abran.

4 **Formula prohibiciones a partir de las siguientes palabras. Sigue el modelo y usa el imperativo negativo en todas sus personas.**

0 *beber bebidas azucaradas: no bebas/beba/bebamos/bebáis/beban bebidas azucaradas.*
1 comer demasiado
2 aparcar aquí
3 hablar en clase
4 levantarse sin permiso
5 pasear al perro
6 entrar en el salón

Oraciones dependientes y construcciones impersonales

Rigen el subjuntivo:

Rigen el subjuntivo las siguientes expresiones + el *que*. El *que* introduce un sujeto nuevo respecto al sujeto de la principal.

- **deseo** o **esperanza** (*desear, esperar, querer*)
  Les deseo que sean felices.
- **duda** o **probabilidad** (*es posible, es probable, es improbable, es imposible, puede* que)
  No es posible que me levante más temprano.
- **emoción** (*alegrarse, doler, encantar, gustar, lamentar, sentir*)
  Me alegro de que hayas entendido el asunto.
- **necesidad** o **mando** (*es imprescindible, es necesario, es preciso, ordenar, pedir, prohibir*)
  Es preciso que estéis atentos.
- **valoración**, **juicio** o **consejo** (*aconsejar, recomendar, es bueno, es conveniente, es lógico, es mejor, es increíble*)
  Os aconsejo que aprendáis el español.

Todos estos verbos sin el *que* se construyen con infinitivo puesto que el sujeto de la principal y de la subordinada es el mismo.

5 **Completa la frase a partir del verbo o de la construcción impersonal.**

1 Es probable que
2 Nos alegró que
3 Me aconsejaron que
4 Era lógico que
5 Esperábamos
6 Fue imprescindible que

ACTIVIDAD GLOBAL

Elige la opción correcta (a, b, c).

1 Tú .... la noticia hoy porque con todo lo que le ha pasado, si se lo dices hoy, se va a .... loco.
a ☐ no dadle/volver
b ☐ no le des/volver
c ☐ no le des/poner

2 No es para nada probable que estos cocineros .... a cocinar a la manera tradicional, si lo hacen se .... en contra de todas las tendencias.
a ☐ vuelvan/quedarán
b ☐ vuelven/llegarán a ser
c ☐ vuelvan/pondrán

3 .... a trabajar en este mismo instante porque ya sabéis que me gusta que todo .... terminado a tiempo.
a ☐ poneos/esté
b ☐ ponedos/esté
c ☐ ponéis/está

4 Siento que .... los deberes tan tarde, se .... unos vagos.
a ☐ han hecho/han hecho
b ☐ hicieran/han convertido
c ☐ hayan hecho/han vuelto

5 Juan, ... todo a los abuelos que se van a .... contentísimos.
a ☐ cuéntalo/quedar
b ☐ cuéntaselo/poner
c ☐ cuénteles/volver

6 Ya es la hora, espero .... a tiempo a la cita. ¡ .... prisa Tere!
a ☐ llegar/date
b ☐ llegue/date
c ☐ llegar/dad

7 Después de realizar el curso de cocina, es imprescindible que ellos .... en una cocina de verdad. Espero .... darles esa posibilidad.
a ☐ practiquen/pueda
b ☐ practican/pueda
c ☐ practiquen/poder

UNIDAD 5

¿Qué hacemos este finde?

1 Lee el siguiente texto y complétalo con una de las opciones (A-C) de la página siguiente.

¿Tinta electrónica? ¿Libro electrónico?

La tinta, ese producto de origen vegetal que los chinos (1) .... para escribir hace más de 2000 años pero que muchísimo tiempo antes sirvió a los hombres de las cavernas para realizar las maravillosas pinturas rupestres. (2) .... tiempos antiguos, no tanto como el paleolítico, su fórmula fue: unir un pigmento llamado negro de humo, cola y sustancias aromáticas mezcladas con agua. (3) .... así la que por supuesto debía llamarse "tinta china" y tal nombre sigue recibiendo hoy cuando su fórmula es mucho más durable ya que se realiza con sulfato ferroso mezclado con tanino y ácido gálico a lo que se le (4) .... el color (azul, negro...) pero que como la anterior no es de secado rápido, la de los "bolis" para entendernos que se parece más a la pintura de secado rápido que a la tinta.

Ríos de tinta son los que han ido corriendo desde el antiguo tintero con pluma a la estilográfica, pasando por el invento de la imprenta, siguiendo con las cintas de las máquinas de escribir, las impresoras láser que emplean un tóner en polvo… Y si todo esto parecía poco, hemos llegado a la tinta electrónica que, por supuesto, nada tiene que ver con la tinta, se trata de un tipo de display basado en cápsulas muy pequeñas (del diámetro de un pelo humano) que (5) .... partículas blancas y negras que flotan en su interior. Estas partículas pueden orientarse usando corriente eléctrica, de tal modo que cada cápsula se (6) .... de color negro o blanco. De esta manera, se forman caracteres y gráficos. La tinta electrónica se embebe en una hoja de plástico flexible que contiene los circuitos para controlar el display; el conjunto recibe el nombre de papel electrónico. Se trata de un "bocadillo" de plástico, chips y microesferas que por supesto no puede manipularse como si fuera papel real. (7) .... la encontramos en el "libro electrónico", más conocido como e-book, digamos un "libro" con formato digital en el que se leen versiones digitales de cualquier tipo de publicación. Aunque como con la tinta, llamarles libros es un tanto (8) .... puesto que usan baterías, un microprocesador, memorias, cables y botones. ¿Ventajas de esta "tinta" y de este "libro"? Pues de la tinta, que respecto a los sistemas que usaban las agendas electrónicas anteriores , estas no se iluminan desde atrás y por tanto, no emiten luz y es más fácil leer la pantalla con este sistema y es más (9) .... para la vista. ¿Y las ventajas del "libro" electrónico frente al libro tradicional? Existen, pero lejos de competir entre ellos, los dos se complementan. Las ventajas del e-book son que puede almacenar miles de obras en el tamaño de un volumen tradicional lo cual supone una mejora imbatible para la vida del estudiante. Además ofrece herramientas informáticas como conectarse a Internet. Sin olvidar las ventajas ecológicas (10) .... de la "e-tinta" como del "e-libro", no usar productos químicos, la primera y no consumir papel, el segundo. ¿Las desventajas? Que el e-book tienes que cargarlo y que la resolución por buena que sea es mucho menor y sobre todo, un libro electrónico no se (11) .... y los métodos para marcar y anotar son pobres y complicados y si se te cae al suelo se te puede romper y dar al traste con los miles de volúmenes que contenía. ¿El volumen impreso? Al máximo se arruga.

1	A	han usado	B	usaban	C	usaron
2	A	hasta	B	desde	C	en cuanto
3	A	nace	B	nacía	C	nacieran
4	A	mezclan	B	junta	C	añade
5	A	contienen	B	contuvieron	C	contenían
6	A	pusiera	B	ponga	C	pone
7	A	de echo	B	de hecho	C	desecho
8	A	hipertónico	B	exagerado	C	exasperante
9	A	reposado	B	reposador	C	descansador
10	A	tanto	B	tanto cuanto	C	tanto como
11	A	hojea	B	pasa hoja	C	deshoja

2 Ahora escribe en color negro el nombre de los objetos que aparecen en el texto anterior después de haberlos localizado. Y ya que estás, escribe en color rojo los que no están.

1

2

3

4

5

6

7

8

9

10

3 Completa el texto eligiendo el fragmento correspondiente para cada espacio. Ten en cuenta que dos fragmentos están equivocados.

Fiesta de Sant Jordi: ¿una rosa y un e-book?

El día 23 de abril de cada año recurren en España dos "fiestas", una más antigua y tradicional, la de Sant Jordi y la otra más reciente (tiene unos sesenta años) pero no menos popular, el día del libro. La primera se celebra en la Comunidad Catalana que el 23 de abril homenajea a su Santo Patrón. (1) .... A partir de ese momento, en toda Europa empiezan a circular leyendas entorno a la valentía del Santo mártir y entre ellas se hace famosa durante el medioevo: la de San Jordi matador de dragones. Concretamente la leyenda catalana sitúa al dragón en Montblanc en donde éste, atemorizaba a toda la población que le iba alimentando con el ganado hasta que las ovejas se terminaron y hubo que empezar a sacrificar a las jóvenes de la villa. (2) .... De la sangre del dragón, según la leyenda, nacería un rosal de rosas rojas que son las que, en recuerdo de lo ocurrido, tradicionalmente se regalan a las mujeres ese día tan señalado. Muchos han identificado esta fiesta con la fiesta del amor o de los enamorados porque son los novios o maridos los que suelen regalar las rosas a sus novias o esposas. (3) .... Así que la tradición catalana empezó a completarse con el agradecimiento de las doncellas que recibían la rosa, regalándoles a los chicos u hombres, un libro. Con el pasar del tiempo y queriendo abatir barreras de género, hoy en día, el día de Sant Jordi es sobre todo la primera fiesta que inaugura la primavera, y durante la misma, se venden millones de libros y por supuesto de rosas que se irán regalando a lo largo de la denominada "diada de San Jordi", él a ella y ella a él. Con la aparición del libro electrónico todas estas paradas de libros que salen a la calle para promover las ventas entre los lectores ¿estarán en vías de extinción? Porque cada vez se lee más en formato digital, casi el 55% de los lectores de la población española lee en soporte digital aunque prácticamente la totalidad de esos lectores lo hagan sobre todo a través del ordenador y unos pocos a través del móvil o de la agenda electrónica. Son muy pocos (solo el 1,3%) los que leen mediante e-reader, cuyo precio oscila entre los 200 y 300 euros. (4) .... En un día tan especial para el libro, algunas editoriales empiezan a lanzar a la calle el libro electrónico o ciberlibro como es el caso de los e-book de ficción lanzados por una editorial española que ha fichado a varios escritores que en San Jordi 2012 han presentado exclusivamente en formato e-book seis títulos. (5) .... Con todo, el libro electrónico se está vendiendo tímidamente y se sigue prefiriendo el libro de papel pero hay que reconocer que el 2% de la facturación editorial se debe al e-book, un dato que no es comparable con el 9% del mercado estadounidense pero que sí que pone de relieve que empieza a sentirse su presencia y hay algunas editoriales que declaran que en fechas como estas han aumentado de más de un 80% la venta de los libros electrónicos. El precio es muy reducido, comprar un libro electrónico cuesta desde los 2 hasta los 9 euros por e-book y esto supone según la Sociedad de autores una gran oportunidad para llegar a mayor público.

A Y el parque tan límitado de estos “readers” en España supone que por una parte haya aumentado el número de lectores digitales pero que por otra se, siga prefiriendo el libro de papel.

B La aparición del libro electrónico en las calles de las ciudades catalanas va a producir un notable cambio del paisaje porque van a desaparecer las paradas de libros que se instalen por las calles.

C Un día le tocó a la hija del Rey y ésta fue bendecida con la fortuna de que Sant Jordi apareciera vestido de Caballero y matara al Dragón antes de que este acabara con su vida.

D El precio no es muy elevado, cada libro cuesta unos 3 o 9 euros y los escritores piensan que esto les da buenas posibilidades de vender más libros.

E Por supuesto se trata de comprar en la red y no en el puesto callejero tradicional que inhundaba las avenidas y plazas de las ciudades catalanas.

F Paralelamente, como decíamos y teniendo en cuenta que un día como el 23 de abril se celebra el aniversario de la muerte del gran escritor Miguel de Cervantes, se celebra ese día en toda España, el día del libro.

G Según la creencia popular, San Jordi fue martirizado durante el Imperio Romano por haberse negado, a matar a un grupo de cristianos.

4 Lee los siguientes anuncios de nuevos aparatos tecnológicos y responde verdadero o falso.

Opti_G, el móvil con una cámara que oye
Costará unos 900 dólores. Se trata de un Smartphone con procesador y con pantalla de 4,7 pulgadas y una cámara de 13 megas que se activa a través de las órdenes de voz que recibe. El producto va a ayudar a levantar la economía del país además de facilitar la vida de más de un hipo vidente o invidente.

Llega el Smartphone_5.0 más alargado, más delgado y todo de cristal y aluminio con un peso de 112 gramos. Mantiene la pantalla retina, pero ahora es de 4 pulgadas, en lugar de las 3,5 anteriores. Un diseño que responde a la forma en la que se usan los móviles táctiles con el dedo pulgar, más fácil de utilizar para mandar mensajes. La gran novedad en la cámara, de 8 megapíxeles, es que captura imágenes panorámicas, entre otras mejoras, por ejemplo, en la lente.

Consola Vita
La Consola Vita, que llegará a Estados Unidos en febrero, puede responder a muchas preguntas. ¿Las consolas de juegos de mano han pasado de moda? ¿Puede una pantalla táctil de 5 pulgadas, con cámara delantera y trasera, con capacidades que aumentan la realidad, y conexión 3G salvar su existencia? Y las respuesta a todo ello son sí.

		V	F
1	La nueva Consola Vita dispondrá de doble cámara.	☐	☐
2	Se preve que el nuevo Smartphone_5.0 mande mensajes con el solo uso de un dedo.	☐	☐
3	La Consola Vita llega de Estados Unidos.	☐	☐
4	El metal está presente en el nuevo diseño del Smartphone_5.0	☐	☐
5	Consola Vita demuestra que los videojuegos han pasado de moda.	☐	☐
6	Solo el Opti_G será importante para la economía del país.	☐	☐

5 Lee el siguiente texto y responde a las siguientes preguntas.

Artilugios de ficción en Misión imposible: protocolo fantasma

Misión imposible: protocolo fantasma es la cuarta película de la misma saga "misión imposible" que es en sí un amplio muestrario de tecnología real en desarrollo: guantes para trepar, lentes de reconocimiento facial, tabletas y móviles de última generación etc… La película dirigida por Brad Bird y protagonizada por Tom Cruise muestra algunas de las novedades tecnológicas que se están experimentando para el futuro. Queremos decir que no se trata de efectos especiales de película. A un cierto punto de la película, el protagonista escala un rascacielos con guantes que se pegan a las paredes del edificio y lo que en el pasado cinematográfico era un juego ilusionista, existe ahora en la realidad, se trata de una tira adhesiva que ha creado el Instituto Zoológico de la Universidad de Kiel en Alemania que se pega y despega como las lagartijas para poder subir por las paredes. El segundo protagonista, interpretado por Jeremy Renner usa un traje de levitación magnética que se sirve de la misma tecnología de suspensión y propulsión del vehículo usando energía electromagnética que el tren Transrapid de Shanghái. Por otra parte las lentes con super poderes de Cruise no son tanta ficción ya que una famosa empresa americana está trabajando en unas gafas de realidad aumentada que no tardaremos en poder usar y la Universidad de Washington trabaja desde hace años en unas lentillas capaces de convertir en un ordenador nuestros ojos para poder seleccionar la información que deseemos. Y sin ir más lejos, el vehículo eléctrico super deportivo que se usa en la película estará ya a la venta en el 2013, sin pantallas con realidad aumentada en el parabrisas pero al parecer diferentes casas automovilísticas están trabajando en prototipos de salpicaderos con pantallas controladas con los gestos, así que todo se andará. Y para terminar, podemos mencionar el modelo de móvil o tableta que tan pronto está sincronizado con las lentillas del protagonista como sirve para desbloquear una puerta. Se trata del smartphone o las tecnologías software que aparecen puestas en la película para que sirva de escaparate para su lanzamiento como es el caso del Deo zoom que permite acercarse a alguien que está a kilómetros de distancia para poder reconocer su identidad y hacerle fotos con el 3Dmask Maker que las convierte en modelo tridimensional. El resultado es una película de puro cine espectáculo.

1 ¿A qué género pertenece la película de Brad Bird?
2 ¿Por qué no se trata de una simple película de ciencia ficción?
3 ¿Cuáles son los objetos que aparecen en la película y que aunque parezcan de efecto especial los encontramos ya en la realidad?
4 ¿Cuál es el motivo por el que aparece en las películas este tipo de tecnología?
5 ¿Cuál de estos aparatos te gustaría tener y por qué?

HERRAMIENTAS

Lugares de ocio y actividades

auditorio; ballet; chatear; cine; circo; competición deportiva; concierto; dar un paseo; discoteca; estadio; galería de arte; gimnasio; hacer cursos de (cerámica/cocina/dibujo/danza/fotografía/pintura); exposición; final de…; ir al restaurante/de copas/de tapas; jugar; museo; ópera; parque; parque de atracciones; pabellón; partido; película; polideportivo; practicar deporte; recital; sala; salir con amigos; teatro; zarzuela; zoológico

Verbos: es/será….; se celebra en…

RINCÓN MODISMOS

6 **Lee la siguiente noticia sobre esta visita particular al museo y responde verdadero o falso. Luego relaciona los modismos "creativos" que te sugerimos con el significado correspondiente.**

¡Silencio! Poetas invisibles.
Al museo con el celular

La Fonoteca Nacional situada en la calle Francisco Sosa 383, en el Barrio Santa Caterina de Coyoacán, presenta en estos días la muestra *¡Silencio! Poetas invisibles* dentro del Festival internacional de tecnología, juego y sonido que mezcla la creatividad y la tecnología en un solo lugar. Efectivamente en esta muestra se fusionan el sonido, la tecnología y el talento artístico. La muestra va más allá de las esculturas y pinturas tradicionales, se trata de una exposición que invita al público a impulsar la imaginación a través del arte sonoro y las nuevas herramientas de comunicación. Es imprescindible pues, que, a diferencia de lo que ocurre cuando acudimos a un museo o a una exposición, el espectador no apague el teléfono celular porque lo volverá a usar al admirar algunas de las piezas. Si llegan caminando a la exposición, no olviden preguntar por la aplicación que se adaptó para que se pudieran escuchar 12 piezas musicales a lo largo de la calle Francisco Sosa y hasta la entrada del recinto. Si su teléfono no es compatible, no se preocupe porque la Fonoteca pone a su disposición aparatos para realizar el recorrido.

		V	F
1	La exposición Silencio poetas invisibles está dedicada al talento artístico y a las nuevas tecnologías.	☐	☐
2	Según el texto lo normal es apagar el celular en una exposición.	☐	☐
3	En esta exposición no hay esculturas ni pinturas.	☐	☐
4	Antes de llegar a la exposición ya puedes estar participando en la misma.	☐	☐
5	Es imprescindible ir con el propio teléfono celular a esta exposición.	☐	☐

Se dice:	Para decir:
0 Vuestra Majestad escoja	A ☐ que algo se ha perdido
1 ir a la comedia	B ☐ que uno quiere casarse
2 ha habido perdices	C ☐ que se va a comer
3 querer casaca	D ☐ que uno sale huyendo, levantando polvo
4 ser un camafeo	E ☐ que se pierde la memoria
5 a segura llevan preso	F ☐ que alguien es feo
6 poner pies en polvorosa	G ☐ lo seguro no es tan seguro
7 disparas más que apuntas	H ☐ que alguien esconde el dinero
8 este sujeto es conde	I ☐ que alguien disparata más que habla
9 perder los memoriales	J 0 que una mujer es coja

HERRAMIENTAS

Palabras útiles (I)

actor/actriz; anuncio; arte (abstracto; antiguo; clásico; contemporáneo; figurativo; moderno); artista; audiencia; bailarín/bailarina; butaca; caja tonta; canal; cantante; cartelera; cuento; desenlace; día del espectador; director de cine; divertirse; documental

COMPRENSIÓN AUDITIVA

23 **1** Escucha el siguiente diálogo plagado de argot coloquial. Individua las palabras y frases de dicho argot y relaciónalas con su significado. Pon atención al contexto.

1 gasolina ....
2 suerte ....
3 mentiroso ....
4 moto ....
5 coche ....
6 cerrado ....
7 andarse con ojo / andarse con cuidado ....
8 fuerte ....
9 me río ....
10 llamo la atención / se nota ....
11 pesado ....
12 no ligas ....
13 me voy a ir ....
14 trabajar ....
15 qué bonito ....
16 de marcha ....
17 a pie ....
18 fin de semana ....

23 **2** Vuelve a oír el dialogo y clasifica las palabras y frases del argot coloquial en la siguiente parrilla.

verbos	sustantivos	adjetivos

HERRAMIENTAS

Palabras útiles (II)

echar/poner una película; emisora; ensayos; entrada; escenario; escritor; fila; filme; guión; hacer cola; locutor; magacín; noticias; novela; obra; orquesta; pantalla (gran pantalla); estreno; película (de acción, de aventura; cómica; de ciencia ficción; de guerra; del oeste americano; de suspense; de terror; romántica; comedia; dibujos animados; dramón; musical)

24 **3 Escucha el texto sobre el *spanglish* y la tecnología y luego responde a las siguientes preguntas en función de lo que se ha dicho en el texto.**

1 El *spanglish*...
- a ☐ es una lengua oficial.
- b ☐ es un argot.
- c ☐ está por convertirse en una sublengua.

2 El uso del *spanglish* se debe a...
- a ☐ las nuevas técnicas para aprender idiomas en la red.
- b ☐ la contaminación del inglés en el léxico tecnológico.
- c ☐ que los hispanos están obligados a hablar inglés en su trabajo.

3 El concurso que existe en la red...
- a ☐ se basa en documentos audiovisuales de hablantes spanglish.
- b ☐ es para colgar solo vídeos de famosos.
- c ☐ sirve para fomentar el *spanglish*.

25 **4 Escucha la entrevista televisiva sobre cómo están cambiando las capacidades de los jóvenes debido al uso de las nuevas tecnologías y responde verdadero o falso.**

		V	F
1	Las capacidades cerebrales de los jóvenes están cambiando gracias a la tecnología.	☐	☐
2	Los mayores de 18 se muestran interesados por construir su personalidad.	☐	☐
3	Según la doctora mandar mensajes contribuye a desarrollar la habilidad de síntesis.	☐	☐
4	Las redes sociales han mejorado las relaciones entre las personas.	☐	☐
5	La comunicación entre las personas es más rápida gracias a la nueva tecnología.	☐	☐
6	Los menores de 18 años prefieren los blogs.	☐	☐

26 **5 Escucha el texto sobre la "telerrealidad" televisiva y corrige las siguientes frases.**

1 La televisión debe practicar eso de que "el fin justifica los medios".
2 El concepto de "telebasura" es un concepto *typical spanish*.
3 Los personajes televisivos son un buen ejemplo para las nuevas generaciones.
4 Los programas de "telerrealidad" no son telebasura y son socialmente útiles.
5 Los valores de individualismo que presentan los programas de "telerrealidad" son un argumento de los defensores de la telebasura.
6 Ver la televisión mantiene ágil el cuerpo y la mente de los niños.
7 Ver la televisión es sin duda negativo siempre.

HERRAMIENTAS

Palabras útiles III

personaje; pintor/a; productor; programación; protagonista; publicidad; público; radioyente; reparto; rodaje; serie; sesión; sinopsis; subtítulos; tablado; taquilla; teleadicto; telediario; telemando; telón; tratar de/ir de

VENIR: DA LÌ A QUI
IR: DA QUI A LÌ
TRAER: DA LÌ A QUI
LLEVAR: DA QUI A LÌ

EXPRESIÓN E INTERACCIÓN ESCRITAS

¿Cómo invitar, aceptar, rechazar y agradacer un favor?

Para invitar

- Quería invitarte/le a la ópera.
- Me gustaría invitarte/le al estreno de la última peli de Almodóvar.
- Te invito al ballet *Cenicienta*.
- ¿Te/le gustaría/apetecería acompañarme? Tengo que ensayar esta tarde.
- Tengo el placer de invitarle(s) al espectáculo de tango de la compañía "Los caminitos".

Para agradecer

- Muchas gracias por tu/su invitación.
- ¡Qué sorpresa/qué alegría recibir tu/su invitación!
- Quiero agradecerte/le tu/su invitación al cine.
- Me he quedado muy sorprendido por tu/su invitación.
- Me he llevado un gran placer al recibir tu/su invitación.
- Estoy muy contento/a que te/se hayas acordado de mí.

Para aceptar

- ¡Claro que sí!
- Muchas gracias, voy contigo/con usted.
- ¿A qué hora y dónde es el partido?
- ¿A qué hora quedamos?

Para rechazar

- Muchas gracias, pero no puedo.
- Te/se lo agradezco, pero no me apetece.
- No me gusta mucho el fútbol.
- Me gustaría, pero ese día tengo otro compromiso.
- Siento decirte que no.
- Lo siento/qué pena no poder ir contigo/con usted.

¡OJO! Un mail empieza con un saludo, los dos puntos y la letra mayúscula.
Hola: Te quería invitar...

27 **1** **Escucha las cuatro propuestas para visitar museos en Madrid, Barcelona, Valencia y Córdoba, toma apuntes, elige la que prefieres y escribe el porqué (180-200 palabras).**

2 **Responde a esta invitación: agradece, rechaza expresando tu pena y explica el porqué.**

Hola Micaela:

Te quería invitar a asistir al ballet *El lago de los cisnes* porque acaban de regalarme un par de entradas para mi cumpleaños. El espectáculo va a ser fenomenal porque se trata de la compañía de ballet rusa que va a llegar la semana que viene a Madrid. La compañía está formada por unos 50 bailarines provenientes de las mejores escuelas de ballet clásico: es una ocasión imperdible ya que es la primera vez que que visitan España.
Será el próximo domingo a las 15.00 de la tarde, en el Teatro Compac. Y como sé que te gusta el ballet.... he pensado que te podía apetecer venir... Dime algo lo más pronto posible.

Besos,
Maríangeles

3 **Lee el texto, haz un resumen con las ideas principales y luego di si te gustaría participar, qué otras fiestas de España conoces y qué opinas de las fiestas populares.**

Pólvora y pasión: el desembarco en Villajoyosa

En julio, Villajoyosa, Alicante, rememora la resistencia de la población costera frente a la incursión de piratas berberiscos en 1538. Su gente se divide en dos bandos: los "vileros" que se preparan a pasar la noche en blanco para esperar el desembarco empeñados en bailes, música y comida y los que representan a los hijos de la media luna que, dispuestos en la estupenda treintena de embarcaciones, se las verán, tras el desembarque en la tierra firme de la playa, con las huestes españolas en medio de un ensordecedor concierto de trabucos y pólvora. El simple madrugón para acercarse a este espectáculo, lo típico para un turista, no es suficiente para saborearlo integralmente ya que el verdadero desembarco se prepara con preámbulos igual de interesantes: la avanzadilla de los primeros soldados berberiscos en la madrugada y, a las cinco de la mañana, la bajada de los vileros que arranca por el Carrer del Mar después de alertados. La localidad, de treinta y cinco mil habitantes cuenta para esa ocasión con un millar de músicos y en aquellos días de fiesta, están entregados en un sinfín ininterrumpido de pasacalles. La participación en la rememoración tiene reglas estrictas y cada festero pertenece, de forma vitalicia y por tradición familiar, a una de las compañías. El momento culminante, el desembarco en el que pueden participar únicamente los miembros de esas asociaciones, tiene lugar bajo el resplandor rojizo del alba, en la playa donde, tras la pregunta «¿Paz o guerra ?» empieza el combate que, por supuesto, de guerra no tiene nada y es simple diversión. Y, como siempre, cuando termina, hay quien gana y hay quien pierde, y los dos terminan festejando, comiendo y bailando.

RENGLÓN : RIGA

EXPRESIÓN E INTERACCIÓN ORALES

1 **Para romper el hielo.**

- ¿Prefieres el teatro o el cine? ¿Escuchar la radio o mirar la tele?
- ¿Qué géneros literarios prefieres?
- ¿Lees algún periódico?
- ¿Crees que hay cultura en la red?
- ¿Eres adicto a las tecnologías?

28

2 **Escucha y habla. Escucha el programa radiofónico "Guía semanal del ocio". Primero identifica cada propuesta con el género de diversión escribiendo el nombre debajo de la foto correspondiente. Luego llama por teléfono a tu compañero/a y hablad de lo que vais a hacer este fin de semana. Tú le invitas y le explicas de qué se trata. Discutid y llegad a un acuerdo. Sucesivamente intercambiad los papeles.**

1 ____________

2 ____________

3 ____________

4 ____________

HERRAMIENTAS

Por teléfono

—¡Dígame!
—¿Me puede poner con...?
—Soy..., ¿está...?
—¿Puedo dejarle un recado?
—Le atiende...

Palabras útiles: batería cargada/descargada; cable; contestador automático; cobertura; contestar; dar un toque; fuera de prefijo; móvil; portátil; tarjeta; tarifas planas; tener saldo; teléfono;

3 **Trabajas en una agencia especializada en propuestas de ocio y tiempo libre. Tienes que presentar el programa de este fin de semana. Elige una de entre estas propuestas y habla durante unos 3 minutos.**

Pautas: presenta tu oferta, especifica el lugar, el horario, el precio si está previsto, dónde comprar las entradas y las modalidades, el porqué lo aconsejas, un breve programa o el contenido de lo que vas a proponer.

1 Una noche mágica en La Granja: ballet, disfrutar del entorno paisajístico y monumental, rotundo éxito de las precedentes ediciones, programación amplia, reservación obligatoria, gratuito, varios títulos: *La Cenicienta*, *Romeo y Julieta*, *La bella durmiente*.

2 Noche cordobesa de guitarras: espectáculos variados dentro del Festival de la guitarra, largo elenco de artistas españoles e internacionales, actividades complementarias (visita de la ciudad, exhibiciones a caballo con música flamenca, espectáculos audiovisuales de última generación en los patios, gastronomía). Precios variados.

4 Lee el texto, presenta un breve resumen y di lo que piensas de los objetos tecnológicos, elige el invento que te parece más interesante y explica el porqué.

Artilugios de la tecnología

¿Sabías que en España se ha comercializado ya el primer robot "social"? Habla, te escucha, y hasta aquí nada nuevo. La verdadera novedad es que puede aprender de sus experiencias y cambiar su actitud. Si eres músico y aunque no lo seas y te gusta simplemente aporrear cacerolas y hacer ruido, existe un teclado pequeño con teclas luminosas y sensibles al tacto que se puede conectar al teléfono. ¿O prefieres en cambio tocar la guitarra? Entonces ya existe en el mercado una guitarra totalmente digital: bastará conectar un accesorio a tu móvil y este se convertirá en una guitarra de última generación, y encima, ¡sin cuerdas! Si te molestan los ventiladores tradicionales, se ha inventado uno que multiplica el aire muchas veces y lo convierte en algo agradable y suave. Si te gusta saber el tiempo que va a hacer, consulta con tu estación meteorológica portátil y te indicará el tiempo, la temperatura, la humedad, la presión barométrica y las fases lunares. Si eres de los que aman los videojuegos pero no te quieres separar de tu móvil, nada más insertarlo o insertar tu tableta en esta consola portátil, pequeñísima, con botones, que dispone de un sofisticado joystick. Si tienes un perro y temes que se pueda escapar, ponle el nuevo collar digital con localizador GPS incorporado: te permitirá saber dónde está tu mascota en cualquier momento.

DELE PALABRAS

5 En 2 grupos: el grupo 1 deberá decir, por turno, todas las palabras que pertenezcan al campo léxico del ordenador y el grupo 2 las que pertenezcan campo léxico del móvil. A ver quién se queda... sin palabras. Se ganan dos puntos por cada palabra y un punto por cada palabra que se pueda usar en ambos campos (ej. pantalla).

Ejercicio de ESTRATEGA

6 Imagina que un amigo tuyo extranjero no entienda estas palabras. Tendrás que explicárselas usando otras frases y palabras. Si la palabra "no te sale", puedes describirla.

- el móvil está fuera de cobertura
- el ratón
- dirección de correo electrónico
- la página web
- conectarse y navegar
- chatear
- escanear
- enchufar el cable

7 ¿Ordenador o móvil? Elige uno de los dos: el más importante para ti. Luego intenta convencer a los demás.

HERRAMIENTAS

Convencer

Yo creo que aunque tú digas que...
Opino que ...
Te digo que...
Escúchame bien...
Estoy seguro de que...

DELE GRAMA

Subordinadas adjetivas de relativo y pronombres relativos

Están introducidas por los pronombres relativos y tienen una doble función: introducen la oración subordinada. En el caso de que el antecedente del relativo sea un adjetivo o un sustantivo, el relativo concuerda en número con el antecedente al que se refiere. *El trabajo que me ofrecieron era muy interesante.* ***Que*** funciona como sujeto e introduce al mismo tiempo la subordinada adjetiva (que me ofrecieron).

Los pronombres relativos sustantivos (funciones propias del sustantivo):

quien/quienes; el cual/la cual/lo cual/los cuales/ las cuales; cuanto/cuanta/cuanto (neutro)/cuantos/ cuantas; que

Los pronombres relativos adjetivos (función propia del adjetivo):

cuyo/cuya/cuyos/cuyas; cuanto/cuanta/cuantos/ cuantas; que

Los pronombre relativos adverbios (función del adverbio):

como; cuando; donde; que

¡OJO!

- ***Quien***, se refiere exclusivamente a personas o seres personificados y no admite el artículo. ***Que*** puede referirse a personas, a seres personificados o a cosas y admite el artículo.
- Para distinguir el que conjunción del que relativo, basta sustituirlos por *el cual, la cual, los cuales, las cuales*. Si funciona la sustitución, es un relativo.
- Cualquier preposición se puede usar delante de cualquier relativo excepto *"que"* que se usa solo después de preposiciones con una sílaba: *con, de, en* y la preposición a cuando no es personal (no es correcto decir: *el señor a que vi era el bedel de la escuela*).
- ***lo cual/el cual*** se usa con preposición solo en cláusulas explicativas. *Mi papá siempre se duerme en el cine, con lo cual se pierde toda la película.*

Indicativo o subjuntivo en las subordinadas de relativo

Se usa el indicativo:

- cuando lo que se dice del antecedente es algo seguro porque es conocido.
  La erboristería donde trabajo está en el centro de la Plaza Mayor.

Se usa el subjuntivo:

- cuando el antecedente es desconocido y no se puede definir o identificar con exactitud. *Estoy buscando un empleo que me haga ganar mucho dinero.*
- cuando preguntamos por la existencia o no de una cosa o persona.
  ¿Hay alguien que sepa hablar cinco idiomas en este hospital?
- cuando negamos la existencia de una cosa o persona. *¡En esta escuela no hay nadie que quiera hacer educación física!*
- cuando expresamos escasez de algo.
  En esta oficina hay poca gente que haga deporte todas las semanas.
- cuando pedimos algo, especificando lo que queremos.
  ¿Me permite que le acompañe a la consulta? Pase por aquí por favor.

1 Reconstruye las siguientes frases.

1. El al voy que, está lejos mi muy de casa hospital.
2. No dolor importa me el que haga, si hacerlo hay que, hago lo.
3. Esa centro de es la en el auxiliar ayer de ahí quien estuve con hablando salud.
4. Esta por es la acepto la cual no su propuesta razón.
5. La trabajan mina donde enfermería sus dos no tiene abuelos.
6. El cuya arquitecto obra, es contemporáneo visitamos.

2 De los relativos del texto, indica al lado: A si tienen la función adjetiva, S si sustantiva y AD si adverbial.

Mi hermana estudia en la escuela donde hemos estudiado todos los hermanos. Ella siempre confesó que quería estudiar allí y mis padres, cuyo interés era que la chica se aplicara, estuvieron siempre de acuerdo. Este hecho que marcó la adolescencia de mi hermana a quien no le gustó nunca la escuela, supuso un problema en cuanto, después de tres años, hubo que cambiarla y llevarla a la escuela de la calle San Juan donde estudiaban todas sus amigas. Con lo que todas las mañanas, uno de nosotros, a quien le tocaba, teníamos que acompañarla en autobús hasta aquel lugar tan apartado de donde vivíamos.

3 **Completa con la preposición + el relativo adecuado.**

desde donde con los que en la que
de quien con que en el que

1 La médica .... te hablé hace unos días, vive en esos edificios de ahí.
2 Los instrumentos .... hiciste la operación se quedaron en el quirófano.
3 ¿Hay otro lugar .... se pueda ver mejor el lugar .... se lesionó?
4 Hay que reconocer que el esfuerzo................ ellos han hecho estas olimpiadas ha sido ejemplar.
5 La farmacia .... han trabajado durante tantos años, acaba de cerrar.

4 **Completa con indicativo o con subjuntivo.**

1 ¿Tienes idea de si los médicos (*visitar*) .... los domingos por la tarde?
2 Busco una farmacia de guardia que (*estar*) .... cerca de mi casa.
3 Es necesario que alguno de tus amigos (*quedarse*) .... contigo en el hospital.
4 Que yo sepa, hay pocos médicos cirujanos que (*ser*) .... buenos.
5 ¿Conoces algún remedio casero que (*valer*) .... para los nervios?
6 El Centro de salud más cercano es el que (*estar*) .... en la calle Miralles.
7 La puerta de urgencias por la que entramos (*cerrar*) .... a las once
8 No encuentro una razón con la que convercerte de que el jarabe (*ser*) .... bueno.

5 **Tú le enseñas tu colegio a un amigo. Expresa la información dada con una cláusula relativa como en el modelo.**

0 Hay funciones de teatro en primavera.
En primavera es la estación durante la cual hay funciones de teatro.
1 En mi colegio hay clases de música los miércoles.
2 El gimnasio está en el primer piso y allí vamos todas las mañanas a jugar al fútbol.
3 El comedor está en la planta baja al lado del jardín y es el que usamos para desayunar y comer.
4 Las clases están en el segundo piso y allí está el aula 16, mi clase.

6 **Sustituye los sintagmas adjetivos de estas oraciones por proposiciones subordinadas adjetivas.**

1 He encontrado un remedio fantástico.
2 Cuando visité el balneario me bañé en una piscina con agua sulfúrea.
3 Esta vez me he ido a hacer rehabilitación con unas zapatillas muy cómodas.
4 El domingo pasado realizamos una escalada realmente dura.

7 **Suprime el sustantivo como en el ejemplo para utilizar la combinación artículo +pronombre relativo (*el que, la que, los que, las que, lo que*).**

0 El ordenador que acaban de instalar en el hospital es muy potente.
El que acaban de instalar en el hospital es muy potente.
1 El hospital que van a derribar es muy antiguo.
2 Los médicos interinos que sepan hacer esta operación aprobarán.
3 Los conductores que aprobaron conducirán las ambulancias.

ACTIVIDAD GLOBAL

Completa el texto.

En la escuela (1)...................... trabajo hay poco personal (2)...................... (*estar*) (3)...................... dispuesto a trabajar por la tarde. Además no hay nadie (4)...................... (*saber*) (5)...................... hablar alemán correctamente y esto es un problema para (6)...................... tienen relaciones con la Embajada alemana ya que la escuela es una Sección alemana. La directora, (7)...................... por suerte habla perfectamente alemán, está buscando a alguien (8)...................... (*dar*) (9)...................... clases de alemán al personal. Alguien con (9)...................... el personal (*sentirse*) (10)...................... cómodo.

UNIDAD 6

Más raro que un perro verde

COMPRENSIÓN LECTORA

1 Lee el texto e inserta las palabras clave que faltan.

posición solución piraguas procesión
ubicación superficie avioneta población

2 Vuelve a leer el texto y elige la respuesta correcta entre verdadero/falso o respuesta múltiple.

Misterios de la naturaleza, misterios del hombre

A 3.500 km de las costas chilenas se encuentra la Isla de Pascua, Rapa Nui en lengua indígena. Esta pequeña isla es famosa por sus estatuas con cabezas gigantes: los Moai. Los construyeron los antiguos habitantes, tal vez polinesios que, con (1) ...., cruzaron el Océano (2.000 km) hasta dar con esta isla. ¿Cómo hicieron estos antiguos habitantes para transportar estas enormes piedras recorriendo hasta 20 km, que son los que separan su (2) .... actual de su yacimiento? Las hipótesis son muchas: se ha tomado en consideración desde que los extraterrestres fueran los que ayudaron a los indígenas, hasta varias posibilidades que apuntan a diferentes métodos de "hacerlos caminar". Como los Rapa Nui les llamaban "estatuas que caminan", algunos investigadores intentaron reproducir la "caminata" de los cabezones: probablemente los fueron arrastrando en posición horizontal, con tramoyas, haciéndolos rodar sobre sí mismos sobre troncos, con un trineo que se deslizaba: todas son teorías inútiles. La única (3) .... del misterio parece ser la que propuso Terry Hunt en 2011 cuando, teniendo en cuenta la forma redondeada de la base y atándolos por la cabeza, en (4) .... vertical, consiguió moverlos. Pero ¿para qué hacer un esfuerzo tan descomunal? ¿Se trataba de una función propiciatoria, defensiva, o una simple muestra de ingenio?

En el altiplano desértico del Perú sigue sin resolverse otro misterio: las llamadas líneas de Nazca, descubiertas en 1920 desde una (5) .... Se trata de enormes figuras animales (colibríes, monos, arañas, etc.), antropomorfas o geométricas talladas en el suelo simplemente quitando el estrato superficial y que se ven desde el cielo o por lo menos desde las alturas. ¿Por qué fueron realizadas? ¿Caminos incas, esquemas para irrigar, pistas de aterrizaje para los OVNIS? Hipótesis disparatadas... Lo cierto es que sus artífices fueron los nazca, antigua (6) .... precolombina que duró ocho siglos y de los que se conoce su existencia a partir de 200 a.C. Los nazca se establecieron en una tierra dura, en una planicie desértica para cultivar frijoles, patatas y maíz. Así que el agua jugaba un papel importantísimo y es precisamente lo que hoy parece ser la razón que movió a los nazca a realizar enormes senderos rituales por donde caminar haciendo una (7) .... propiciatoria para pedir agua a los dioses.

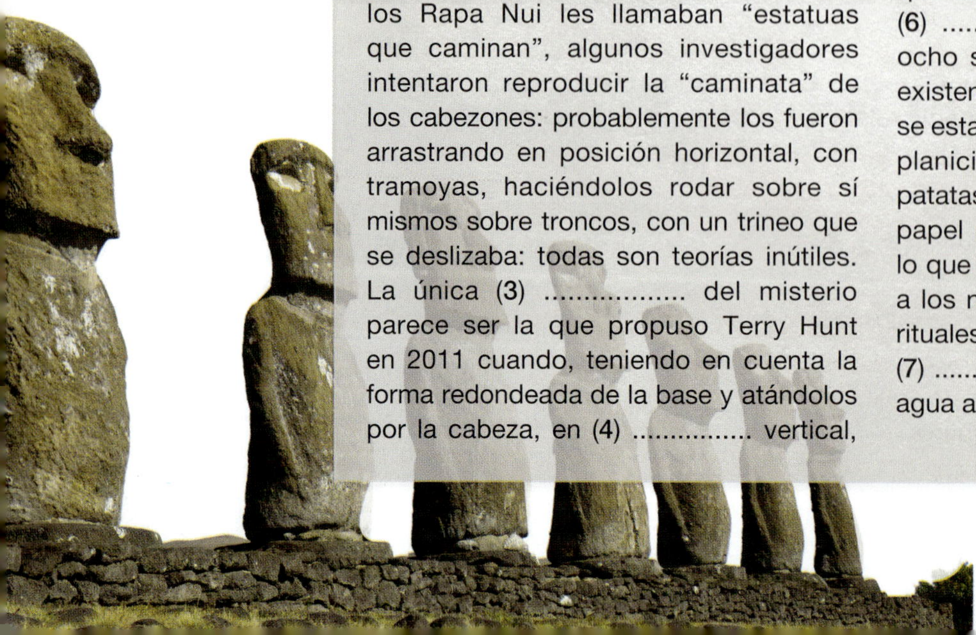

Y para terminar hay un misterio "casi" resuelto, el de la ciudad peruana de Machu Picchu, "montaña vieja" en lengua quechua, que construyeron los incas a 2.490 m en el siglo XV. Hiram Bingham descubrió sus ruinas en 1911 y, a partir de ese momento, el lugar no ha dejado de asombrar por sus misterios: es una obra maestra de ingeniería y arquitectura situada a una altitud increíble. Machu Picchu se extiende sobre una (8) .... de 32.500 hectáreas y se encuentra sobre una serie de terrazas que los incas cultivaban extrayendo el agua de la montaña con sistemas muy modernos y geniales. Se trataría de una ciudad ceremonial y una residencia de descanso a la que se retiró Pachacútec (s. XV) para disfrutar de la vecindad con el cielo y con el sol y para disfrutar de lujos y tranquilidad, desmintiendo con esta teoría la de que su construcción se debiera a una función guerrera de la ciudad.

1 Los antiguos habitantes de la Isla de Pascua...
- a ☐ formaban parte de la tribu Rapa Nui.
- b ☐ eran sin duda polinesios.
- c ☐ le dieron el nombre a la isla: Rapa Nui.

2 Los investigadores descubrieron que...
- a ☐ los Moai podían andar si los ponían en posición vertical.
- b ☐ había que hacer oscilar a los Moai.
- c ☐ hay muchas maneras eficaces de moverlos.

3 Las líneas de Nazca...
- a ☐ servían como esquemas para irrigar.
- b ☐ solo pueden ser vistas desde las avionetas.
- c ☐ eran una manera ritual para pedir agua a los dioses.

4 La tierra de los nazca era cultivable con facilidad y gracias a sus técnicas de ingeniería.

V ☐ F ☐

5 De Machu Picchu se puede decir que...
- a ☐ se trata simplemente de restos arqueológicos.
- b ☐ ha dejado de sorprendernos porque, por fin, se ha resuelto su misterio.
- c ☐ es una ciudad que ocupa una planicie muy extensa.

6 Machu Picchu nunca he tenido una finalidad militar.

V ☐ F ☐

Ejercicio de ESTRATEGA

3 Divide en 6 párrafos el texto que acabas de leer y destina un título a cada uno de ellos escogiéndolo de entre los siguientes. Cuidado: sobran dos.

Título 1 Una carta de piedra escrita para los dioses
Título 2 Arquitectos e ingenieros entre las nubes
Título 3 Gigantes en medio del Océano
Título 4 Una ciudad ritual en medio del Pacífico
Título 5 Pistas equivocadas y rostros andantes
Título 6 A grandes rasgos...
Título 7 Un chalé de lujo en la montaña
Título 8 Una residencia para guerreros

4 Lee los tres textos que te presentamos a continuación.

Inventos y técnicas... bestiales

Texto A ¿Animales feos? No, útiles

Arañas, serpientes y sapos, tradicionalmente considerados amigos de las brujas, animales negativos y peligrosos, hoy pueden ofrecer su ayuda a la humanidad. Vamos con orden: la araña teje telarañas que contienen agua y proteínas (50% y 50%) igual de fuertes que las fibras de los chalecos antibalas de kevlar, de ahí que los investigadores científicos estén estudiando las moléculas que las componen. El sapo, a pesar de su aspecto poco atractivo y de la bufalina, la sustancia venenosa que segrega su piel, es un killer de mosquitos y moscas. Además su cuerpo posee sustancias antibióticas, antidepresivas y anticoagulantes que podrían ser eficaces contra el infarto y el alzheimer. Y también, con su presencia, es un indicador del bienestar del ambiente. Para terminar, la serpiente es predadora de ratones pero, sobre todo, puede ser una detectora de radiaciones ya que, con sus narinas, es capaz de percibir los rayos infrarrojos gracias a las variaciones de temperatura de su cuerpo.

Texto B La salud viene del camello

Un animal que podrá convertirse en el "dinero del desierto": es capaz de beber agua con un contenido del 3% de sal, tiene un dispositivo de refrigeración nasal que enfría el cerebro y dispone de un intestino que recicla el agua. Por todo ello el camello se ha convertido en objeto de estudio. Sus anticuerpos, que son más pequeños de lo normal y son capaces de llegar a todas las partes de su cuerpo, entrañan menos riesgos para los humanos que los de otros animales usados en la experimentación y penetran más rápidamente en los tejidos. Se está investigando un abanico de posibilidades: desde la cura de la caspa hasta llegar a curar el alzheimer o el cáncer. En Dubai ya se usan para producir anticuerpos contra el veneno de las serpientes, pero es en Bruselas donde se han descubierto las potencialidades de estas moléculas camélidas fáciles de almacenar, de transportar y que trabajan por sí solas uniendo la porción variable que tienen a las proteínas. Lo que más deslumbra es que parecen capaces de abrirse camino en las aberturas estrechas que hay en la superficie de los virus y bacterias, de los tumores y de la barrera sangre-cerebro. Todo esto gracias al humilde y pacífico animal del desierto.

Texto C Animales meteorólogos

Los animales tienen superpoderes respecto al cambio del clima y no es una novedad. En 1975 se evitó una masacre en la ciudad de Haicheng porque, muchas horas antes de un terribile terremoto, las serpientes habían interrumpido su letargo, las gallinas no querían volver a su corral y las vacas se habían puesto nerviosas. Así que en aquella ocasión, la gente consiguió ponerse a salvo. Lo mismo ocurre con los tsunami en Oriente: los elefantes barritan, los perros aúllan y se esconden y las aves abandonan sus nidos. Hay un porqué: cuando está a punto de ocurrir un cataclismo, el terreno emite vibraciones de baja intensidad y ultrasonidos que el hombre no es capaz de percibir. Y, además, los animales tienen un olfato mucho más desarrollado que el nuestro y huelen los gases subterráneos que están por salir del terreno.

5 **Relaciona cada uno de los textos A-B-C con un enunciado de la seguiente parrilla. Cuidado, un enunciado se relaciona con dos textos.**

	Enunciado	Texto
1	Su comportamiento es el de una espía.	
2	Es un sastre para los policías.	
3	La temperatura puede bajar.	
4	Son indicadores climáticos.	
5	Es capaz de percibir los rayos.	
6	Penetran en las hendiduras.	

Ejercicio de ESTRATEGA

6 **Subraya en los textos A-B-C los sinónimos o las frases que te han ayudado a relacionar los enunciados del ejercicio 5 con los textos anteriores.**

7 **Para terminar, contesta verdadero (V) o falso (F).**

		V	F
1	Las proteínas de las telarañas son de kevlar.	☐	☐
2	El sapo segrega la bufalina que tiene poderes contra las enfermedades cardiovasculares.	☐	☐
3	En Bruselas, los anticuerpos camélidos ya se usan contra las serpientes.	☐	☐
4	Los anticuerpos camélidos pueden obrar individualmente.	☐	☐
5	Los animales sienten con antelación las radiaciones suaves.	☐	☐
6	Gracias a los animales, normalmente en Oriente la gente se pone a salvo antes de un cataclismo.	☐	☐

8 **Transforma las siguientes frases (de los textos A, B y C) usando la forma pasiva.**

0 Las arañas tejen las telarañas.
Las telarañas son tejidas por las arañas.

1 Los investigadores científicos están estudiando las moléculas que las componen.

2 La serpiente preda a los ratones.

3 Un dispositivo de refrigeración enfría el cerebro.

4 El terreno emite vibraciones.

9 Lee el texto y elige la opción correcta (A-B-C).

Turismo responsable

Hay (**1**) ...... más turistas con un buen poder adquisitivo que (**2**) ...... por un turismo (**3**) ...... se contrapone al turismo convencional y masivo. El objetivo principal es el de no atentar (**4**) ...... el medio ambiente ni contra la cultura de la población local, debe ser un turismo que genere rentable bienestar y prosperidad local (empleo, infraestructuras...) y que al mismo tiempo enriquezca culturalmente gracias al intercambio de experiencias. (**5**) ......, es fundamental colaborar en la protección y conservación del ambiente en el que se desarrolla. Se trata de una explotación turística inteligente que supone concienciar a la población local, a los agentes turísticos y a los propios turistas, para que el lugar atractivo que buscan (por su paisaje, su cultura y la gente del lugar) (**6**) ...... siéndolo. Es un turismo que responde a las necesidades del presente sin comprometer a las generaciones (**7**) .... Todo (**8**) ...... es el turismo responsable: una corriente de pensamiento que en la práctica (**9**) ...... a dos tipos de turismo: el ecoturismo y el turismo sustentable o sostenible. El ecoturismo supone el viaje medioambiental, (**10**) ...... grupos pequeños, a lugares poco alterados para apreciar y disfrutar de la naturaleza. Este tipo de turismo, tiene en cuenta muy especialmente el escaso o (**11**) ...... impacto ambiental y ayuda a la conservación de la biodiversidad. El turismo sustentable es un tipo de turismo responsable que, a diferencia del ecoturismo, implica tanto el turismo en las ciudades (**12**) ...... en complejos turísticos, en zonas rurales, costeras o montañas y áreas protegidas. El turismo responsable no es exclusivo de los países subdesarrollados para los que sin duda estos tipos de turismo (**13**) ...... una opción rentable. (**14**) ...... existe una Carta Europea de Turismo Sostenible que otorga la Federación Europea de Parques desde 1995 y España cuenta con el mayor número de estas certificaciones al tener el 12% de su territorio protegido (a la cabeza, el del archipiélago canario).

(Texto adaptado de "Turismo responsable", *De viaje por el mundo hispano*, CIDEB, 2011)

1	A siempre	B cada vez	C aún
2	A apuestan	B se apuntan	C se marchan
3	A quien	B el que	C que
4	A en contra	B hacia	C contra
5	A Por fin	B Para terminar	C Por cierto
6	A siga	B sigue	C siguiera
7	A futuras	B postergadas	C pasadas
8	A aquello	B esto	C este
9	A engloba	B involucra	C envuelve
10	A por	B desde	C para
11	A nulo	B ninguno	C ningún
12	A como	B que	C cual
13	A han supuesto	B suponen	C supongan
14	A sin embargo	B de hecho	C tampoco

HERRAMIENTAS

Tipos de alojamientos

albergue; bungalow; campamento/cámping; caravana; casa de huéspedes; casa rural; cortijo; habitación individual/doble/con cama de matrimonio; hostal; hotel; parador; pensión; tienda de campaña

RINCÓN MODISMOS

29 **10** **Escucha: en la grabación aparecen algunos modismos y frases hechas en relación con el tema del viaje. Pon el número (1-6) en la casilla correspondiente a las frases sinónimas A-F.**

A ☐ Me gusta hacer bien las cosas y planearlas con cuidado.
B ☐ Habitan muy lejos de aquí.
C ☐ Voy de un lugar a otro sin parar nunca.
D ☐ Pasemos a lo importante.
E ☐ Siempre me desvío del asunto del que estoy hablando.
F ☐ Pasé al otro lado del Océano Atlántico.

29 **11** **Vuelve a escuchar la grabación: en ella aparecen otros modismos, refranes y expresiones que te sirven en las siguientes situaciones. Para ayudarte te las presentamos en orden respecto a la grabación.**

Si tienes que...

1 decir que a alguien no se le ve desde hace mucho tiempo

....

2 expresar aproximadamente una duración o una cantidad

....

3 pasar adelante, anticipar

....

4 hacer o decir algo sin perder el tiempo y directamente

....

5 trabajar del amanecer al anochecer

....

6 decir que estás cansado

....

12 **Completa los siguientes modismos con los animales del cuadro.**

mochuelo mona mosquita gusanillo
monos oveja pájaros perro

1 Micaela es una .... muerta: parece inofensiva pero no lo es.
2 Loli es una pesada, su novio es aburrido: cada .... con su pareja.
3 —¿No te parece extraño lo que hace el señor Ramón?
—Claro, es más raro que un .... verde.
4 No, mamá, no fui yo el que rompió el cristal: siempre me cargan con el ....
5 ¿Por qué me miras así: tengo .... en la cara?
6 Mi primo se lo cree todo: le habrán llenado la cabeza de ....
7 Voy de tapas: tengo que matar el ....
8 ¿Has visto que pantalones lleva Carmen? Aunque la .... se vista de seda, mona se queda.

HERRAMIENTAS

El meteo

aguacero; bochorno; brisa; buen/mal tiempo; calor/frío; chubasco; clima húmedo/seco/templado/tropical; granizo; lluvia; niebla; nieve; nubes/nublado; rayo; relámpago; sol/soleado; tormenta; trueno; viento

COMPRENSIÓN AUDITIVA

30 **1 Escucha y contesta a las preguntas.**

1 Hoy existen previsiones meteorológicas que hablan también de problemas de salud.

V ☐ F ☐

2 El cambio climático...

a ☐ provoca un aumento de los iones positivos en los seres humanos.
b ☐ afecta a los seres humanos, a quien más y a quien menos.
c ☐ vuelve intolerante a la mayoría de la población.

3 Nuestro organismo necesita ciertos parámetros climáticos.

V ☐ F ☐

4 El viento Foehn puede...

a ☐ conllevar asesinatos y violencias.
b ☐ ser dañino con sus rachas frías igual que la Tramontana.
c ☐ causar dolor de cabeza.

5 El viento Foehn...

a ☐ quiere decir "viento de las brujas".
b ☐ puede provocar problemas a los riñones.
c ☐ afecta a una cuarta parte de la población.

6 El clima...

a ☐ puede influir en la economía y en la política.
b ☐ es subestimado en las investigaciones científicas.
c ☐ hoy en día integra los conocimientos médicos.

RINCÓN MODISMOS

31 **2 Escucha estos breves diálogos (1-8): ¿con cuáles de estos proverbios o modismos relacionados con el tiempo completarías cada uno de ellos?**

A ☐ Con la cabeza en las nubes
B ☐ Vi las estrellas
C ☐ Estoy en el séptimo cielo
D ☐ Del tiempo
E ☐ Ándeme yo caliente y ríase la gente
F ☐ Caen chuzos de punta
G ☐ A mal tiempo, buena cara
H ☐ Como caído del cielo

3 **Escucha el diálogo y contesta a las preguntas.**

1 El señor ha ido...
- a ☐ a una agencia de viajes.
- b ☐ a una asociación ambientalista.
- c ☐ a una asociación juvenil.

	V	F
2 Natursustentable trabaja exclusivamente con los jóvenes.	☐	☐
3 Natursustentable trabaja desde siempre en la organización de proyectos ambientales.	☐	☐
4 El alojamiento es en hoteles sencillos.	☐	☐
5 Haciendo más de siete días, practican un descuento.	☐	☐
6 Cada siete días se sustituyen las sábanas.	☐	☐

7 A propósito del buceo...
- a ☐ es imprescindible tener 18 años.
- b ☐ todos los participantes participarán en un curso de buceo.
- c ☐ la chica podrá practicarlo tras conseguir el carné.

8 Las medidas del animal son impresionantes.

V ☐ F ☐

Ejercicio de ESTRATEGA

4 **Marca todo lo que NO se ha dicho en la conversación del ejercicio anterior.**

1 ☐ las características del alojamiento
2 ☐ el traslado
3 ☐ el periodo
4 ☐ la finalidad del viaje
5 ☐ el número de participantes
6 ☐ el número de personas por habitación

5 **Ahora completa las frases con las palabras o fragmentos correspondientes. Cuidado, sobran dos.**

cierta parte · muchos años de vida · los dieciséis años de edad · posibilidades económicas · descuentos interesantes · selecciones de opciones · tarjetas regalo · destinos culturales

1 Es una nueva manera de hacer un viaje, es decir a través de las ....
2 El hombre tiene escasas .... para gastar en regalos.
3 El cliente prefiere descartar .... en favor de proyectos para jóvenes.
4 La organización practicará .... en caso de estancias prolongadas.
5 .... de los ingresos se usará para financiar otros proyectos.
6 Estos peces pueden alcanzar .... y los tres metros de largo.

HERRAMIENTAS

El viaje

abono de transportes; aduana; aeropuerto; agencia de viaje; alojamiento; alquilar; andén; asiento; aterrizar; azafata; billete; boca de metro; bolsa de mano; cancelar; crucero; desayuno incluido/ media pensión/ pensión completa; despegar; equipaje; estación; excursión; facturar el equipaje; (el/ la) guía; folleto; ida/ vuelta; llegar/llegada; maleta; mapa; mochila; pasajero; pasaporte; puerta de embarque/ de salida; régimen de media pensión/pensión completa/solo desayuno; puerto; recepcionista; reserva; retraso; salida; tarjeta de embarque; terminal; vagón; viajero; visado; vuelo

EXPRESIÓN E INTERACCIÓN ESCRITAS

Texto científico argumentativo

Se trata de un texto que explica algo para argumentar, probar una tesis a los demás. Su objetivo es el de transmitir y hacer comprensibles informaciones como noticias, ideas, temas de estudio. También son textos expositivos los tratados científicos y técnicos, los libros de texto o los manuales de instrucciones. Sus principales características son la objetividad, el orden y la claridad.

Elementos del texto expositivo

- Tener un tema que debe ser claro y concreto.
- Presentar la información organizada.
- Comunicar claramente el propósito que presenta el emisor y que será interpretado posteriormente por el receptor.
- Un emisor que puede ser individual o colectivo.
- Un receptor que suele ser un grupo de personas para las cuales el texto presentado está adaptado teniendo en cuenta el nivel de conocimientos de los mismos.

HERRAMIENTAS

El medio ambiente

agujero en la capa de ozono; ahorro energético; animales en peligro de extinción; atmósfera; basura; biodegradable; bosque; calentamiento global; cambio climático; cazador furtivo; conservación; contaminación; contenedores; deforestación; depuradora; derretimiento de los casquetes polares; desertización; desierto; ecosistema; efecto invernadero; energía (eólica/nuclear/solar/térmica); energías alternativas/renovables; huracán; incendio; inundación; materiales y reciclaje (aluminio/papel/plástico/vidrio); parque/reserva natural; recogida selectiva; recursos naturales; residuos; riada; selva; sequía; vertedero

1 **Gastos en sanidad pública, año 2012. Mira el gráfico y escribe un texto en forma de artículo (150-180 palabras).**

Pautas:

- ¿En qué posición se encuentra España respecto a los otros países mencionados en tema de gastos por habitante?
- ¿Es caro o barato el coste
- ¿Quién paga más de entre estos países?
- ¿Crees que los servicios ofrecidos en tu país se equivalen a los españoles?
- ¿Qué servicios crees que se ofrecen en España?
- Y, ¿en tu país?

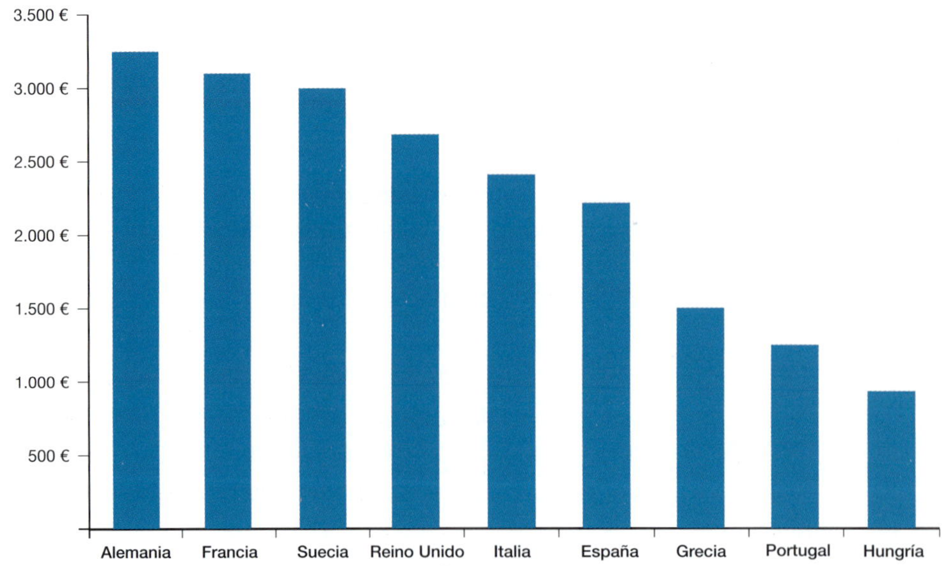

2 **Escribe un texto de 150 palabras. Hechos sobrenaturales, OVNI y lugares misteriosos del mundo: ¿conoces alguno, podrías hacer algún ejemplo y qué opinas de todo ello?**

3 Compara estos pares de imágenes teniendo en cuenta los siguientes elementos: rapidez, contaminación y comodidad.

1

2

3

4

HERRAMIENTAS

Medios de transporte

autobús; avión; avioneta; barco; bicicleta; bote; coche particular/ todoterreno; ferri; helicóptero; metro; moto; lancha; taxi; tren

4 Elige elementos de las tres columnas creando frases que tengan sentido para ti explicando el porqué.

Tipo de viaje	Medio de transporte	Localidad
- viaje cultural	- tren AVE	- Madrid
- viaje de fin de curso	- avión	- Roma
- vacaciones con la familia	- coche	- Ávila
- excursión de fin de semana	- autocar	- Palma de Mallorca
- viaje de dos días por trabajo	- tren convencional	- Barcelona

33 **5** Escucha y escribe. Escucha el siguiente texto: hay animales adecuados para ciertas patologías. Relaciona cada animal (1-6) con la enfermedad (A-F) para la que es ideale para su curación. Cuidado, dos tipos de mascotas no aparecen en la grabación, intenta escribir por qué pueden ser buenas terapias para las patologías señaladas.

Mascotas	Beneficios
1 Delfín	A Depresión, cardiopatía, hipertensión
2 Papagayo y canario	B Lesiones traumáticas en el cerebro, distrofia muscular o neurológica
3 Caballo	C Agresividad
4 Perros y gatos	D Autismo y problemas afectivos
5 Tortuga y pez	E Problemas psicológicos
6 Conejo y conejillos de indias	F Nervios y alteración

EXPRESIÓN E INTERACCIÓN ORALES

1 **Para romper el hielo.**

- ¿Has viajado con compañías de bajo coste?
- ¿Qué diferencias existen entre éstas y las tradicionales?
- ¿Qué sabes del cambio climático?
- ¿Qué opinas de la biodiversidad?
- ¿Qué especies corren peligro de extinción en tu país?

2 **Lee el siguiente texto sobre el vuelo de bajo coste, resume el texto señalando las ideas centrales y expón el punto de vista del autor.**

¿Vuela barato?

Los usuarios que toman vuelos regularmente, tanto por motivos de trabajo como por motivos de ocio, afirman que han cambiado su forma de viajar en los últimos años. Admiten que mientras hace ocho años reservaban vuelos con compañías tradicionales en su totalidad, en la actualidad prácticamente el 100% de sus viajes los realizan en avión y tomando vuelos de bajo coste. La proliferación de este tipo de aerolíneas en los últimos diez años se debe a la comodidad, a la rapidez de reserva y a los precios más asequibles que han determinado su desarollo. La ciudad de Madrid es uno de los destinos que más ha aumentado su volumen de pasajeros en los últimos años pero los que más se han beneficiado de todo esto son los pequeños aeropuertos de provincias que hasta la llegada de estas nuevas compañías estaban vacíos. En la última década han aparecido en España multitud de nuevas compañías aéreas cuya particularidad es el bajo coste de sus billetes (en comparación con las tradicionales). Cada año surge alguna nueva y las establecidas aumentan sus servicios y beneficios. A todo esto, las compañías tradicionales responden también con rotundidad, lo que crea un sector muy dinámico, pero también polémico, dado el enfrentamiento continuo entre ambas formas de ofrecer un mismo servicio y la multitud de técnicas a las que recurren todas las firmas para atraer al viajero. El resultado es una oferta y unas posibilidades tan amplias que pueden confundir al consumidor. Las asociaciones de consumidores aconsejan pues, buscar vuelos en diferentes tipos de compañías, comparar entre ellas, informarse previamente y a conciencia de las condiciones que ofrecen. A cada nueva estrategia de una compañía de vuelo, ya sea tradicional o de bajo coste, surge la contraoferta de su rival. Las firmas tradicionales han intentado frenar el auge de esta competencia, bajando a su vez los precios. Las empresas de bajo coste responden ofreciendo nuevos servicios... La diferencia entre ambos tipos de compañías comienza a hacerse menor. Al principio, volar con bajo coste suponía admitir a cambio la supresión de servicios como el *catering* en el avión, ausencia de oficinas, despegar desde aeropuertos secundarios... sin embargo, las empresas de vuelo tradicionales también prescinden de estos servicios en muchos de sus vuelos, para reducir costes y ofrecer a su vez vuelos más baratos. Al parecer dentro de poco no hablaremos de compañías de bajo coste o de compañías tradicionales sino que nos referiremos simplemente a aerolíneas con servicios y precios diferentes.

3 Llena los siguientes contenedores con las palabras adecuadas del cuadro que se refieren a la basura diferenciada. Luego habla con tu compañero de tus experiencias con la diferenciación de basura. ¿Tú la realizas? ¿Qué piensas de las posibles molestias que causa a los usuarios? ¿Piensas que pueda romper la cadena de reciclaje como algunos sostienen y todo vaya a parar al mismo lugar?

folletos   botellas de refrescos   revistas   latas de alimentos
frasco de colonia   cajas de zapatos   botes de alimentos   sobres
bricks de leche y zumo   tarros de mermelada
formularios   vajilla descartable   frasco de champú

Amarillo Si depositas en bolsas de plástico reduces el tiempo de tirar la basura en este contedor.

....
....

Verde Cuidado, cristal y vidrio no son la misma cosa. Quita las tapas o tapones de los envases antes de tirarlos y atención con las esquirlas.

....
....

Azul Cuidado, con los plastificados, aquí no puedes tirar la basura con bolsas de plástico.

....
....

4 Observa los siguientes pares de imágenes y elige una pareja que te sirva de inspiración para escribir un texto expositivo de 180 palabras.

1

2

DELE GRAMA

Proposiciones subordinadas adverbiales o circunstanciales

Existe una relación de subordinación entre la oración principal y la proposición subordinada que puede ser circunstancial, cuantitativa y causativa.

A De relación circunstancial

1 **De lugar: proposiciones adverbiales subordinadas de lugar**

Van introducidas por el nexo *donde* que aparece sin o con preposición, *en*, *de*, *desde*, *a*, *por hasta + donde*. Se construyen con indicativo y con subjuntivo. *Fui donde me llamaron* (es decir a un lugar conocido por el hablante, indicativo). *Vamos a donde tú nos digas* (lugar que no se sabe cuál es, subjuntivo).

2 **De tiempo: proposiciones adverbiales subordinadas temporales**

Son las que pueden sustituirse por el adverbio *entonces*. Sus nexos son: *mientras*, *mientras que*, *cuando* (con valor de simultaneidad), *antes que*, *después que*. Se construyen:

- con subjuntivo: cuando el verbo de la principal se refiere al porvenir o a la posterioridad, *Antes de que nadie llegue en su ayuda, Luis comienza a pedir socorro.*
- con infinitivo: con los nexos *antes de* y *después de*. *Después de comer vamos al cine.*

3 **De modo: proposiciones adverbiales subordinadas modales**

Marcan la manera de realizar o realizarse la acción principal. El nexo que las suele introducir es el adverbio relativo *como* pero también aparecen introducidas por frases conjuntivas como: *igual que*, *tal cual*, *según que*, *como si*... Se construyen con indicativo cuando las acciones ya han sido experimentadas y conocidas por el hablante y en subjuntivo cuando las acciones no han sido experimentadas por el hablante.

Se viste como le da la gana.

Lo haré como pueda. Lo haré como si fuera mi madre.

B De relación causativa

1 **De causa: proposiciones adverbiales subordinadas de causa**

Indican la causa por la que se produce la acción principal. El nexo más frecuente es *porque*, aunque también hay otros como *ya que*, *debido a*, *dado que*, *puesto que*, *como*, etc. Pueden expresarse también con construcciones de infinitivo (*Por venir tarde, ahora no entras*) y de gerundio (*Viniendo tarde conseguirás quedarte fuera*). Pero también pueden construirse con indicativo o subjuntivo. Para saber cuando usar uno u otro se recurre al significado de aserción (afirmativa o negativa) que expresa algo verdadero o seguro, se construyen con indicativo.

Te llamo porque me gusta estar contigo.

Se construyen con subjuntivo cuando el significado expresa algo que no sabemos si es verdadero o no estamos totalmente seguros de la información presentada y negamos la relación causal que existe entre la oración principal y la subordinada. *Te llamo no porque me gustes sino porque te necesito.*

2 **De objeción: proposiciones adverbiales subordinadas concesivas**

Expresan una objeción o dificultad para el cumplimiento de lo que se dice en el enunciado principal. El nexo mas utilizado es *aunque*, pero pueden aparecer: *a pesar de que*, *aun cuando*, *así*, *si bien*, etc... con indicativo cuando lo que se dice en la subordinada es real. *A pesar de que Pilar se porta mal, sus amigos la adoran* (sabemos que Pilar se porta mal); con subjuntivo no sabe si es real o no, solo se supone. *A pesar de que Pilar se porte mal, ellos la seguirán queriendo* (no sabemos si se ha portado mal o no) con subjuntivo cuando lo que se dice en la subordinada no es real o no se conoce.

3 **De finalidad: proposiciones adverbiales subordinadas finales**

Se refieren al propósito o a la intención con que se produce la noción designada por el núcleo verbal; tienen un carácter virtual, prospectivo e intencional. El nexo más común es *para que*, el cual exige en la oración subordinada el modo subjuntivo.

Le compraré una postal para que ella vea la belleza de esta ciudad.

En ocasiones (no siempre), cuando la persona gramatical del núcleo verbal se refiere a la misma que está implícita en el verbo subordinado, en lugar de la subordinada con *para que* + subjuntivo, se utiliza la construcción *para* + infinitivo. (*Me voy para no volver* y *Me voy para que tú vengas*).

1 **Señala las proposiciones que forman parte de las oraciones, identifica en cada caso la proposición subordinada adverbial, y señala de qué tipo de subordinada adverbial se trata.**

1 La perdiz hacía como que no podía volar.
2 Hemos visto los nuevos contenedores de basura por donde solemos hacer nuestro paseo diario.
3 Las líneas de Nazca eran tal como yo me las había imaginado.
4 En la conferencia sobre mascotas, Julia se portó mucho mejor de lo que tú creías.
5 Lo que ha escrito sobre el misterio del Machu Picchu, escrito está; así pues, obedece.

2 **Completa las siguientes frases con el nexo correspondiente del cuadro.**

porque siempre que como para que donde

1 Estuve en el lugar .... vivieron mis padres durante muchos años.
2 Te veré todos los días .... tenga tiempo.
3 No tengo ni idea, hazlo .... quieras.
4 Te voy a decir lo que pienso .... soy tu amiga.
5 No compres el regalo .... él te lo rechace.

3 **Justifica el uso del indicativo, del subjuntivo o del infinitivo en estas frases.**

1 Todos le aplaudieron cuando terminó.
2 Hemos paseado hasta donde llega el río.
3 Contesté a las preguntas sobre el medio ambiente como tú me enseñaste.
4 Aunque espere, él no va a llegar.

4 **Teniendo presente los nexos para las proposiciones subordinadas, determina la proposición subordinada de las siguientes oraciones compuestas y di de qué clase son.**

1 Apaga la luz, que te estás quedando dormido y solo estás gastando energía.
2 Como Manuel se cree rico, piensa que todos pueden llevar la vida que lleva él.
3 A pesar de sus años va a bailar todas las noches.
4 Te mando el correo dado que no confias en mí.

5 **Completa con indicativo o con subjuntivo las siguientes frases.**

1 Me has invitado para que yo te .... (*decir*) todo lo que sé.
2 No come; no porque no .... (*tener*) hambre sino porque está a dieta.
3 Aunque me .... (*invitar*) yo no iría.
4 Iré a verte este verano aunque .... (*hacer*) mal tiempo.
5 Voy a venir para .... (*ver*) si todo está funcionando bien.

6 **Completa con un nexo adecuado. Ten en cuenta si es necesaria la preposición.**

1 Nos estamos aproximando .... ocurrió el accidente.
2 .... Marta este año no tiene muchas ganas, volverá a organizar el viaje a Perú.
3 Cerré bien las bolsas de basura .... cupieran bien en los contenedores.
4 El programa de hoy sobre el turismo sostenible ha sido mejor .... han intervenido muchos personajes.

ACTIVIDAD GLOBAL

A **¿Adverbial o adjetiva? Intenta cambiarla por un adjetivo o un adverbio.**

1 La casa donde nos acogieron era muy soleada.
2 Encontramos la basura donde el conserje lo había dejado.

B **¿Causales o consecutivas?**

1 Como no ha pagado el viaje, no vendrá a la excursión.
2 Estoy hambriento, por tanto me prepararé un bocata.
3 Como porque estoy hambriento.

C **¿Condicionales o sustantivas? ¿Puedes sustituirla por *lo*?**

1 No sabe si presentarse.
2 Déjalo si no vas a comprarlo.
3 Dime si hay alguna explicación para eso.
4 Sólo lo creeré si él me lo cuenta.

Locos por las compras

COMPRENSIÓN LECTORA

1 Lee el siguiente texto y complétalo con las palabras del cuadro.

datáfono carteras tarjeta moneda banda magnética calderilla comisiones débito bolsillo trueque bacaladera cheques comercios asociados descenso

40 años con DINERO DE PLÁSTICO

El intercambio de mercancías se inició con el (1) ...., cuya base de funcionamiento se fundamenta en el valor relativo de las mercancías. Después se pasó al (2) .... que permitió dar un gran impulso al intercambio comercial. Posteriormente, se pasó al papel-moneda. Más tarde apareció el uso de (3) .... para disponer de dinero depositado en instituciones financieras. Hasta llegar al dinero de plástico que se coló en nuestras (4) .... hace cuarenta años. Arrancó la experiencia como una extravagancia en el ocaso del franquismo y ahora circulan millones de tarjetas bancarias como si fueran (5) .... La primera en España se expidió en abril de 1971 y con motivo de los 40 años de la introducción de esa primera tarjeta en el país se ha abierto la exposición itinerante sobre este tema en la ciudad de Palma.

A diferencia de las actuales, las de los años setenta carecían de (6) .... en el reverso, caducaban a los seis meses y el crédito ascendía a un máximo de 25.000 pesetas. El comerciante, antes de pasar la tarjeta por la "bacaladera", telefoneaba al banco para confirmar que tenía saldo. A la máquina antecesora del (7) .... se le denominó (8) .... por el ruido que hacía al imprimir los números en relieve sobre un formulario. El soniquete evocaba al cortador de pescado de los ultramarinos. Nace así el dinero de plástico en España y el lanzamiento de la primera (9) .... superó las expectativas iniciales. A los tres años operaban medio millón de estas primeras tarjetas. En el año 1971 se podía viajar al extranjero con el "plástico" en el (10) .... y comprar en Japón, Italia, Canadá, Portugal, Venezuela, Puerto Rico, EE.UU y Sudáfrica. En España, las operaciones se restringían a un puñado de (11) .... Poco a poco se generalizó su uso y se sofisticó su funcionamiento. Con el tiempo fueron desapareciendo las viejas bacaladeras y aparecieron los datáfonos, a finales de los años ochenta, capaces de leer las bandas magnéticas y enviar la información al banco de manera telemática. En esa década se lanza la primera tarjeta de (12) .... Desde entonces su expansión ha cabalgado a galope hasta la irrupción de la crisis actual. La edición del barómetro de una de las principales tarjetas de crédito revela que su uso se ha desplomado en 36% en 2011. A este (13) .... han contribuido los costes impuestos por el sector financiero. Los bancos españoles han subido las (14) .... de manera sustancial. A pesar de este debilitamiento circunstancial, cerca de 72 millones de tarjetas circulan por el país. Cuarenta años después, el invento mantiene su vigencia y se abre a nuevas posibilidades. El futuro se conjuga en presente con la tecnología "contactless". En compras superiores a 20 euros, el cliente tiene que teclear el número PIN de su tarjeta para validar la operación. Para operaciones inferiores, las de mayor potencial de ser "contactless", el usuario realiza la operación simplemente acercando la tarjeta al terminal del comercio. Sin datáfono, que va camino de extinguirse como las viegas "bacaladeras".

2 **Lee el siguiente texto y responde a las preguntas.**

LOS CAJEROS AUTOMÁTICOS

Cuando aparecieron las tarjetas no existían todavía los cajeros electrónicos. Se cree que el inventor del cajero electrónico o cajero automático fue John Shepherd-Barron, y el primero fue instalado en Londres en 1967. En España, en cambio, el primer cajero que se introdujo empezó a funcionar en una sucursal del Banco Popular en Toledo, en 1974. Era la primera vez que el dinero custodiado por las entidades bancarias estaba disponible para sus dueños durante las 24 horas del día. Esta iniciativa sufrió en sus primeros tiempos contratiempos de topo tipo (polvo, agua, vandalismo, miedo o temor a usar estos aparatos) que dificultaron la masificación de los primeros cajeros electrónicos que se hicieron definitivamente populares a partir de la década de los 80. Desde entonces, millones de personas los utilizan cada día para realizar operaciones bancarias en casi cualquier rincón del mundo. Un amplio sector de los españoles sitúa el cajero automático como primera opción en su relación con la entidad financiera, por delante de la tradicional relación de sucursal, así como de nuevos canales como son la banca telefónica o la banca por Internet. España es uno de los principales ejemplos de cómo la cultura de los cajeros automáticos se ha generalizado entre los ciudadanos, convirtiéndose en el país con mayor número de cajeros automáticos por habitante de Europa, y el segundo del mundo, por detrás de Japón. De hecho, por cada millón de habitantes hay 1.400 cajeros, gracias a un parque de 58.600 cajeros en todo el país. Cada cajero automático que hay en España realiza unas 300 transacciones diarias, y los españoles sacan entre 100 y 110 euros de media en cada operación. De las transacciones que se realizan actualmente en cajeros automáticos, el 60% son reintegros de efectivo, mientras que el resto se reparte entre depósitos, extractos de movimientos y consultas de saldo. Un interesante informe, hecho sobre una entrevista a más de 1000 usuarios de entre 18 y 65 años de edad, destaca que más de 27 millones de españoles hacen uso de los cajeros automáticos. De ellos, la mayoría lo usan para retirar dinero. Así, mientras los más jóvenes hacen uso del terminal de autoservicio cuando se quedan sin efectivo, en el 81% de los casos, los mayores de 55 años lo usan solo en un 60% de los casos cuando tienen el mismo problema. Sin embargo, a la hora de ingresar efectivo, los españoles siguen prefiriendo la ventanilla de la sucursal, fundamentalmente por motivos de comodidad. Asimismo, el estudio refleja que uno de cada dos encuestados utiliza al menos una vez por semana el cajero automático, siendo los hombres los que lo hacen con mayor frecuencia. Si analizamos este punto por edades, observamos que el 77% de los entrevistados de entre 25 y 34 años utilizan el cajero al menos una vez por semana, las personas de entre 55 y 64 años también usan el cajero de forma muy activa, casi 5 veces al mes.

1 El primer cajero automático de la historia...
- **a** ☐ empezó a funcionar en una sucursal de un banco popular en Londres en 1967.
- **b** ☐ probablemente fue inventado por John Shepherd-Barron.
- **c** ☐ fue instalado en 1974.

2 El uso de un cajero en España...
- **a** ☐ no supera el gusto de los españoles por usar la propia sucursal.
- **b** ☐ supone la primera opción para los españoles para relacionarse con la entidad financiera
- **c** ☐ se hace para ingresar dinero.

3 La gente de entre 55 y 64 años...
- **a** ☐ suele ir menos que los jóvenes al cajero.
- **b** ☐ no usan el cajero de forma muy activa.
- **c** ☐ son usuarios de tarjeta.

3 **Teniendo en cuenta las siguientes instrucciones para realizar una denuncia por Internet responde verdadero o falso a las siguientes cuestiones.**

Si te han robado y tienes que poner una denuncia puedes hacerlo dirigiéndote al portal de la Policía Nacional.

Haz clic y encontrarás un menú con varias secciones y entre estas una llamada "Área del ciudadano". Vuelve a hacer clic y encontrarás la sección de "Denuncias" con un enlace llamado "Por Internet" desde el que puedes tramitar la denuncia.

Primero deberás especificar el tipo de denuncia que quieres tramitar (daños, extravío de documentos y efectos, robo de vehículo, sustracción de documentos y efectos, sustracción en domicilio, etc.) y posteriormente seleccionar la provincia en la que realizarás la denuncia. Para continuar con tu denuncia haz clic en la palabra "Denunciar" y procede a rellenar los campos de información acerca de tu denuncia.

Primero deberás seleccionar la comisaría a la que deseas acudir. Luego te encontrarás con una serie de datos que deberás enviar para realizar la denuncia:

- datos del denunciante: en esta categoría tienes que incluir tus datos personales (nombre, apellidos, domicilio, localidad, DNI, teléfono, etc.);
- datos del hecho: aquí aportarás información sobre la denuncia (lugar, fecha y hora);
- datos complementarios del hecho: escribe en esta sección tu declaración sobre lo sucedido;
- datos de los objetos: debes declarar el valor aproximado de los objetos robados, así como describirlos brevemente.

Según el tipo de denuncia tendrás que completar un tipo de campo u otro. Tal es así que, en el caso de robo de vehículo, deberás añadir además los datos sobre el vehículo en cuestión.

Hechos los pasos anteriores, ya tendrás efectuada tu denuncia online y te aparecerá en la pantalla un resumen provisional de tu denuncia. Si estás de acuerdo con todo puedes hacer clic en "Confimar".

Finalmente en esta última pantalla aparecerá la dirección de la Comisaría que has elegido para que tramite la denuncia y un número de referencia escrito en caracteres rojos que te servirá para presentarte con este en la comisaría seleccionada antes de las seguientes 72 horas. Por otra parte con este número podrás comprobar el estado de la denuncia siempre que lo desees mediante la Oficina Virtual de Denuncias.

		V	F
1	Si realizas una denuncia por Internet no necesitas ir a la comisaría.	☐	☐
2	Solo puedes denunciar el robo de objetos pequeños.	☐	☐
3	Los campos que completar en la denuncia son distintos en función del objeto robado.	☐	☐
4	Después de 72 horas puedes ir a la comisaría seleccionada.	☐	☐
5	Es necesario un número de referencia de la denuncia para presentarse en la comisaría.	☐	☐

RINCÓN MODISMOS

4 **Relaciona los modismos (1-7) con las frases (A-G) relacionadas con su significado y luego completa el siguiente texto con los mismos.**

1 el que sigue la consigue
2 del dicho al hecho hay un buen trecho
3 más vale pájaro en mano que "ciento" volando
4 no es oro todo lo que reluce
5 cada uno cuenta la feria como le va en ella
6 dar gato por liebre
7 la ocasión la pintan calva

A según te van las cosas, las cuentas.
B hay que tener en cuenta la realidad.
C perseverar es importante.
D cuidado que no te engañen.
E hay que aprovechar el momento.
F a veces las apariencias engañan
G por decir, se pueden decir muchas cosas

¿Regatear es negociar?

No, para nada. El regateo consiste en ofrecer un producto asumiendo recortes en el precio hasta que el comprador diga que sí. Y luego, si te va bien, dirás que has sido un buen regateador porque ya se sabe que (1) ....

En cambio, negociar consiste en conseguir algo de igual o mayor valor a cambio de las concesiones que se hagan como por ejemplo conseguir que un comprador realice un pedido mayor respecto al que pensaba realizar a cambio de un precio inferior. El regateo es otra cosa. Se regatea con alguien que en un principio parece no querer el producto y frente a esto el vendedor no se tiene que desmoralizar y tiene que pensar que (2) .... y que según esto hay que intentarlo. Negociar es una medida comercial y cuando se negocia el comprador está interesado en el producto o en el servicio. El regateo es un juego con reglas conocidas pero no escritas como ocurre en todos los juegos y como tal, se practica para entretenerse y divertirse. Se necesita tiempo, paciencia, creatividad, diplomacia, sangre fría y mucho teatro porque como se dice, (3) .... Nadie tiene que notar que estás ansioso o desesperado por el producto y no te asustes por el precio de partida porque no tiene lógica y no existe una proporción entre el precio inicial y el precio al que se puede llegar. Pero cuidado que no te (4) .... y te den efectivamente lo que querías (5) ...., y no compres productos que no conoces. Solo si piensas que es algo que te puede interesar tienes que ir a por ello porque (6) .... Ten en cuenta que lo normal es que el vendedor gane porque él, sí sabe el precio del producto y aunque se muestre enfadado o indignado, no pierdas tú la compostura porque se trata siempre de teatro. Eso sí, tienes que marcarte una meta razonable. Empieza interesándote por otro objeto como el que no quiere la cosa y recuerda sobre todo al final del regateo no puedes echar marcha atrás porque para el vendedor eso supone romper un compromiso y si al final tienes lo que querías recuerda que no tiene sentido pensar que podías haber obtenido un precio mejor, llegados a este punto recuerda aquello de que (7) ....

5 **Ahora intenta escribir un modismo que en tu lengua signifique lo mismo o algo parecido a los del ejercicio anterior.**

HERRAMIENTAS

Sectores

carnes; electrónica y música; electrodomésticos; farmacia; frutas y verduras; hogar; gastronomía; jardinería; juguetes; libros y revistas; limpieza; papelería; perfumería y cosméticos; pescados y mariscos; ropa

6 Lee los siguientes anuncios de ferias de la moda y relaciona con lo que dicen los siguientes personajes. Cuidado, sobran dos.

1 **Trending Madrid: Show de Complementos, Diseño y Moda Madrid España.** Se celebrará del 8/11 al 15/11 en las Naves de la Estación de Chamartín. La feria pretende reflejar las últimas tendencias de diseño en moda, bisutería, bolsos, tocados y complementos. Abierta al público en un entorno urbano del centro de Madrid.

2 **Couromoda Sao Paulo: Feria de calzado y artículos de cuero, Brasil.** Es el evento más prestigioso del sector en toda América Latina, en el cual se ofrece a los minoristas e importadores una completa muestra de la moda, la tecnología y la comercialización del calzado y artículos de cuero.

3 **Panorama Berlín: Feria de moda, Alemania.** Nuevo concepto ferial en un lugar único. Se trata del nuevo mercado para obtener más ideas, más productividad y más volumen de negocios, justo al lado del nuevo aeropuerto de Berlín. Es la nueva plataforma de alto volumen para las marcas, distribuidores y compradores de ropa de caballero.

4 **FIMI otoño invierno Valencia: Feria de moda infantil y juvenil.** Será un verdadero escaparate para todos los profesionales del sector de la moda infantil, en el cual se nos presentarán las propuestas de la temporada otoño-invierno. En esta feria veremos las últimas novedades.

5 **The Brandery Winter Barcelona: Feria de moda urbana contemporánea.** En esta feria se darán cita los mejores profesionales del mercado tanto de Europa como del resto del mundo, teniendo acceso a las principales marcas del sector: detallistas y distribuidores.

6 **SIMM: Salón internacional de moda de Madrid.** Todo un referente en el mundo de la moda. Es la feria de confección más importante del sur de Europa que contará con la presencia de los mejores profesionales y creadores del sector.

A ☐ La próxima semana estaré fuera de la oficina durante dos días porque tengo que viajar por trabajo. Como soy el responsable de ventas de unos grandes almacenes de ropa me voy a encargar de visitar una de las ferias de moda más importantes para las que trabajamos en el sector. No se trata de una pasarela de moda sino de presentar las nuevas colecciones que van a salir efectivamente al mercado.

B ☐ Hola, me llamo Sandra y me encargo de instalar ferias. En estos días estoy trabajando en un proyecto de moda muy interesante puesto que va más allá del mercado de la confección. El recinto del evento necesita estar dispuesto en pequeñas tiendas que a su vez contengan muchas estanterías y lugares en los que se puedan colgar objetos pequeños de moda.

C ☐ Como empresario valenciano del calzado me interesan las ferias en las que no se pueden encontrar productos terminados sino en las que se aprenden nuevas técnicas y sobre todo nuevos instrumentos que puedan servir en la fábrica que regento. Además el cuero en Sudamérica tiene una importancia económica histórica.

D ☐ Buenos días, soy José María Buñel y empecé hace ya veinte años a trabajar con la moda de caballero. Hasta ahora no había tenido en cuenta otro sector pero he tenido que inventarme nuevas posibilidades dándome cuenta de que los mercados de señora y caballero sufren una fuerte caída dentro del sector mientras que se mantiene estable el sector de la moda para niños porque a diferencia de los mayores estos van creciendo y necesitando continuamente productos de moda que van creciendo con ellos.

HERRAMIENTAS

Para el comercio

Sustantivos: a juego; a la moda; billetes; caja/cajera; calidad; cliente/a; cola; carrito; comprobante de pago; dependiente/a; descuento; dinero; directorio; efectivo; embalaje; escaparate; etiqueta; maniquí; monedas; mostrador; probadores; puesto; reparto/sección; rebajas; talla; tarjeta (de crédito); ticket; tique (de compra);rebajas

Verbos: cambiar; cobrar; comprar; elegir; pagar (en metálico/efectivo; con tarjeta de crédito); ponerse/probar(se); quedar bien/mal;

7 **Completa el siguiente artículo sobre la moda española con los títulos A-G. Cuidado, sobran dos.**

Los diseñadores españoles veteranos se han despedido hoy de la 56 edición de la pasarela madrileña para (1) ....
En la quinta jornada de la Mercedes-Benz Fashion Week Madrid, ha presentado su colección Sita Murt, que ha trabajado el punto e investigado sus posibilidades para crear una colección "vitalista y alegre" y, sobre todo, "ponible".
Y es que, según explica, (2) .... de raso a blusones que combinan materiales, chaquetas de raso y punto, mucho punto.
La jornada ha sido inaugurada por María Escoté con una colección dulce y salvaje, (3) ....
La diseñadora ha jugado con gasas y lentejuelas hasta crear divertidos vestidos de fiesta con traviesos cortes que invitan a bailar toda la noche, (4) ....
Por su parte, Carlos Diez ha sorprendido con una colección blanca e inmaculada que el diseñador ha explicado que "a pesar de tener una apariencia suave, posee gran fuerza gracias a las piezas de cuero".
La moda española de baño ha presentado también hoy sus tendencias para el próximo verano de la mano de Guillermina Baeza y Dolores Cortés.
Guillermina Baeza y Belén Larruy, madre e hija diseñadoras de la colección "Baños de estrellas", han apostado más por el bañador que por el biquini (5) .... han asegurado .
Lazos, volantes, fruncidos, bordados con "paillettes" y detalles coquetos han adornado las prendas de baño, en las que han predominado los cortes y los patrones de los años cincuenta, como los escote "balconet" y los "culottes" – braguitas de talle alto – muchos de ellos tintados en blanco y negros.
La diseñadora Totón Comella (TCN) ha llevado a la pasarela un toque futurista en un estilo retro, con una lencería en colores flúor con sus básicos en azul marino y arena.
Luego ha sido el turno de Arnau P. Bosch que ha preferido dar a sus diseños connotaciones "callejeras y pandilleras" y ha adornado el tejido vaquero con coronas de "princesa" de plástico dorado y falsos rubíes.

A colmada de potentes estampados para el día y cientos de lentejuelas para la noche

B lleno de singulares camisetas de flores y millones de complementos de noche

C dar paso a las jóvenes promesas del EGO, la plataforma de los nuevos creadores de moda, en una jornada ecléctica en la que se han visto muy diversas propuestas.

D una colección que esta tarde ya estaba a la venta en todo el mundo a través de su tienda "on-line"

E se trata de vender la moda, y por ello sus diseños para la próxima primavera verano abarcan desde los ligeros vestidos

F , "prenda que estiliza y favorece mucho más que el biquini",

G un traje que va a funcionar solo para caballeros porque el de mujer será el traje chaqueta, no lo olvidemos.

HERRAMIENTAS

Palabras útiles (I)

La ropa: abrigo; bañador; bragas; calcetines; calzoncillos; camisa; camiseta; cazadora; chándal; chaqueta; falda; jersey; medias; pantalones; pijama; rebeca; sudadera; sujetador; traje; traje de chaqueta; vaqueros; vestido

Los complementos: bolso; bufanda; cinturón; corbata; gorra; gorro; guantes; pañuelo; sombrero

Las joyas: anillo; collar; pendientes; pulsera; reloj.

COMPRENSIÓN AUDITIVA

34 **1 Escucha el siguiente diálogo y completa las siguientes frases.**

1 Una de las mujeres necesita COMPRARSE UN PISO.. .
2 Patricia tiene dudas de IR A UN BANCO.. .
3 Marta le aconseja a Patricia que VAJA A LAS 2... .
4 Marta le explica la diferencia ....
5 Según Marta la primera diferencia entre las cajas y los bancos es que
....
6 Patricia se da cuenta de que las cajas colaboran en ....
7 Los bancos, según Marta tienen .... mientras que las cajas son ....

35 **2 Escucha la siguiente entrevista radiofónica al director de la web "Totcomprat" y responde verdadero o falso.**

		V	F
1	Antes de los años 70 se compraba todo en los mercados.	☐	☐
2	Los supermercados nacen en un momento de crisis económica.	☐	☐
3	En España los hipermercados nacen en los años 30.	☐	☐
4	Los pequeños comercios venden de una manera personalizada.	☐	☐
5	Los sitios web se apoyan exclusivamente en supermercados reales.	☐	☐
6	No es fácil para todos los supermercados tener un espacio en Internet.	☐	☐
7	El entrevistador no piensa que los supermercados vayan a desaparecer.	☐	☐

3 Vuelve a escuchar la entrevista y relaciona las siguientes afirmaciones con el entrevistador (A) o el entrevistado (B).

1 ☐ Menciona a un miembro de su familia
2 ☐ Introduce el argumento de la venta multimedial
3 ☐ Habla de las relaciones personales entre vendedor y cliente
4 ☐ Se refiere a una crisis
5 ☐ Habla de los centros comerciales como centros de encuentro

HERRAMIENTAS

Palabras útiles (II)

Los zapatos: botas; chanclas; sandalias; zapatillas (de casa/de deporte); zapatos de tacón
Los materiales: algodón; cuero; lana; lino; pana; piel; seda; sintético; terciopelo
Los tejidos y dibujos: de colores; de cuadros; de lunares; de rayas; estampado; liso
Los colores: amarillo; azul; azul claro; beis; blanco; celeste; dorado; gris; marrón; naranja; negro; pardo; plateado; rojo; rosa; verde; violeta

36 **4 Escucha los siguiente monólogos (1-3) sobre las experiencias de estas personas y relaciónalos con uno de los titulares (A-E) de las noticias que aparecen en el periódico. ¡Cuidado! Sobran dos titulares.**

Noticias

A ☐ Si tienes los datos de quien ha violado tus derechos, demándale.

B ☐ Se están produciendo una serie de robos en el barrio del Pilar. La policía sospecha de una banda organizada.

C ☐ Los tirones de bolso ya no están de moda.

D ☐ Han atracado la sucursal de la Caja de Ahorros de Ciudad Rodrigo.

E ☐ Las leyes permiten denunciar a quienes causan ruidos excesivos

37 **5 Escucha a Miguel que cuenta su experiencia con el ahorro y luego elige la opción correcta (a, b, c).**

1 Todos los consejos de Miguel son válidos…
- a ☐ para las personas que viven solas.
- b ☐ para todos.
- c ☐ en el caso de familias con cuatro personas.

2 Los gastos de una familia…
- a ☐ se dividen en diferentes productos.
- b ☐ se concentran en tres grupos fundamentales.
- c ☐ no contemplan la diversión.

3 Miguel ha aprendido…
- a ☐ que tiene que darle la prioridad a uno de los grupos de gastos.
- b ☐ que en cada grupo de gastos tiene que establecer prioridades.
- c ☐ que tiene que darle importancia a cada grupo de gastos.

4 Miguel…
- a ☐ va al supermercado después de cada comida.
- b ☐ va al supermercado en lugar de desayunar o comer.
- c ☐ procura no acudir con hambre al supermercado.

5 La compra en grandes cantidades…
- a ☐ puede suponer tener que tirar las cosas.
- b ☐ se puede hacer exclusivamente en los supermercados.
- c ☐ se puede hacer solo si se trata de superpromociones.

EXPRESIÓN E INTERACCIÓN ESCRITAS

Cómo expresar dudas, pedir y dar opiniones

Normalmente cuando se expresa una duda, hay que comunicar la duda misma, luego razonar y explicar las razones por las que se está dudando y, a lo mejor, proponer alternativas.

Para expresar una duda

- *Dudo que...*
- *No sé si hago bien...*
- *No sé si me estoy equivocando/a lo mejor estoy equivocado, pero...*
- *No estoy seguro de que.../No está mal, pero.../Ya, ya, pero...*
- *Lo veo bien aunque...*
- *No me convence.../No crees que...*

Para pedir una opinión, un consejo

- *¿Qué te parece si...?*
- *¿Qué opinas/piensas... ?*
- *Por favor, dime lo qué piensas de ...*
- *¿Te parece bien que ... ?*
- *¿Qué me aconsejas ?*

Para dar una opinión, un consejo

- *A mí me parece que...*
- *Pienso/opino...*
- *Estoy pensando...*
- *Me estoy planteando...*
- *Tengo una idea...*
- *Yo que tú/yo en tu lugar...*

Palabras útiles: *puede que; es posible que; quizá(s); a lo mejor; es que...*

1 **Elige una de las opciones y escribe un mail expresando tu opinión, aconsejando y razonando tu respuesta (150-180 palabras).**

Opción 1

Dicen que para las compras es mejor usar el dinero de plástico: es más seguro y parece que estás gastando menos. Tú no sabes qué hacer, pide consejo.

Opción 2

Hay personas adictas a la moda ¿Existe la adicción a la moda, es decir la compra compulsiva? ¿Qué les aconsejas a estas personas?

Opción 3

Mira el gráfico de cómo y dónde le gusta comprar la ropa a los españoles. Escribe un texto comentando el gráfico y luego expón tus ideas: ¿qué opinas?, ¿dónde y cómo compras tú?

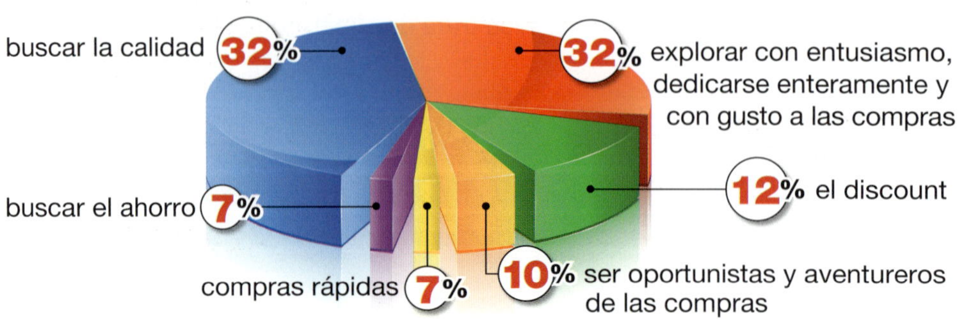

HERRAMIENTAS

En el banco

Sustantivos: ahorro; billete; cajero automático; cheque; crédito; cuenta corriente; dinero negro; efectivo; inflación; metálico; moneda; préstamo; recibo; tarjeta de crédito; transferencia

Verbos: adelantar (dinero); cambiar; cobrar; ahorrar; ingresar; pagar al contado/a plazos/con tarjeta/en efectivo; pedir; sacar (dinero); tener suelto/cambio

2 **A partir de estas opiniones sacadas de una encuesta y de las pautas que te damos a continuación construye un artículo para el periódico de tu ciudad. Expresa opiniones y dudas.**

0 *El poder del dinero*
1 La mayoría de la gente prefiere ganar poco pero ser generosa y altruista a ganar mucho dinero.
2 La apariencia es lo que vale: se ha descubierto que una medicina resulta más efectiva si cuesta más.
3 La obsesión por dinero se puede considerar una adicción.
4 Dinero llama dinero: la gente que tiene poco dinero no está destinada a ganar y hacerse rica.
5 Como comprar nos hace sentir bien, compramos más de lo que gastamos.

DELE PALABRAS

3 **Describe a una persona que hayas conocido o a un personaje del mundo del espectáculo o de la moda que te ha llamado la atención por su forma de vestir sin olvidar los detalles: ropa, complementos, colores, tejidos y joyas (150-180 palabras).**

4 **Escribe un diálogo. Tú acabas de mudarte a España y necesitas algunos servicios postales: habla con Mariola, una empleada de Correos y amiga tuya porque tienes que enviar:**

- ✔ al Ayuntamiento de tu ciudad de origen una carta en la que adjuntas documentos para que te los sellen urgentemente;
- ✔ un paquete con unos regalos para tu familia que vive en el extranjero;
- ✔ un sobre con documentos a tu nuevo Ayuntamiento con mucha urgencia y seguridad;
- ✔ dentro de unos minutos un documento a tu nuevo jefe.

PRODUCCIÓN E INTERACCIÓN ORALES

1 **Para romper el hielo.**

- ¿Pagar con dinero de plástico o en efectivo?
- ¿Tienes adicción a la moda?
- ¿El dinero es importante en tu vida?
- ¿Compras cuando hay rebajas?
- ¿Prefieres comprar en los grandes almacenes o en las pequeñas tiendas de barrio o de pueblo?
- ¿Te divierte el regateo?

2 **Lee el texto, mira la foto y expresa tu opinión.**

Locos por las compras

Nuevos estudios consideran que ir de compras, cuando estas se hacen excesivas y compulsivas, se puede llegar a considerar una adicción. Si compramos más de lo que ganamos, si a veces compramos sin pensarlo y como si fuera una necesidad vital, si el placer de comprar solo por el hecho de comprar nos quita frustraciones, pues somos los nuevos adictos a las compras salvajes. Todo el mundo sabe que el periodo que vivimos, a pesar de toda crisis, está dominado por el ansia del consumo, especialmente por lo que se refiere a lo superfluo. Se han detectado varias razones que nos impulsan hacia la compra salvaje : en primer lugar la sensación de felicidad que nos da comprar algo nuevo. En segundo lugar, compramos y consumimos porque queremos demostrar lo que somos y lo que tenemos, sobre todo objetos y prendas costosas ya que esto aumenta nuestra autoestima y al mismo tiempo la aceptación dentro del grupo social al que ambicionamos pertenecer. En tercer lugar, nos gusta lucir lo mismo que nuestro vecino, queremos poseer algo nuevo solo porque lo hemos visto en la tele o porque acaba de salir a la venta. Todo el mundo tiene derecho a sentirse feliz aunque sea tan solo porque se ha comprado una prenda nueva, pero sin dejar que esto se transforme en trastorno o fuente de frustración. Una posible precaución es la de consumir y comprar de manera consciente y sin dejarse esclavizar, haciendo un consumo responsable y sin olvidar que, a veces, para sentirse feliz, no es necesario comprar lo más caro.

3 ¿Qué le aconsejas que se ponga a tu amiga Paula que tiene que ir a una entrevista de trabajo como ejecutiva? Y, ¿a Manu que tiene que ir a una fiesta?

38 **4** Escucha y toma apuntes para luego rellenar la parrilla.

¡Lo más "a la moda" al alcance de un simple clic!

Cómo preparar la lista	Promociones	Cupones	A la hora de comprar

5 Tu compañero y tú. Mira la foto de la revista "Moda a tope: las últimas" y expresa opiniones y dudas acerca de lo que se lleva y de lo que ya no está de moda y habla de tus gustos. Intercambiad consejos.

Pautas: prendas, gafas grandes, impermeables, biquinis, botas de punta cuadrada, zapatos de tacón, sudaderas, colores llamativos, tejidos, vaqueros estrechos y acampanados, trajes de chaqueta, pajaritas, bailarinas, gorras, prendas étnicas, camisas de rayas, pañuelos

Ejercicio de ESTRATEGA

6 Intenta explicarle a tu amigo/a extranjero/a qué quieren decir las siguientes palabras SIN utilizar las palabras que están entre paréntesis.

Paquete (Correos; enviar; regalo)
Algodón (lana; tejido; estampado)
Tendencia (moda; prenda; revista)
Tarjeta de crédito (dinero de plástico; dinero; banco)

DELE GRAMA

Concordancia temporal

Verbo de la oración principal	Verbo de la oración subordinada	Ejemplos
Presente de indicativo	Presente de subjuntivo (idea presente o futura) Pretérito perfecto de subjuntivo (idea pasada)	*Me alegra que Juan **esté** aquí.* *No creo que se **haya divertido** en la fiesta.*
Pretérito perfecto	Subjuntivo presente o pretérito perfecto	*Nos han pedido que nos **callemos**.* *Me ha hecho ilusión que **hayas aceptado** mi invitación.*
Futuro simple o compuesto	Presente de subjuntivo o pretérito perfecto de subjuntivo	*Os **gustará/habrá gustado** que **hayan preparado** paella.*
Imperativo	Presente de subjuntivo	***Acércate** (para) que te **diga** cuatro verdades.*
Pretérito indefinido	Imperfecto de subjuntivo (se refiere al mismo momento temporal de la principal) Pluscuamperfecto de subjuntivo (momento pasado respecto al momento pasado de la principal)	*Les rogamos que **vinieran** con nosotros.* *Le dio rabia que no **hubieran venido**.*
Imperfecto de indicativo Pluscuam-perfecto de indicativo/ condicional	Imperfecto de subjuntivo Pluscuamperfecto de subjuntivo	*Me **daría** pena que no **supierais** la verdad.* *Le **habría/hubiera encantado** que **hubieran pasado** las vacaciones juntos.*

1 **Subraya el verbo de la principal y completa conjugando el verbo de la subordinada.**

1 Os extrañará que (*cambiar, yo*) .... los muebles.
2 Les ha dado pena que no (*entender, él*) .... la cuestión de la venta.
3 Nos había parecido estupendo que no (*pelearse, ellos*) .... como de costumbre.
4 Me habría gustado que me (*invitar, vosotros*) .... a cenar.
5 No nos parece que (*estar, él*) .... bueno: mira la cara que tiene.
6 Veré la película para que se la (*poder, yo*) .... contar a mi madre.
7 Me dijo que (*ir, nosotros*) .... a su casa.

Condicional simple

Se forma a partir del infinitivo del verbo + desinencias (*-ía; -ías; -ía; -íamos; -íais; -ían*).

Principales irregulares (coinciden con los del futuro): *diría; cabría; habría; podría; pondría; sabría; saldría; valdría; vendría*.

Se usa para expresar:
- un consejo *Yo que tú me compraría ese abrigo*;
- un deseo *Me gustaría llevarme este pañuelo de seda*;
- una cortesía *¿Serías tan amable de prestarme 50€?*

Condicional compuesto

Se forma con el condicional simple del verbo *haber* + el participio pasado del verbo.

Se usa para expresar:
- una acción pasada y no realizada *Si hubieras hecho una carta certificada, no se habría perdido*;
- una duda pasada respecto a otra acción pasada *Cuando volvimos a la tienda el jersey ya no estaba, lo habrían vendido*;
- una sugerencia en pasado *Yo en tu lugar lo habría pagado con tarjeta*;
- una realidad posible en pasado *Ellos se lo habrían regalado*.

Para expresar hipótesis referidas al pasado se usa el condicional simple si el hecho pasado es contemporáneo a otro hecho pasado (*Cuando lo vi en la tienda costaría unos treinta euros*) y el condicional compuesto cuando el hecho pasado es anterior al otro hecho pasado (*Salió con retraso: se habría roto el despertador*).

2 **Completa conjugando el verbo en condicional simple o pasado.**

1 ¿Le (*importar*) .... explicarme qué es un acuse de recibo?
2 Yo que tú este abrigo no lo (*comprar*) .... Te queda demasiado ajustado.
3 Si se lo hubiera dicho que costaba caro, lo (*cambiar, ellos*) .... por otro más barato.
4 No llegó el paquete que le envié: se (*perder*) .... quién sabe dónde.
5 Cuando me mudé a este barrio, (*haber*) .... solo cuatro tiendas.
6 Nos (*llevar*) .... estas botas si costaran menos.
7 Nos dijeron que (*venir*) .... con nosotros de compras.
8 Pero, al final no vinieron: (*tener*) .... algún problema.

Oraciones condicionales

- Oraciones reales: expresan hechos cuyo cumplimiento se ve probable en el pasado/presente/futuro. El verbo de la oración principal y de la subordinada condicional aparecen en indicativo (en caso de la subordinada, nunca en futuro). *Si estudias mucho, aprobarás el examen./Si has estudiado mucho, aprobarás el examen.*
- Oraciones potenciales: presentan los hechos como irreales en el presente o improbables en el futuro. El verbo de la oración principal suele ir en condicional simple y el de la oración condicional aparece en pretérito imperfecto de subjuntivo. *Si estudiaras, aprobarías el examen.*
- Oraciones irreales: expresan hechos irreales en el pasado. El verbo de la oración principal puede ir en pluscuamperfecto de subjuntivo o condicional compuesto. El de la oración condicional aparece en pluscuamperfecto de subjuntivo. *Si hubieras estudiado mucho habrías/hubieras aprobado el examen.*

3 **Escribe el tipo de oración condicional de las siguientes frases: oración condicional real (OR); oración condicional potencial (OP) u oración condicional irreal (OI).**

1 ☐ Si te compras todo lo que llevas en el carrito te vas a quedar sin blanca.
2 ☐ Si te lo hubieras probado antes, no te lo habrías llevado.
3 ☐ Si nos hubierais avisado, habríamos pasado a recogeros.
4 ☐ Si se lo mandaras por correo urgente, llegaría con antelación.
5 ☐ Si esperamos las rebajas, vamos a ahorrar mucho dinero.
6 ☐ Si fuéramos ahora mismo a la tienda que está en la esquina, la encontraríamos todavía abierta.

4 **Termina las frases siguientes usando indicativo o subjuntivo.**

1 María nunca se ha llevado bien conmigo; ....
2 Si lo hubieran reconocido, no ....
3 Por fin se casaron: ¡quién lo .... !
4 Si ganaras un poco más, ...
5 Si me prometes que vienes temprano a mi casa, ...
6 Me aseguraron que mis suegros ....

ACTIVIDAD GLOBAL

Elige la opción correcta entre las tres que te ofrecemos.

1 Mi amiga Lucía me dijo que *pasaría / pasara / habría pasado* por mi casa porque *quisiera / habría querido / querría* acompañarme de compra.
2 No nos ha parecido que *hayan comprado / hubieran comprado / han comprado* el regalo adecuado para Maripili. De todas formas esperamos que le *gustaría / guste / gustará*.
3 Ayer les rogué que me *acompañaran / hubieran acompañado / habrían acompañado* al Correos, pero fue inútil: no *han tenido / tuvieran / tenían* ganas.
4 Si nos lo *dices / dijeras / había dicho* con tiempo, vendremos con vosotros.
5 Vi este collar en la tienda y *habría costado / costaría / costará* unos 20€, yo que tú lo *compraría / compraré / habré comprado*.

MODISMOS

Unidad 1 Y tú, ¿qué haces?

Modismos

Dar calabazas
Hacer carrera de alguien
Hacer las cosas a conciencia
Hacer mal/buen papel
Hacer novillos
Hacer sombra a alguien
Hacer una cosa a pulso
Hacer(se)/preparar(se) chuletas
Quemarse las pestañas
Tener enchufe

Refranes

A la ocasión la pintan calva
A quien trabaja el día nunca le parece largo
El que algo quiere, algo le cuesta
En casa del herrero, cuchillo de palo
Lo que no se empieza, no se acaba / Lo que mal empieza, mal acaba
Mas vale maña que fuerza

Unidad 2 Casas para vivir

Modismos

Como Pedro por su casa
Construir castillos en el aire
Darle a alguien con la puerta en las narices
Echar/Tirar la casa por la ventana
Empezar la casa por el tejado
Serrucharle el piso a alguien

Refranes

A cada cajón, su aldabón
A cama pequeña, échate en medio
A las diez, en la casa estés
Donde dejo mi sombrero, ahí está mi casa
Más vale torre hecha que castillo por hacer

Unidad 3 Una salud de hierro

Modismos

Con el corazón en la mano
Costar un ojo de la cara
El tiempo lo cura todo
Estar agotado
Estar en los huesos
Estar hasta las narices
Estar hecho polvo
Hablar por los codos
Levantar cabeza
Llevar una vida sana
Meter la pata
Perder la cabeza
Tener una salud de hierro

Refranes

A veces es peor el remedio que la enfermedad
La paciencia es buena cura para todas las heridas
Mal que se comunica, si no cura, se alivia
Más vale prevenir que curar

Unidad 4 De lo bueno lo mejor

Modismos

A falta de pan buenas, son tortas
A quien no le amarga un dulce
Con pan y vino se anda el camino
Con su pan se lo coma
Contigo pan y cebolla
Hacer boca
No está el horno para bollos
No importarle a uno un comino/un pimiento
No solo de pan vive el hombre
Sin comerlo ni beberlo
Toma pan y moja

Refranes

A barriga llena corazón contento
A buen hambre, no hay mal pan/no hay pan duro
Come poco si eres viejo y salvarás el pellejo
Comer sin apetito, hace daño y es delito
Lo que no mata, engorda
Si no quieres caldo, tres tazas

Unidad 5 ¿Qué hacemos este finde?

Modismos

A sobar
Aburrirse como una ostra
Ahuecar el ala
Dar el cante
Dar un golpe/jarabe de palo/plantón
Dejar colgado a alguien
Desconectar con todo
Estar al loro
Estar chapado a la antigua
Estar como un tren
Estar de pachangueo
Estar en babia

Faltar gasofa
Irse a pirar
Marcarse el sí
Meterse en el sobre
Montar un numerito
Mosquearse
Partirse de risa con alguien
Pasar la noche en blanco
Pasarlo bien/mal/bomba
Perder los memoriales
Poner pies en polvorosa
Quedarse para el arrastre
Ser algo de cine
Ser un aguafiestas/bollicao/camafeo/
cuadrao/rayante/tronco/rollo
Ser un currant
Tener chorra/tablas
V.M. escoja

Refranes

A mal tiempo, buena cara
Ancha es Castilla
Aquí el que no corre, vuela
Ha habido perdices
Irse sobre ruedas
Nunca comerse una rosca

Unidad 6 Más raro que un perro verde

Modismos

Cargarse con el mochuelo
Cruzar el charco
De sol a sol
Estar hecho polvo
Hacer puente
Ir al grano/de la Ceca a la Meca/viento en popa
Irse por los cerros de Úbeda
Llenar la cabeza de pájaros
Matar al gusanillo
Ser más raro que un perro verde
Ser una mosquita muerta
Sin rodeos
Tener monos en la cara
Vivir en el quinto pino

Refranes

A caballo regalado no le mires el diente
Acostarse con las gallinas
Agarrar el toro por los cuernos
Aquí hay gato encerrado
Cada oveja con su pareja
Cría cuervos y te sacarán los ojos
Cuando el gato no está, los ratones bailan
Cuando las ranas críen pelos
De noche todos los gatos son pardos
Echar sapos y culebras
Estar como una cabra
Estar en época de vacas gordas/flacas
Gato con guantes no caza ratones
Hay cuatro gatos
La cabra siempre tira al monte
Lágrimas de cocodrilo
Llevarse al gato al agua
Los mismos perros con distintos collares
Más vale pájaro en mano que ciento volando
¡Menos lobos, Caperucita!
Perro que anda encuentra hueso
Ser la gallina de los huevos de oro
Ser la oveja negra
Verle las orejas al lobo
¿Te ha tragado la tierra?

Unidad 7 Locos por las compras

Modismos

Apretarse el cinturón
Dar gato por liebre
Echar marcha atrás/una mano
Encontrar la horma de su zapato
Estar por verse
Hacer juego
Nadar y guardar la ropa
Tener buena percha/buen tipo

Refranes

Cada uno cuenta la feria como le va en ella
Del dicho al hecho hay un buen trecho
El mundo es un pañuelo
El que sigue la consigue
Más vale pájaro en mano que ciento volando

Carta formal

Remitente	Chiara Rossi Via della Crociera 5 20121 Milán
Destinatario	Facultad de Ciencias Departamento de Biología Campus de Teatinos s/n 29071 Málaga
Fecha	Milán, 11 de mayo de 2014
Saludo *Señor X:* *Estimado señor:*	Estimados señores:
Presentación	Me llamo Chiara Rossi, soy italiana y dentro de dos meses terminaré mis estudios de grado en Biología en la Universidad de Milán.
Introducción	**Les** escribo porque necesito realizar 60 horas de prácticas en el extranjero para completar mi preparación académica y en varias ocasiones algunos de mis profesores han señalado **su** universidad como uno de los mejores centros españoles especializados en la descontaminación industrial.
Exposición	Dado que es, en mi opinión, un tema apasionante, me permito dirigir**les** esta carta para preguntar**les** si **les** podría interesar que colaborara con **ustedes** durante un mes o mes y medio. Como **les** he dicho, me licenciaré dentro de dos meses, de modo que podría viajar a Málaga poco después de concluir mis estudios.
Despedida *Un cordial saludo,* *Reciba(n) un cordial saludo,* *(Se despide) atentamente,*	Agradeciéndo**les** **su** atención de antemano y en espera de **sus** noticias, **les** saluda atentamente, Chiara Rossi P.D: Adjunto les envío mi CV

Recuerda

- Las partes de la carta: encabezamiento (hasta el saludo), cuerpo y cierre (despedida); la fecha: día + *de* + mes (en minúscula) + *de* + año (ver carta).
- Después del saludo: siempre se escriben dos puntos: *Estimado señor*: ... .
- Presta atención a los pronombres (ver palabras en negrita).
- Es una carta formal: trata de *usted/ustedes* desde el principio de la carta hasta el final.

Roma, 17 de mayo de 2014

Lugar y fecha
Lugar, día + *de* + mes (en minúscula) + *de* + año (sin punto)

Querida Laura:

Saludo
Querido/a + nombre:

¿Cómo estás? Hace mucho que no sé nada de ti. Yo estoy bien, me acuerdo mucho de la última vez que me visitaste. ¡Qué bien lo pasamos!, ¿verdad?

Toma de contacto: nos interesamos por nuestro interlocutor, hacemos referencia a nuestra relación, etc.

¿Sabes? Tenemos un nuevo miembro en la familia, se llama Maxi y es una preciosa perrita blanca y negra. Me la encontré por casualidad una tarde mientras corría por el parque. Estaba sola y asustada, así que me la llevé a casa para darle de comer. Los primeros días fueron duros, lloraba mucho y apenas comía, pero poco a poco ha ido ganando seguridad en sí misma. Ahora tiene casi 3 meses y es muy juguetona e inteligente. ¡Me encanta! ¿Te gustaría conocerla? Seguro que sí porque sé que te encantan los animales. ¿Por qué no vienes a vernos el próximo mes? Sería muy divertido, podríamos hacer alguna excursión a la costa para que Maxi vea el mar.

Cuerpo de la carta

Pues nada, guapa, me despido por el momento, que voy a sacar a Maxi. Piénsate lo de venir a vernos y dame la respuesta en cuanto puedas.

Preparación de la despedida.
Es opcional, pero si la usamos damos una mejor impresión.

Un abrazo fuerte,
María

Despedida y firma
Varias posibilidades:
Un saludo/ Un abrazo/ Un beso...

Recuerda

- Es una carta informal, así que el tono debe ser familiar sin ser excesivamente coloquial. Se puede usar *tú/vosotros* o *usted/ustedes*, pero ten cuidado de no mezclarlos (¡fíjate bien en usar la forma verbal correcta!).
- Usa **dos puntos** después del saludo y comienza en la otra línea con **mayúscula**.
- El texto debe ser como una carta real, así que intenta usar **preguntas directas**: *¿cómo estás?, ¿te acuerdas?, ¿sabes?* Y expresiones que hagan **referencia a la relación** de las dos personas: *¡qué bien lo pasamos!, sé que te gustan los animales*. Además de **expresiones de gustos** o **sentimientos**: *qué bien lo pasamos, sería muy divertido* o *me encanta*.
- Presta atención a los tiempos verbales: debes narrar en el pasado así que asegúrate de usar correctamente los pretéritos (perfecto, indefinido, imperfecto, pluscuamperfecto). ¡Repásalos bien!

OPCIÓN 2: Artículo de opinión o reseña

Introducción

Puede que muchos piensen que se trata de una leyenda urbana, **sin embargo**, últimamente las noticias dicen todo lo contrario. Hace poco un hombre denunció haber encontrado en su inodoro una serpiente de pitón. Se sospecha que algún vecino la tendría como mascota y el animal habría escapado por el desagüe del vecindario.

Y es que los tiempos han cambiado, hasta el punto de que hoy en día son muchas las personas que optan por tener en casa mascotas un tanto curiosas. **Pero**, ¿qué hay de ético y legal en todo esto?

Análisis

Por un lado, diferentes asociaciones de animalistas confirman que el hábitat de reptiles e insectos exóticos no puede ser una vivienda. **Además**, afirman que quien tiene en su casa una boa o una tarántula no siempre es consciente del peligro que puede acarrear a la propia comunidad.

Por otro lado, se sabe que existen mafias que comercian con estos animales, sin respetar ningún control sanitario y, a menudo, maltratando a los animales en los viajes clandestinos.

Conclusión

En definitiva, para evitar que ocurran casos como el que presentábamos al principio, quizás sea necesario que los gobiernos apliquen leyes severas contra comerciantes sin escrúpulos y dueños irresponsables.

Recuerda

- Los artículos de opinión y las reseñas se estructuran en: *introducción, análisis* y *conclusión*.
- Diferencia en párrafos las diferentes partes del texto.
- No olvides cohesionar el texto con los conectores adecuados (en el ejemplo están marcados en negrita).
- Enumerar: *En primer lugar, en segundo lugar...;* Continuar: *Luego... / Después... / Además... / Otro aspecto;* Concluir: *Por último... / En último lugar...; En suma... / En conclusión...*

Usa estas láminas como refuerzo para prepararte al examen oral (prueba de expresión e interacción orales). Puedes usarlas en pareja, solo o con tu profesor/a. Teniendo en cuenta todo el léxico aprendido, puedes inventar diálogos o describir:

- las personas que aparecen en ellas;
- cómo son física y qué carácter tienen;
- qué llevan (prendas, colores, tejidos, etc.);
- qué están haciendo;
- cómo son los ambientes (aspecto exterior, qué habitaciones reconoces o qué lugares se ven en ellas, etc.);
- qué objetos reconoces (materiales, colores, etc.)

Unidad 1 Y tú, ¿qué haces?

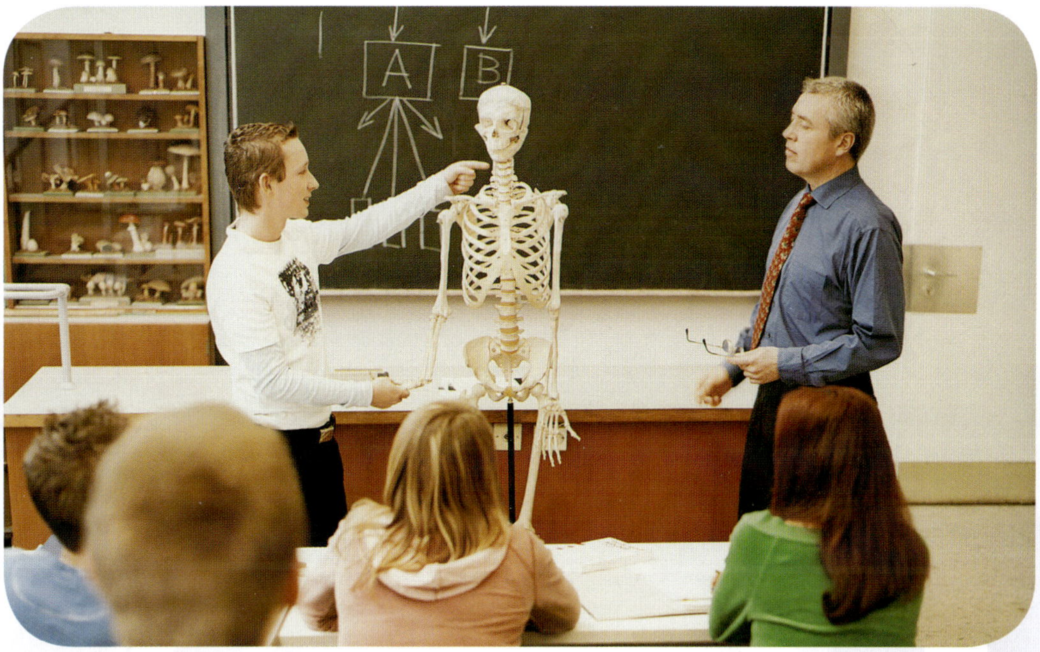

Unidad 2 Casas para vivir

VACIAR : SVUOTARE
TRASFERIRSI : MUDARSE
DOBLAR : PIEGARE

Unidad 3 Una salud de hierro

Unidad 4 De lo bueno lo mejor

Unidad 5 ¿Qué hacemos este finde?

Unidad 6 Más raro que un perro verde

Unidad 7 Locos por las compras

MODELO 1
PRUEBA DE COMPRENSIÓN DE LECTURA

Instrucciones

La prueba de ***Comprensión de lectura*** *contiene* *cuatro tareas. Usted debe responder a 36 preguntas. Duración: 70 minutos. Marque sus opciones únicamente en la* ***Hoja de respuestas.***

Tarea 1

Instrucciones

Usted va a leer un texto sobre el optimismo. Después, debe contestar a las preguntas (1-6). Seleccione la respuesta correcta (a / b / c). Marque las opciones elegidas en la ***Hoja de respuestas.***

¿CÓMO ESTÁ EL VASO?

¿Acabaremos por fin con la repetida imagen del vaso medio lleno o medio vacío? Gracias a diversos estudios científicos hemos llegado a la conclusión de que el ser humano es naturalmente optimista, y que es precisamente esta característica la que ha permitido la supervivencia de nuestra especie.

Tali Sharot, experta en optimismo en la University College London, explica que el ser humano, además de ser víctima en ocasiones de ilusiones ópticas, también sucumbe a las ilusiones cognitivas. Estas ilusiones según ella son tres: la ilusión de la superioridad, la ilusión de la introspección y el sesgo optimista. La ilusión de la superioridad no es más que el hecho de pensar que uno es mejor de lo que es en realidad y superior a la media de las otras personas. Por ejemplo, el 93% de la población cree que su nivel de conducción se sitúa en la parte media superior con respecto a los demás. Pero es estadísticamente imposible que todos seamos superiores a la media.

La ilusión introspectiva es nuestra tendencia a pensar que tenemos fundadas razones para hacer las cosas cuando en realidad a veces no existe razón alguna, simplemente tratamos de explicarnos a nosotros mismos por qué decidimos hacer algo: aceptar un trabajo, iniciar una relación... Es decir, improvisamos una justificación para decisiones que no sabemos cómo hemos tomado.

El sesgo optimista, por otro lado, es nuestra inclinación a predecir resultados positivos y a minimizar las probabilidades de obtener resultados negativos. Así pues, sobrevaloramos nuestros éxitos e infravaloramos nuestras probabilidades de suspender, de caer enfermos, o de tener problemas. Básicamente pensamos que mañana estaremos mejor que hoy.

Paradójicamente el optimismo parece estar mal valorado porque puede conducir a la decepción cuando no se cumplen nuestra expectativas más positivas. Sin embargo, recientes estudios afirman que los beneficios superan a los inconvenientes. El primer beneficio es probablemente para la salud. Es bastante sorprendente, pero el optimismo puede hacer que estemos más sanos. Hay dos razones que lo explican: la primera es que si se espera que el futuro depare cosas buenas, se reducen el estrés y la ansiedad, y está claro que eso es beneficioso para la salud. Y la segunda, es que se ha demostrado que un paciente optimista sigue los consejos del médico, hace ejercicio, come mejor. El pesimista piensa que no va a estar bien, así que ni siquiera intenta poner remedio y acaba empeorando. Esta es la primera ventaja. La segunda tiene que ver con nuestros logros. Se ha demostrado que el optimismo puede conducir a un mayor rendimiento académico, deportivo, político. La razón es que si uno piensa que le va a ir bien, se esfuerza más. Al final parece que el ser optimista es una opción muy ventajosa.

(*Adaptado de: rtve.es*)

PREGUNTAS

1 Según el texto, la ilusión de la superioridad...
   a) lleva a pensar que uno se encuentra en la media.
   b) provoca que sobrevaloremos nuestras capacidades.
   c) hace que la gente tenga una visión objetiva de sí misma.

2 En el texto se afirma que...
   a) el 93% de la gente piensa que conduce mejor que los otros.
   b) la mayoría de la gente conduce muy bien.
   c) la conducción no es un factor importante.

3 Según el texto, el optimismo...
   a) ha permitido la supervivencia de la especie humana.
   b) es peligroso.
   c) permite a la gente conseguir siempre lo que quiere.

4 En el texto se habla...
   a) del optimismo como medio para conseguir éxito.
   b) de las ventajas de ser optimista.
   c) de gente optimista por naturaleza.

5 En el texto se recomienda...
   a) ser más realista y no vivir de ilusiones.
   b) analizar cómo somos y por qué.
   c) cultivar el optimismo para vivir mejor.

6 En el texto se dice que las personas optimistas...
   a) hacen caso a su médico.
   b) viven más años.
   c) evitan ir al médico.

Tarea 2

Instrucciones

Usted va a leer cuatro textos en los que cuatro jóvenes cantautores cuentan sus experiencias al inicio de su carrera. Después, relacione las preguntas (7-16) con los textos (A, B, C y D).
Marque las opciones elegidas en la ***Hoja de respuestas****.*

PREGUNTAS

		A. DANIEL	B. SOFÍA	C. SIMÓN	D. CLARA
7	¿Qué persona juega con sonidos de diversos objetos?				
8	¿Quién piensa que las canciones de hoy en día son de baja calidad?				
9	¿Qué persona se inspira en culturas diversas?				
10	¿A qué persona le gustaba tocar a una edad muy temprana?				
11	¿Los padres de quién tuvieron que rendirse ante la vocación de su pequeño hijo?				
12	¿Quién tiene orígenes en una cultura milenaria?				
13	¿Quién piensa constantemente en la música?				
14	¿Quién privilegia las letras por encima de la melodía?				
15	¿Quién afirma que se cuenta a sí mismo en sus letras?				
16	¿Quién critica el mercado musical actual?				

TEXTOS

A. DANIEL

La música me apasiona desde siempre, mis padres me cuentan que cuando tenía dos años les pedí una batería, y ellos, claro, me compraron una de juguete, pero yo insistí hasta que a los tres y medio por fin terminaron comprándome una de verdad. Recuerdo que tocaba con la base musical que reproducía en el equipo de mis padres y que volvía a empezar cada vez que pensaba que me había equivocado en una nota. Bajo ningún concepto me vería haciendo otra cosa que no fuera tocar. La música va conmigo durante toda la jornada: en un atasco soy capaz de componer una melodía, en la cola del supermercado me vienen nuevos acordes. Es algo natural. Para mí, la música es un autorretrato de mí mismo y un análisis de la realidad y del interior de las personas.

B. SOFÍA

Yo vengo del mundo del flamenco, mis raíces son medio gitanas y eso es algo de lo que no me avergüenzo, al contrario, creo que el mestizaje es una riqueza inigualable. Y eso se ve en mi música, me gusta mezclar, contaminar estilos, romper esquemas, crear nuevas fusiones. Cuando viajo suelo llevar conmigo una grabadora de bolsillo y grabo músicas, sonidos, melodías además de ideas y pensamientos. Mi último disco, por ejemplo, nació tras un viaje a Kenia. Es asombroso cómo el flamenco se combina con la música africana, con sus ritmos, con la calidez que transmiten. En realidad, la música árabe, la sefardí y la africana son primas hermanas. Pero mezclar no tiene fronteras y, para mí, experimentar es una filosofía de vida. Soy una soñadora, pero mantengo los pies sobre la tierra.

C. SIMÓN

La primera vez que tuve contacto con la música recuerdo que me quedé prendado de las palabras, del texto. Para mí la música es poesía, es expresar las emociones y los sentimientos a través de palabras que cobran vida por sí solas. Las melodías son el toque final, el adorno que completa el cuadro. Por desgracia, el mundo de la música se ha banalizado, se ha hecho tan comercial que hemos perdido el rumbo. Es un negocio más. Y a esto ha contribuido la televisión, con esos horrendos programas que deciden qué cantante grabará un disco y qué canción sonará machaconamente en las emisoras durante semanas. Las canciones son un producto más de usar y tirar porque, igual que se hacen famosas, desaparecen luego sin dejar rastro. Dentro de la economía de mercado y la globalización no hay sitio para nada que no entre en los esquemas.

D. CLARA

El concepto de música ha cambiado mucho con el pasar del tiempo. Y seguirá cambiando. Yo no creo que haya límite a lo que es música: armonía, ritmo, silencios, todo vale. Me interesa sobre todo experimentar, probar objetos como instrumentos. Es como si cada objeto tuviera un alma que solo puede expresarse cuando lo tocas, musicalmente hablando, claro. Me gusta estudiar la acústica de las cosas, tengo un estudio en mi propia casa y allí pruebo sonidos nuevos. He pasado por diversos períodos porque no me gusta aburrirme y en cuanto siento la señal de alarma, cambio. Ahora estoy experimentando con el teatro de los sonidos; es una representación teatral a través de la música, donde los instrumentos son solo objetos. Quiero estudiar cómo llevarlo fuera de los escenarios y, tal vez, grabar un disco.

Tarea 3

Instrucciones

Lea el siguiente texto, del que se han extraído seis fragmentos. A continuación lea los ocho fragmentos propuestos (A-H) y decida en qué lugar del texto (17-22) hay que colocar cada uno de ellos. HAY DOS FRAGMENTOS QUE NO TIENE QUE ELEGIR. Marque las opciones elegidas en la ***Hoja de respuestas.***

La mayoría de la gente piensa que una persona creativa es aquella que sabe dibujar o componer una canción, pero en realidad todos tenemos la capacidad de ser creativos ya que todos poseemos un talento. **17** .... También afirma que en nuestra sociedad deberían existir entornos que nos permitieran desarrollar nuestra capacidad de ser creativos. Probablemente habría que empezar por la escuela, ya que es necesaria una revolución en nuestro sistema educativo: favorecer el desarrollo de la creatividad frente a la práctica habitual de acumular contenidos académicos. **18** ....
Pero la creatividad no está presente solo en la infancia, sino que es una capacidad que existe en el ser humano a cualquier edad. En realidad, el rasgo distintivo de la naturaleza humana, lo que nos diferencia de los otros seres, es el hecho de que poseemos una imaginación. **19** .... Medios de transporte como el coche o el avión nacen de una idea que alguien tuvo en algún momento. Hemos usado la creatividad para hacernos un mundo a medida, pero en realidad nos hemos creado también grandes problemas, como la contaminación. **20** ....
Como decíamos antes, todos tenemos el don de la creatividad, no es patrimonio exclusivo de unos pocos elegidos. **21** .... En realidad (como afirmaba Picasso sobre la inspiración), podemos decir que la creatividad existe pero tiene que encontrarte trabajando. **22** ....
Primero debemos saber identificar lo que más nos motiva, lo que nos gusta. El segundo elemento es la pasión, que es el motor que mueve el mundo. Una vez identificado lo que nos motiva, debemos ponerle pasión para llevarlo a cabo. Además es necesario practicar y usar la disciplina para mejorar en esa actividad. Por último, hay que arriesgarse, porque aunque uno se equivoque, durante el proceso es como mejor se aprende.

(*Adaptado de: rtve.es/television/redes*)

FRAGMENTOS

A Para el óptimo desarrollo mental y personal de un niño hay que fomentar su uso de la imaginación y su capacidad de ser creativo, rompiendo las limitaciones que se puedan tener.

B Si queremos, podemos recurrir a la creatividad también para solucionarlos.

C El resultado del proceso creativo depende siempre de la educación que hayamos recibido.

D Somos capaces de crear películas, de escribir novelas, de diseñar nuestra ropa, de soñar ciudades y crearlas, de hecho todo nuestro mundo es producto de ideas.

E Hay muchas falsas creencias sobre la creatividad y una de ellas es la idea de que simplemente hay que dejarse llevar para que la imaginación fluya.

F Si analizamos el proceso creativo, nos encontramos con 4 ingredientes básicos para entrenar nuestra capacidad de ser creativos.

G Según Ken Robinson, experto en el desarrollo de la creatividad, esta provechosa aptitud se aprende como se aprende a leer.

H Actualmente hay mucha gente que gracias a la crisis, y ayudada por su creatividad, ha cambiado su vida totalmente.

Tarea 4

Instrucciones

Lea el texto y rellene los huecos (23-36) con la opción correcta (a / b / c).
Marque las opciones elegidas en la ***Hoja de respuestas****.*

Me tranquilizaba el detalle de sus zapatos gastados. Me sorprende **23** .... las pequeñas cosas pueden darnos el abrazo de familiaridad que nos falta en el desamparo de lo ajeno. Los zapatos son casi un mito, un símbolo **24** .... que no te puedes deshacer porque significaría perder tus raíces. El que muda costumbres tan cercanas como puede ser el calzado es que ha sido capaz de mudar de piel, dejar la antigua **25** .... un lado del camino y seguir adelante, gustándose su nueva piel, que tal vez ajusta como un guante o tal vez no, como en mi caso, que me resisto con uñas y dientes a un cambio del que no estoy seguro. Pero, ¿qué es lo que temo? La primera vez que la **26** .... no me fijé en su calzado, pues lo que más llama la atención de Sofía es su forma de hablar, pausada, tranquila, como si **27** .... todo el tiempo del mundo para pronunciar la frase. Y luego ese acento argentino dulce, armonioso que parece **28** .... para ser escuchado **29** .... los ángeles. Trabajaba en esa biblioteca desde **30** .... cuatro años y no pasaba un solo día sin que yo fuera a dejar un libro o a tomarlo prestado **31** .... escuchar esa voz. A veces, me paraba en uno de los pasillos para escucharla recomendar un libro a **32** .... Recuerdo una vez que una señora **33** .... me acercó y yo, para disimular, tomé un libro al azar sin darme cuenta de que era un manual de punto de cruz. La señora me echó una mirada cómplice, pensando tal vez que mi interés por Sofía iba más allá de la tonalidad de su voz. Se equivocaba. Durante esos años solo anhelaba oír el suave tono de su voz, esperando sin duda que me inspirara esa melodía que llevaba tanto tiempo **34** .... para volver a componer, la inspiración me había dejado desde que llegué a ese país. Quizás fuera el frío o la melancolía que sus habitantes transmitían en miradas vidriosas, perdidas en esa niebla que se pegaba a la piel como un animal viscoso. Lo cierto es que la inspiración llegó un día como se había ido, y el motivo **35** .... un banal par de zapatos. Era un día de otoño y acababa de dejar de llover. Yo **36** .... unos minutos antes a la librería y buscaba una buena novela que me permitiera evadirme de los futuros días de niebla. Y entonces los vi. Un par de zapatos gastados y manchados de barro. Y la inspiración se coló en mis oídos agudizando mis sentidos como antes. *Balada de un par de zapatos gastados* será el título. Se la dedicaré como regalo de cumpleaños.

Opciones

23	a) cómo	b) que	c) el que
24	a) por	b) del	c) con
25	a) por	b) a	c) con
26	a) vi	b) había visto	c) he visto
27	a) tendría	b) hubiera tenido	c) tuviese
28	a) hecho	b) haber hecho	c) haciendo
29	a) por	b) para	c) en
30	a) hace	b) hizo	c) hacía
31	a) esperando	b) para esperar	c) a esperar
32	a) alguien	b) alguno	c) nadie
33	a) le	b) se	c) te
34	a) buscando	b) por buscar	c) a buscar
35	a) ha sido	b) estaba	c) fue
36	a) había llegado	b) llegó	c) llegaba

PRUEBA DE COMPRENSIÓN AUDITIVA

Instrucciones

La prueba de Comprensión auditiva contiene cinco tareas. Usted debe responder a 30 preguntas. Duración: 40 minutos. Marque sus opciones únicamente en la ***Hoja de respuestas****.*

39

Tarea 1

Instrucciones

Usted va a escuchar seis conversaciones breves. Escuchará cada conversación dos veces. Después debe contestar a las preguntas (1-6). Seleccione la opción correcta (a / b / c).
Marque las opciones elegidas en la ***Hoja de respuestas****. Tiene 30 segundos para leer las preguntas.*

PREGUNTAS

Conversación 1

1 Rosa le dice a su jefe que...
- a) los informes están listos desde las 12h.
- b) el gerente ha dado su visto bueno a los informes.
- c) el problema estará solucionado a mediodía.

Conversación 2

2 ¿Cómo reacciona la mujer?
- a) rechazando la oferta con una explicación.
- b) dando las gracias y aceptando.
- c) cediéndole el asiento a otra persona.

Conversación 3

3 El hombre piensa que...
- a) es injusto que Juan esté preocupado.
- b) es natural que Juan esté preocupado.
- c) es extraño que Juan esté preocupado.

Conversación 4

4 Al final la mujer...
- a) dice que se lo tiene que pensar.
- b) envía la carta certificada urgente.
- c) prefiere que sea el empleado quien decida.

Conversación 5

5 ¿Qué le pide Jorge a Laura?
- a) que organice la cena de cumpleaños.
- b) que piense en un regalo para su madre.
- c) que recoja el regalo para su madre.

Conversación 6

6 El hombre dice que el sábado...
- a) estará nublado todo el día.
- b) no lloverá en todo el día.
- c) deberían ir a la playa.

40 Tarea 2

Instrucciones

Usted va a escuchar una conversación entre dos amigos, Abel y Beatriz. Indique si los enunciados (7-12) se refieren a Abel (A), a Beatriz (B) o a ninguno de los dos (C). Escuchará la conversación dos veces.
*Marque las opciones elegidas en la **Hoja de respuestas**.*
Tiene 20 segundos para leer los enunciados.

		A. Abel	B. Beatriz	C. Ninguno de los dos
0	*Ha llegado tarde a la cita.*	☐	✓	☐
7	Le ha sucedido algo extraño.	☐	☐	☐
8	Se ha encontrado con una amiga en el metro.	☐	☐	☐
9	Piensa que se trata de una situación graciosa.	☐	☐	☐
10	Lleva un par de meses viviendo en Madrid.	☐	☐	☐
11	Le han pedido su número de móvil.	☐	☐	☐
12	Propone que se apresuren para ir a la tienda.	☐	☐	☐

41 Tarea 3

Instrucciones

Usted va a escuchar parte de una entrevista a una cantante chilena. Escuchará la entrevista dos veces.
Después debe contestar a las preguntas (13-18). Seleccione la respuesta correcta (a / b / c).
*Marque las opciones elegidas en la **Hoja de respuestas**.*
Tiene 30 segundos para leer las preguntas.

PREGUNTAS

13 En la entrevista, la cantante chilena dice que en México...
a) siente una cálida acogida.
b) se siente como en casa.
c) tiene muchos amigos.

14 Con respecto a su forma de escribir canciones, la artista cuenta que...
a) suele seguir una línea concreta.
b) hay una especie de dualidad en su proceso creativo.
c) escribe historias inventadas.

15 La artista dice que cuando organiza un espectáculo...
a) suele contar con su piano o su teclado.
b) tiene en consideración el entorno en que se va a realizar.
c) siempre pone toda la carne en el asador.

16 En la entrevista, la artista considera que por ser mujer...
a) no le ha resultado más complicado entrar en la escena musical.
b) la suelen tratar con condescendencia.
c) a veces los colegas y el público son más exigentes.

17 La entrevistada cuenta que el reto de los jóvenes artistas es...
a) conseguir el apoyo de las instituciones.
b) labrarse una carrera independiente.
c) encontrar una fórmula que los lleve al éxito.

18 Con respecto a la literatura, la entrevistada dice que...
a) en breve va a publicar un libro de cuentos.
b) está interesada en cursar estudios literarios.
c) desea encontrar un hueco para volver a escribir.

42 Tarea 4

Instrucciones

Usted va a escuchar a seis personas que dan consejos para afrontar una entrevista de trabajo. Escuchará a cada persona dos veces. Seleccione el enunciado (A-J) que corresponde al tema del que habla cada persona (19-24). Hay diez enunciados incluido el ejemplo. Seleccione solamente seis.
*Marque las opciones elegidas en la **Hoja de respuestas**. Ahora escuche el ejemplo:*

Persona 0
La opción correcta es el enunciado F

	A	B	C	D	E	F	G	H	I	J
0	☐	☐	☐	☐	☐	☒	☐	☐	☐	☐

Tiene 20 segundos para leer los enunciados.

ENUNCIADOS

A	Informarse sobre la empresa que ofrece el puesto.
B	Entrenarse para una entrevista de grupo.
C	Ser puntual.
D	Repasar el currículo antes del encuentro.
E	Llevar varias cartas de referencia.
F	Ir bien vestido a la entrevista.
G	Dejar que sea el entrevistador quien dirija la conversación.
H	Prepararse para una entrevista telefónica.
I	Ser sincero durante la entrevista.
J	Afrontar la entrevista con una actitud positiva.

	PERSONA	ENUNCIADO
	Persona 0	*F*
19	Persona 1	I
20	Persona 2	A
21	Persona 3	D
22	Persona 4	C
23	Persona 5	H
24	Persona 6	B

43 **Tarea 5**

Instrucciones

Usted va a escuchar a una mujer que habla de la fundación para la que trabaja. Escuchará la audición dos veces. Después debe contestar a las preguntas (25-30). Seleccione la opción correcta (a / b / c).
Marque las opciones elegidas en la ***Hoja de respuestas****.*
Tiene 30 segundos para leer las preguntas.

PREGUNTAS

25 En la entrevista, Nuria dice que la fundación...
- **a)** investiga los problemas económicos de algunas naciones.
- **b)** está ubicada en países con problemas económicos.
- **c)** se dedica a la recaudación de fondos y a la salud.

26 Nuria cuenta que...
- **a)** trabajó varios años como voluntaria en Chile.
- **b)** no renunciaría a estancias en el extranjero.
- **c)** está contenta en la fundación.

27 Con respecto a sus hijas, Nuria dice que...
- **a)** están en contacto con niños de su edad.
- **b)** crecen con una mente abierta.
- **c)** podrían pasar una temporada en el extranjero.

28 En la entrevista, Nuria dice que la fundación...
- **a)** opera en países que importan medicamentos.
- **b)** sostiene los métodos tradicionales de curación.
- **c)** prepara a los doctores de las zonas con problemas.

29 La entrevistada cuenta que mucha gente de la zona...
- **a)** está encantada con la iniciativa.
- **b)** no termina de aceptar la iniciativa.
- **c)** cree en los tratamientos modernos.

30 Según la entrevista, la fundación...
- **a)** lucha para obtener el apoyo del gobierno.
- **b)** logrará buenos resultados a largo plazo.
- **c)** tiene el respaldo de varias entidades.

25/30

PRUEBA DE EXPRESIÓN E INTERACCIÓN ESCRITAS

Instrucciones

*La prueba de **Expresión e interacción escritas** contiene dos tareas. Duración: 80 minutos.*
*Haga sus tareas únicamente en la **Hoja de respuestas**.*

44

Tarea 1

Instrucciones

A continuación escuchará a un locutor de una radio universitaria española que hablará sobre las medidas de ahorro del Gobierno. Lo escuchará dos veces. Durante la audición, podrá tomar notas. Después, redactará una carta dirigida al periódico de su universidad para expresar su rechazo por los nuevos recortes en Educación. En la carta deberá:

- *presentarse;*
- *explicar en qué medida le afectan a usted los nuevos recortes;*
- *exponer las consecuencias que, en su opinión, provocarán estas medidas;*
- *comentar las razones de los recortes y proponer otras soluciones.*

*Número de palabras: **entre 150 y 180.***

Tarea 2

Instrucciones

Elija solo una de las dos opciones que se le ofrecen a continuación:

OPCIÓN 1

Usted debe escribir un artículo para el periódico local sobre el incremento del turismo en un pequeño pueblo de la costa andaluza. En el artículo debe incluir y analizar la información que aparece en los siguientes gráficos:

- Incremento anual del número de turistas desde 2010: 5%.
- Principales países de procedencia: Reino Unido, Alemania, Suecia, Noruega, Rusia y Japón.
- Incremento anual del número de hoteles, restaurantes, etc.

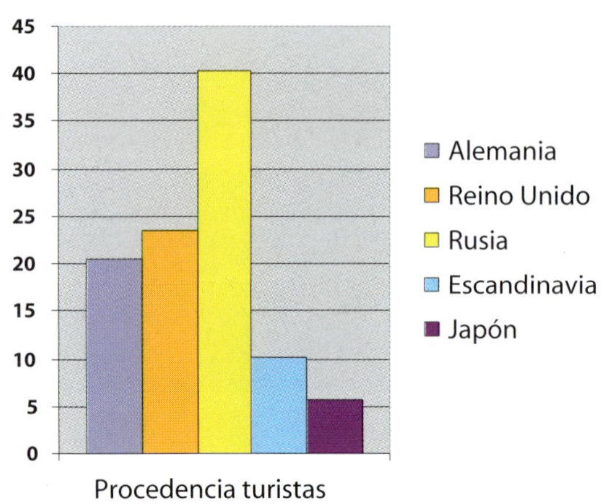

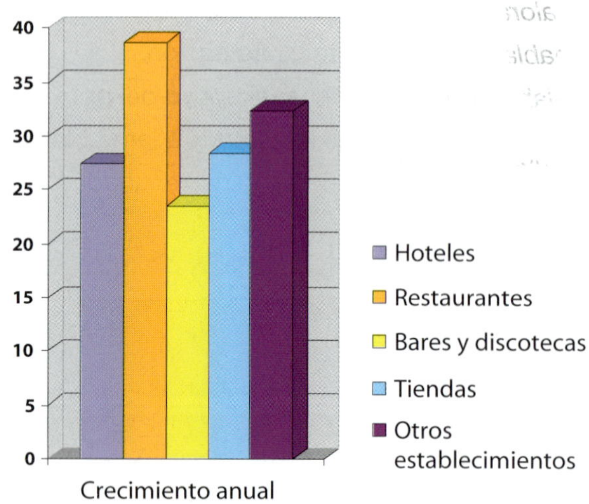

Redacte un texto en el que deberá:

- *comentar la importancia que el turismo tiene en el pueblo;*
- *comparar de forma general las diferencias en número de extranjeros residentes y sus nacionalidades;*
- *destacar los datos que considere más relevantes;*
- *comentar las diferencias entre el turismo residencial y el estacional;*
- *elaborar una conclusión.*

Número de palabras: ***entre 150 y 180.***

OPCIÓN 2

Usted escribe en un blog sobre música. Ayer hubo un concierto en su ciudad de un famoso grupo extranjero y debe escribir una crítica. A continuación puede ver la información extraída de un medio de comunicación local:

EL SONIDO LIMPIO Y REAL DE "ALL ARE YOU"

El gran grupo musical inglés "All are you" anoche dio muestras de las razones que lo han llevado a convertirse en uno de los grupos punteros en el panorama musical internacional. Los chicos de Devon tocan juntos desde 2009, cuando comenzaron a ensayar en el garaje de la casa del guitarrista Gerry. Ya entonces experimentaban con sonidos diversos y despertaban interés en los que se acercaban a escucharlos tocar. Y anoche no defraudaron. Desde los primeros acordes de guitarra dieron ejemplo no solo de la calidad de su sonido en vivo, siempre claro y limpio, sino también de un estilo particular que los lleva a experimentar y contaminar sus raíces roqueras con influencias de los más variados estilos musicales: el soul, el jazz, la música africana, etc. A mitad del concierto, cuando comenzaron los acordes de su balada más famosa, *The soul of an angel*, aparecieron unos bailarines que maravillaron al público con una serie de acrobacias, sujetos con unas cuerdas por encima del escenario. Pero este no fue el único elemento espectacular: los continuos cambios de ropa del cantante John Heppy y los sensacionales juegos de luces y de imágenes hicieron del concierto un verdadero espectáculo artístico. Merece la pena verlos en directo.

Redacte un texto en el que deberá:

- *hacer una pequeña introducción en la que hable sobre el grupo;*
- *valorar la actuación de los músicos;*
- *hablar sobre el espectáculo;*
- *elaborar una opinión personal sobre el concierto.*

ADJUNTAR = ALLEGARE

Número de palabras: ***entre 150 y 180.***

PRUEBA DE EXPRESIÓN E INTERACCIÓN ORALES

Instrucciones

La prueba de Expresión e Interacción orales contiene tres tareas:

• Tarea 1

Valorar propuestas y conversar sobre ellas (4-5 minutos)

Usted deberá hablar durante dos minutos de las ventajas e inconvenientes de una serie de soluciones propuestas para una situación determinada. A continuación, conversará con el entrevistador sobre el tema. Deberá elegir una de las dos opciones propuestas.

• Tarea 2

Describir una situación imaginada a partir de una fotografía y conversar sobre ella (3-4 minutos)

Usted debe imaginar una situación a partir de una fotografía y describirla durante uno o dos minutos. A continuación conversará con el entrevistador acerca de sus experiencias y opiniones sobre el tema de la situación. Tenga en cuenta que no hay una respuesta correcta: debe imaginar la situación a partir de las preguntas que se le proporcionan. Deberá elegir una de las dos opciones propuestas.

• Tarea 3

Opinar sobre los datos de una encuesta (2-3 minutos)

Usted debe conversar con el entrevistador sobre los datos de una encuesta, expresando su opinión al respecto. Deberá elegir una de las dos opciones propuestas.

*Tiene 15 minutos para preparar las **Tareas 1** y **2**. Usted puede tomar notas y escribir un esquema de su exposición que podrá consultar durante el examen; en ningún caso podrá limitarse a leer el esquema o sus notas.*

Tarea 1

Instrucciones

Le proponemos dos temas con algunas indicaciones para preparar una exposición oral. Elija uno de ellos. Tendrá que hablar durante ***2 o 3 minutos*** *sobre ventajas e inconvenientes de una serie de soluciones propuestas para una situación determinada. A continuación, conversará con el entrevistador sobre el tema.*

TEMA 1:

LOS PRECIOS DE LAS VIVIENDAS

En su ciudad, los precios de las casas son exagerados y la gente no se los puede permitir. Por este motivo, se ha convocado una reunión de expertos inmobiliarios que intentarán encontrar soluciones a este problema. Lea las siguientes propuestas y, durante dos minutos, explique sus ventajas e inconvenientes; tenga en cuenta que debe hablar, como mínimo, de cuatro de ellas. Cuando haya finalizado su intervención, debe conversar con el entrevistador sobre el tema de las propuestas.
Para preparar su intervención, al analizar cada propuesta debe plantearse por qué le parece una buena solución y qué inconvenientes tiene, a quién beneficia y a quién perjudica, si puede generar otros problemas; si habría que matizar algo...

Los constructores deberían reducir los precios para vender más.

Yo creo que el ayuntamiento debería ofrecer ayuda económica a aquellas personas con una renta baja.

Habría que emplear materiales de construcción más baratos, pero fiables. Así se reduciría el precio.

Hay que eliminar la figura del intermediario. Así se abaratan los costes.

Los bancos tendrían que ofrecer hipotecas con una tasa de interés inferior.

El gobierno debería cambiar completamente su política de vivienda.

TEMA 2:

LOS ESPACIOS VERDES EN LAS CIUDADES

El ayuntamiento de su ciudad ha convocado una reunión de expertos para solucionar el problema de la escasez de espacios verdes. Lea las siguientes propuestas y, durante dos minutos, explique sus ventajas e inconvenientes; tenga en cuenta que debe hablar, como mínimo, de cuatro de ellas. Cuando haya finalizado su intervención, debe conversar con el entrevistador sobre el tema de las propuestas. Para preparar su intervención, al analizar cada propuesta debe plantearse por qué le parece una buena solución y qué inconvenientes tiene, a quién beneficia y a quién perjudica, si puede generar otros problemas; si habría que matizar algo...

Habría que derribar los edificios abandonados y convertir los solares en parques.

Deberíamos concentrarnos en los espacios verdes que ya tenemos y mejorar su estado.

Habría que organizar una manifestación para exigir que se invierta más dinero en crear zonas verdes.

El ayuntamiento debería dar ayudas a aquellas constructoras que incluyan zonas ajardinadas en sus planes.

Sería buena idea sacrificar la amplitud de avenidas y calles para que cupieran hileras de árboles que dieran un aspecto más sano a la ciudad.

Yo propondría un concurso de proyectos para construir parques, en el que pudieran participar todos los ciudadanos.

EXPOSICIÓN

Ejemplo Tema 1: *A la propuesta de reducir los precios de la vivienda le veo una ventaja muy clara...*

Ejemplo Tema 2: *A la propuesta de derribar los edificios abandonados le veo una ventaja muy clara...*

Conversación

Una vez el candidato haya hablado de las propuestas de la lámina durante el tiempo estipulado (2 minutos), el entrevistador le hará algunas preguntas sobre el tema hasta cumplir con la duración de la tarea.

Ejemplo de preguntas del entrevistador:

TEMA 1

Sobre las propuestas

- De las propuestas dadas, ¿cuál le parece la mejor?

Sobre su realidad

- ¿Cree que en su país hay un problema con el precio de la vivienda? ¿Se ha propuesto alguna solución eficaz?

Sobre sus opiniones

- ¿Cree que los precios de la vivienda son, en general, caros? ¿Es mejor comprar o alquilar?

TEMA 2

Sobre las propuestas

- De las propuestas dadas, ¿cuál le parece la mejor?

Sobre su realidad

- ¿Existe este tipo de problema en su ciudad? ¿Se ha hecho algo para solucionarlo?

Sobre sus opiniones

- ¿Cree que en su ciudad sería necesario crear más espacios verdes? En caso afirmativo, ¿cómo podría lograrse?

*La duración total de esta tarea es de **4 a 5 minutos**.*

Tarea 2

Instrucciones

Usted debe imaginar una situación a partir de la fotografía y describirla durante unos minutos. A continuación conversará con el entrevistador acerca de sus experiencias y opiniones sobre el tema de la situación. Tenga en cuenta que no hay una respuesta correcta: debe imaginar la situación a partir de las preguntas que se le proporcionan. Deberá elegir una de las dos fotografías propuestas.

FOTOGRAFÍA 1: UN PROBLEMA ENTRE AMIGOS

Las dos personas de la fotografía están comentando el problema que tiene una de ellas. Imagine la situación y hable de ella durante, aproximadamente, dos minutos. Estos son algunos aspectos que puede comentar:

- ¿Dónde cree que están? ¿Por qué?
- ¿Qué relación cree que hay entre estas dos personas? ¿Por qué?
- ¿Cómo imagina que es cada una de estas dos personas? ¿Por qué?
- ¿Qué cree que ha pasado? ¿Por qué?
- ¿Qué cree que se están diciendo?
- ¿Qué cree que va a ocurrir después? ¿Cómo va a terminar la situación?

FOTOGRAFÍA 2: UN PROBLEMA CON LA BICICLETA

Las dos personas de la fotografía tienen un problema. Imagine la situación y hable de ella durante, aproximadamente, dos minutos. Estos son algunos aspectos que puede comentar:

- ¿Dónde cree que están? ¿Por qué?
- ¿Qué relación cree que hay entre estas dos personas? ¿Por qué?
- ¿Cómo imagina que es cada una de estas dos personas? ¿Por qué?
- ¿Qué cree que ha pasado? ¿Por qué?
- ¿Qué cree que se están diciendo?
- ¿Qué cree que va a ocurrir después? ¿Cómo va a terminar la situación?

Una vez que haya descrito la fotografía durante el tiempo estipulado (2 minutos), el entrevistador le hará algunas preguntas sobre el tema de la situación hasta cumplir con la duración de la tarea.

Ejemplo de preguntas del entrevistador:

FOTOGRAFÍA 1:

- ¿Cree que se dan muchos problemas entre amigos? ¿Por qué?
- ¿Cuáles cree que son los problemas más habituales que se dan entre la gente joven?
- ¿Usted ha tenido alguna vez problemas con algún amigo? En caso afirmativo, ¿cuáles? En caso negativo, ¿conoce a alguien que los haya tenido? ¿Cuáles?

FOTOGRAFÍA 2:

- ¿Cree que montar en bicicleta puede ser problemático? ¿Por qué?
- ¿Cuáles cree que son los problemas más habituales que tiene la gente que monta en bicicleta?
- ¿Usted ha tenido alguna vez problemas con algún medio de transporte? En caso afirmativo, ¿cuáles? En caso negativo, ¿conoce a alguien que los haya tenido? ¿Cuáles?

*La duración total de esta tarea es de **3 a 4 minutos.***

Tarea 3

Instrucciones

Usted debe conversar con el entrevistador sobre los contenidos de una noticia, expresando su opinión al respecto. Deberá elegir una de las dos opciones propuestas.

PROPUESTA 1: **EL MEJOR REMEDIO CONTRA LA CRISIS**

Cada vez más españoles cultivan sus propios huertos urbanos para luego intercambiar el excedente de sus cosechas. Hay quien aprovecha su terraza y, los más afortunados, el jardín. Se trata de una iniciativa muy en boga tanto en Estados Unidos como en Europa. Esta práctica se perfila como un buen remedio para aquellas personas que tienen dificultades económicas, pues representa la alternativa perfecta al supermercado.

Instrucciones

Comente ahora con el entrevistador su opinión sobre la noticia:

- ¿Conocía esta tendencia? ¿La practica o conoce a alguien que lo haga?
- ¿Le ha llamado la atención? ¿Por qué? ¿Por qué no?

Ejemplo de preguntas del entrevistador:

- ¿Cree que es un método innovador? ¿Qué productos cree que intercambian?
- ¿Conoce alguna medida parecida contra la crisis? ¿Cuál?

PROPUESTA 2: **ALÉJATE DEL MÓVIL**

Varios estudios han demostrado que dejar el móvil en la mesilla de noche mientras dormimos puede ser perjudicial para nuestra salud. Parece ser que, en ocasiones, las radiaciones que emite llegan a alterar nuestro ciclo del sueño. Pero esto no ocurre solo con el móvil, sino que cualquier electrodoméstico puede afectarnos. Por ello ya se han redactado varias guías de prevención que invitan a tomar medidas como hablar con el manos libres o desenchufar el router antes de acostarnos.

Instrucciones

Comente ahora con el entrevistador su opinión sobre este artículo:

- ¿Había oído esta noticia antes? ¿Son medidas que usted ha puesto en práctica?
- ¿Hay algún dato que le llame especialmente la atención de esta noticia?

Ejemplo de preguntas del entrevistador:

- ¿Conoce otras medidas parecidas? ¿Podría poner un ejemplo?
- ¿Qué opinión le merece esta noticia? ¿Por qué?

La duración de esta tarea es de **2 a 3 minutos**.

MODELO 2
PRUEBA DE COMPRENSIÓN DE LECTURA

Instrucciones

*La prueba de **Comprensión de lectura** contiene cuatro tareas. Usted debe responder a 36 preguntas. Duración: 70 minutos. Marque sus opciones únicamente en la **Hoja de respuestas**.*

Tarea 1

Instrucciones

*Usted va a leer un texto sobre la remolacha y el clima. Después, debe contestar a las preguntas (1-6). Seleccione la respuesta correcta (a / b / c). Marque las opciones elegidas en la **Hoja de respuestas**.*

LA REMOLACHA Y EL CAMBIO CLIMÁTICO

Estudios recientes prevén que la acción del cambio climático influirá de forma particular en algunas zonas del mundo, entre las que se encuentra la Península Ibérica. Dicho impacto se traducirá, por un lado, en aumentos de la temperatura, que serán más acusados durante los meses estivales, y, por otro, en una escasez de lluvia cada vez mayor. Estas consecuencias no solo modificarán el caudal de los ríos y la capacidad de los pantanos, sino que provocarán alteraciones del hábitat, aumentando el riesgo de incendios y de plagas, lo que supondrá una amenaza para gran parte de la vida vegetal. A ello hay que añadir la presencia constante de fenómenos naturales, que antes eran poco comunes y cuyos daños alcanzan, en ocasiones, proporciones gigantescas.

Como parte del ecosistema, las plantaciones de remolacha se ven afectadas por todos estos cambios, que alteran su ciclo. Según los expertos, en los últimos tiempos el periodo de recolección se ha adelantado entre diez y quince días. Asimismo, será necesario desplazar paulatinamente las zonas de producción hacia el norte. Ante estas circunstancias, un elevado número de productores de remolacha se ha asociado para prevenir los daños que dichas transformaciones pueden acarrear a sus cosechas. De estos agrupamientos han surgido varias iniciativas cuyo objeto es proteger los cultivos y garantizar a los consumidores un producto de buena calidad.

A nivel nacional, se han creado diversas asociaciones que se ocupan de estudiar los efectos de estos fenómenos en las distintas fases de producción de la remolacha, desde el crecimiento de la hortaliza en las plantaciones hasta su proceso de almacenamiento y distribución. Las áreas de investigación son variadas e incluyen experimentos realizados en invernaderos, donde se han simulado ciertas condiciones atmosféricas que podrían empeorar la calidad del producto. Como resultado de todo ello, se han elaborado interesantes artículos con el objetivo de difundir los resultados obtenidos.

Otra iniciativa más reciente, de alcance internacional pero liderada también por el sector agrícola español, es la denominada Beetroot for Climate Protection, que busca soluciones a los problemas que surgen en las plantaciones. Uno de sus logros más significativos ha sido la redacción de unas pautas de acción que se plasmaron en la Declaración de Segovia, hace algunos meses, y que contemplan aspectos como la disminución de emisiones y residuos, las energías renovables o la edificación sostenible. Desde la asociación se invita a agricultores y empresas a adherirse a esta iniciativa.

PREGUNTAS

1 Según el artículo, el cambio climático…
   a) tendrá consecuencias solo en ciertas zonas del mundo.
   b) afectará seriamente a la Península Ibérica.
   c) influirá en gran parte de los países del sur de Europa.

2 Según el texto, como resultado del cambio climático, las temperaturas…
   a) aumentarán de forma generalizada y constante.
   b) alcanzarán cotas insospechadas en ciertos lugares.
   c) experimentarán un incremento que se acentuará en verano.

3 En el artículo se dice que en las zonas agrícolas…
   a) se recoge la cosecha cada una o dos semanas, aproximadamente.
   b) el momento de la recolección dura de diez a quince días en el norte.
   c) se ha alterado el ciclo de producción y ahora la recolección se anticipa.

4 El texto nos informa de que las asociaciones españolas…
   a) ofrecen siempre un producto de la mejor calidad.
   b) desean estudiar el crecimiento de la remolacha en invernaderos.
   c) observan los efectos del clima en cada fase de producción.

5 Según el texto, la iniciativa Beetroot for Climate Protection...
   a) reproduce ciertas condiciones atmosféricas en invernaderos.
   b) tiene su sede principal en la ciudad de Segovia.
   c) desea resolver las dificultades de los cultivadores de remolacha.

6 La Declaración de Segovia…
   a) considera asuntos como la reducción de desechos.
   b) es una iniciativa internacional de hace unos meses.
   c) anima a los interesados a que se adhieran a la misma.

Tarea 2

Instrucciones

Usted va a leer cuatro textos en los que cuatro personas hablan sobre las supersticiones. Después, relacione las preguntas (7-16) con los textos (A, B, C y D).
Marque las opciones elegidas en la ***Hoja de respuestas****.*

PREGUNTAS

		A. CRISTINA	B. JAVIER	C. BLANCA	D. SERGIO
7	¿Quién dice que pasó una temporada en el extranjero?				
8	¿Quién habla de una bebida que solucionó un problema?				
9	¿Quién dice que quería aprovechar la experiencia al máximo?				
10	¿Quién dice que a cierta edad se tiene una sensibilidad especial?				
11	¿Quién dice que alguien adivinó su futuro?				
12	¿Quién considera que la ciencia tiene límites?				
13	¿Quién piensa que ha heredado algunas creencias?				
14	¿Quién dice que conocía a alguien muy crédulo?				
15	¿Quién dice que las técnicas de los curanderos surten efecto?				
16	¿Quién se burla de las experiencias paranormales?				

TEXTOS

A. CRISTINA

Nunca le he dado mucha importancia a esas cosas. Recuerdo que cuando era pequeña mi madre se ponía muy nerviosa si alguien por descuido tiraba el salero mientras comíamos. Creo que incluso recogía la sal de la mesa y se la tiraba por la espalda, o algo parecido. Entonces prácticamente no me daba cuenta, pero supongo que es cierto eso que dicen de que los niños son como esponjas y perciben las sensaciones de los adultos, aunque estos no lo noten. De hecho, hoy por hoy, si alguien derrama la sal mientras estoy comiendo, siento una especie de inquietud que no dura más que unos segundos y luego sigo comiendo tan tranquila. Ahora que lo pienso, si veo una escalera en medio de la calle, suelo evitar pasar por debajo. ¡A ver si ahora resulta que soy una supersticiosa!

B. JAVIER

Bueno, yo pienso que la ciencia se queda corta a la hora de explicar algunos fenómenos y se sabe que algunas personas con ciertos poderes han conseguido resultados allí donde los científicos han fracasado. Pongo por caso a mi tía, una fumadora empedernida desde los veinte años, que decidió dejar el vicio cuando casi había cumplido los cincuenta. Le hablaron de un chamán, más viejo que Matusalén, que en dos sesiones eliminaba esa dependencia tan tremenda de la nicotina y, aunque al principio no estaba muy convencida, decidió darse una oportunidad y pidió cita. ¡Resulta que funcionó! Creo que en la primera sesión le pidió que masticara tabaco durante varias horas y, en la segunda, mientras aquel hombre invocaba a no sé qué espíritu, mi tía tuvo que tragarse un brebaje que por lo visto olía fatal. ¡Yo, ni por un millón de euros!

C. BLANCA

Cuando era adolescente tenía la costumbre de comprarme la revista *Ragazza* todas las semanas. Confieso que la primera página que consultaba era la del horóscopo. No sé por qué. Era divertido. Aunque solo le daba crédito si la información era positiva. Pero tenía una amiga que se lo creía todo a pie juntillas, de modo que, si el redactor de turno decidía que esa semana los Géminis iban a tener problemas, del tipo que fuera, Paula se ponía tensa, sobre todo cuando las malas noticias aparecían en la sección "amor". ¿Cómo podíamos ser tan bobas? También recuerdo una ocasión en que jugamos a esa tontería de la güija. ¡Qué risa! Un amigo y yo decidimos llevarnos a la sesión un imán, que estuvimos intercambiándonos por debajo de la mesa... ¡Los demás estaban aterrorizados!

D. SERGIO

En el verano de 2001, recién terminada la carrera, hice un viaje de un mes a la Gran Manzana con intención de darle un buen mordisco. Quería recorrerla de cabo a rabo y aprovechar para practicar el idioma, antes de lanzarme a buscar mi primer empleo. Me alojé en una residencia de estudiantes, donde conocí a gente de todo tipo. Una de las personas que más me impresionó durante aquella aventura fue una mujer peruana con la que trabé amistad a los pocos días. Me contó que se ganaba la vida como pitonisa, así que una noche, después de cenar en la residencia, le rogué que me echara las cartas. Hizo algunas predicciones tan detalladas que se me pusieron los pelos de punta. ¿Lo mejor? Dos años después de nuestro encuentro, experimenté todo aquello que había vaticinado. ¡Acertó en todo!

Tarea 3

Instrucciones

Lea el siguiente texto, del que se han extraído seis fragmentos. A continuación lea los ocho fragmentos propuestos (A-H) y decida en qué lugar del texto (17-22) hay que colocar cada uno de ellos. HAY DOS FRAGMENTOS QUE NO TIENE QUE ELEGIR. Marque las opciones elegidas en la ***Hoja de respuestas.***

Si no conoces el idioma, APPLÍCATE

¿Han pensado alguna vez en la cantidad de malentendidos que surgen durante un viaje por motivos lingüísticos? Para evitarlos, muchas personas recurren a los glosarios que algunas guías incluyen en sus últimas páginas. **17.** .... En las más completas también encontramos expresiones empleadas en circunstancias menos agradables, como en caso de robo.

Estos materiales, es cierto, pueden ser eficaces en muchos contextos.**18.** .... ¿Y si contamos con un presupuesto limitado que nos obliga a alojarnos en hoteles cuyo personal no habla idiomas?

Hoy en día, la tecnología nos brinda una herramienta que, pese a las críticas que recibe, puede sacarnos de más de un aprieto y evitar que nuestro viaje se convierta en una pesadilla. Se trata de la aplicación del traductor de Google que, si bien no puede sustituir a los intérpretes profesionales, ha mejorado en los últimos tiempos, y un uso adecuado del mismo nos puede facilitar la comunicación con la gente del lugar. **19.** .... Sabremos descargarlas y activarlas. Sin embargo, por prácticos que seamos con el móvil, recordemos que no es lo mismo utilizarlo en el salón de nuestra casa que en un mercado chino, atestado de gente. Por ello, enumeraré algunos consejos para sacarle el máximo partido a este invento.

En primer lugar, practiquen. **20.** .... Asimismo, giren la pantalla cuando tecleen la pregunta en el traductor para que aparezca en el idioma deseado, así la lectura será más sencilla para la persona que se brinda a ayudarle. Se trata de pequeños trucos, pero eficaces.

Además de estos consejos, no olvide que la tecnología tiene sus límites, así que eviten las frases ambiguas, las palabras con doble sentido. **21.** ....

Por último, resulta muy ventajoso preparar las instrucciones con antelación. **22.** .... Así, es frecuente que un lugareño sepa lo que tiene que hacer cuando le das tu móvil, pero puedes facilitarle la tarea tecleando tú primero: "Por favor, escriba en su idioma y mi móvil traducirá al español".

FRAGMENTOS

A El mundo se mueve rápidamente y aunque nos creamos los más adelantados en tecnología, otros pueblos nos pueden sorprender.

B Si ya somos propietarios de un teléfono inteligente, estaremos familiarizados con el funcionamiento de las aplicaciones.

C Otra tentación peligrosa es el lector de voz, que difícilmente reconocerá un acento local muy marcado, o un dialecto.

D Imagina que te encuentras en un restaurante cuyo menú no contiene imágenes de la comida y todos los platos están escritos con símbolos ininteligibles.

E Pero, ¿qué ocurre si viajamos a un lugar poco turístico cuya lengua no solo desconocemos, sino que se aleja increíblemente de la nuestra?

F Asimismo, es de gran utilidad cuando queremos hacer un cumplido y nos faltan los recursos.

G Cambia la configuración del teclado cuantas veces sea necesario, hasta que logres pasar de un sistema a otro con rapidez.

H A menudo se trata de listas de frases útiles en las situaciones más comunes, es decir, en hoteles, mercados, aeropuertos y restaurantes.

Tarea 4

Instrucciones

Lea el texto y rellene los huecos (23-36) con la opción correcta (a / b / c).
Marque las opciones elegidas en la ***Hoja de respuestas.***

Aquella noche, con un número infinito de insectos moviéndose **23** .... el saco de dormir, conseguí pegar **24** .... por primera vez después de varios días. Si bien hasta entonces no **25** .... una sensación semejante, de aventura y peligro a la vez, estaba tan agotado que **26** .... quedarme dormido, incluso cuando el fuego se extinguió y comprobé, con horror, que las copas de los árboles no dejaban pasar la luz de la luna y que **27** .... debíamos permanecer cinco o seis horas a oscuras. Poco antes, María me había explicado la importancia de reconocer a **28** .... serpientes de aquella zona. Cuando descubrí a una culebra enroscada cerca del fuego, estuve **29** .... de gritar y salir corriendo. Sin embargo, María **30** .... mis pensamientos, apoyó su mano en mi brazo y me contó que había llegado hasta nosotros atraída por el calor de la hoguera. Aunque estaba dotada de un veneno letal, solo se alimentaba de pequeños roedores y, **31** .... el fuego se apagara, se marcharía.
Esa noche soñé que **32** .... a casa. Entraba en mi habitación y la recorría con la mirada emocionada. Todos mis objetos estaban allí: el ordenador, el reproductor de música, mis libros... En el jardín estaba **33** .... mi abuela, la persona más especial del mundo, y en la cocina, mi madre y mi hermano conversaban tranquilamente. De vez en cuando se volvían para mirarme con curiosidad, como si nunca me **34** .... marchado y les resultara extraño que los estuviera observando con semejante atención. No recuerdo si soñé con otras personas o lugares. Sin embargo, lo que no olvidaré es **35** .... me desperté al día siguiente. La bruma que nos envolvía no me permitió distinguir el objeto, una mochila muy cargada, pensaba yo, que alguien había apoyado sobre mis piernas. Cuando me moví para levantarme, noté una suerte de garfios que se clavaban en ellas. Entonces, abrí los ojos y descubrí que se trataba de un reptil enorme, que probablemente luchaba por no perder el equilibrio.
La adrenalina corría por mis venas y, a juzgar por la expresión vigilante del lagarto, el ataque **36** .... inminente. Pregunté en voz alta: "¿Qué hago?" Esperando que mis compañeros no se hubieran marchado ya al río, y alguien me contestó que me moviera muy lentamente. Una voz que tampoco reconocí preguntó si era venenoso y entonces oí la voz de Gala, entre calmada y divertida, que decía que no.
Cuando obedecí, el animal saltó asustado y, pocos segundos después, estallé en carcajadas junto a los demás.

(Adaptado de: El origen perdido, *Matilde Asensi)*

Opciones

	a)	b)	c)
23	**a)** bajo	**b)** desde	**c)** al
24	**a)** hebra	**b)** ojo	**c)** fuerte
25	**a)** experimentaba	**b)** hubiera experimentado	**c)** había experimentado
26	**a)** pudo	**b)** logré	**c)** lograra
27	**a)** aún	**b)** ya	**c)** ante
28	**a)** las	**b)** los	**c)** algunos
29	**a)** casi	**b)** a punto	**c)** vecino
30	**a)** ha adivinado	**b)** adivinando	**c)** adivinara
31	**a)** en cuanto	**b)** después	**c)** antes de
32	**a)** estaba	**b)** volvía	**c)** salía
33	**a)** mojando	**b)** bañando	**c)** regando
34	**a)** había	**b)** hubiera	**c)** habría
35	**a)** qué	**b)** quién	**c)** cómo
36	**a)** estaba	**b)** tenía	**c)** era

PRUEBA DE COMPRENSIÓN AUDITIVA

Instrucciones

*La prueba de Comprensión auditiva contiene cinco tareas. Usted debe responder a 30 preguntas. Duración: 40 minutos. Marque sus opciones únicamente en la **Hoja de respuestas**.*

45

Tarea 1

Instrucciones

Usted va a escuchar seis conversaciones breves. Escuchará cada conversación dos veces. Después debe contestar a las preguntas (1-6). Seleccione la opción correcta (a / b / c).
*Marque las opciones elegidas en la **Hoja de respuestas**. Tiene 30 segundos para leer las preguntas.*

PREGUNTAS

Conversación 1

1 La profesora le dice a su alumno que...
- a) tiene tutoría un día a la semana en horario de mañana.
- b) tiene que estudiar para aprobar el examen.
- c) va a tener muchos problemas para aprobar el examen.

Conversación 2

2 La mujer decide…
- a) pagar una multa.
- b) bajarse del tren y coger otro.
- c) abonar una cantidad extra para continuar en el mismo tren.

Conversación 3

3 La chica dice que la amiga...
- a) está muy contenta con su embarazo.
- b) está preocupada por terminar sus estudios universitarios.
- c) no se ha tomado muy bien el haberse quedado embarazada.

Conversación 4

4 La mujer necesita el préstamo…
- a) para comprarse un local.
- b) para comprarse una casa.
- c) para montar una tienda.

Conversación 5

5 ¿Qué le propone Alberto a Alicia?
- a) que le den dinero a Antonio.
- b) que miren juntos un regalo de la lista de bodas.
- c) que Alicia le regale la vajilla a Antonio.

Conversación 6

6 La mujer afirma...
- a) que no ha tenido una gripe leve.
- b) que tiene escalofríos.
- c) que en este periodo necesita reposo.

46 Tarea 2

Instrucciones

Usted va a escuchar una conversación entre dos colegas de trabajo, Antonio y Blanca. Indique si los enunciados (7-12) se refieren a Antonio (A), a Blanca (B) o a ninguno de los dos (C). Escuchará la conversación dos veces. Marque las opciones elegidas en la ***Hoja de respuestas.*** *Tiene 20 segundos para leer los enunciados.*

		A. Antonio	B. Blanca	C. Ninguno de los dos
0	Iba a ir a París de viaje de fin de semana.	☐	✓	☐
7	Ha estado todo el fin de semana trabajando.	☐	☐	☐
8	Dice que el vuelo no despegó a pesar de los problemas con el tiempo.	☐	☐	☐
9	Estuvo esperando 15 horas para coger un vuelo.	☐	☐	☐
10	Afirma que una señora perdió el conocimiento.	☐	☐	☐
11	Dice que ha preparado el análisis del mercado del nuevo producto.	☐	☐	☐
12	Afirma que el jefe no es tan mala persona como parece.	☐	☐	☐

47 Tarea 3

Instrucciones

Usted va a escuchar una entrevista al delegado de la ONG "Payasos sin fronteras", Jesús González. Escuchará la entrevista dos veces. Después debe contestar a las preguntas (13-18). Seleccione la respuesta correcta (a / b / c). Marque las opciones elegidas en la ***Hoja de respuestas.*** *Tiene 30 segundos para leer las preguntas.*

PREGUNTAS

13 Daran una rueda de prensa...
- a) para explicar su último proyecto.
- b) para hablar de los últimos 20 años.
- c) para dar a conocer los próximos proyectos.

14 Las galas se celebrararán...
- a) en memoria del fundador de la ONG.
- b) para ayudar a las víctimas del tsunami.
- c) para financiar futuros proyectos.

15 El número actual de refugiados...
- a) es mayor que antes.
- b) sigue siendo el mismo.
- c) ha descendido.

16 El entrevistado afirma que...
- a) ahora trabajan solo en zonas de guerra.
- b) trabajan en áreas afectadas por problemas de diversa índole.
- c) más adelante se centrarán en las zonas que han sufrido desastres naturales.

17 El Sr. González comenta que...
- a) no todas las poblaciones los aceptan.
- b) a veces a los niños les dan miedo los payasos.
- c) la reticencia es solo momentánea.

18 La crisis económica actual...
- a) ha provocado el descenso de las ayudas por parte de las empresas.
- b) ha impedido que muchos particulares contribuyan con sus ayudas.
- c) no ha afectado al número de las ayudas recibidas.

48

Tarea 4

Instrucciones

Usted va a escuchar a seis personas que cuentan su experiencia como profesores de español para extranjeros. Escuchará a cada persona dos veces. Seleccione el enunciado (A-J) que corresponde al tema del que habla cada persona (19-24). Hay diez enunciados incluido el ejemplo. Seleccione solamente seis. Marque las opciones elegidas en la **Hoja de respuestas**. *Ahora escuche el ejemplo:*

Persona 0

La opción correcta es el enunciado F

	A	B	C	D	E	F	G	H	I	J
0	☐	☐	☐	☐	☐	☒	☐	☐	☐	☐

Tiene 20 segundos para leer los enunciados.

ENUNCIADOS

A	Dice que ha comido con los alumnos en clase.
B	Está haciendo actualmente algunos cursos de formación.
C	En algunas ocasiones no ha encontrado trabajo por no ser español.
D	Trabaja sin cobrar.
E	Cuenta que un alumno se sentía incómodo en sus lecciones.
F	**Le hubiera gustado ser investigador.**
G	Tiene trabajo fijo.
H	Trabaja en un lugar distinto al que deseaba inicialmente.
I	Se ha ido a vivir a Polonia.
J	Afirma que lo que se gana no se corresponde con las horas de trabajo dedicadas.

	PERSONA	ENUNCIADO
	Persona 0	*F*
19	Persona 1	
20	Persona 2	
21	Persona 3	
22	Persona 4	
23	Persona 5	
24	Persona 6	

49 **Tarea 5**

Instrucciones

Usted va a escuchar a un ponente que habla de proyectos para el desarrollo de las energías renovables en Argentina. Escuchará la audición dos veces. Después debe contestar a las preguntas (25-30). Seleccione la opción correcta (a / b / c). Marque las opciones elegidas en la ***Hoja de respuestas****.*
Tiene 30 segundos para leer las preguntas:

PREGUNTAS

25 El ponente dice que METEOLIC...
- **a)** nació para crear paneles solares.
- **b)** surgió en relación a la energía eólica.
- **c)** nunca se ha dedicado a producir molinos de viento.

26 Raúl afirma...
- **a)** que su empresa está formada por jóvenes emprendedores.
- **b)** que METEOLIC está formada solo por emprendedores argentinos.
- **c)** que su empresa es pionera en el desarrollo de la energía solar en Argentina.

27 El cargador solar que presenta...
- **a)** necesita un panel solar de media dimensión.
- **b)** puede cargar a la vez una decena de móviles.
- **c)** es solo un prototipo, y saldrá a la venta dentro de poco.

28 El cargador solar está recomendado...
- **a)** para hogares con familia numerosa.
- **b)** para largos viajes de grupo.
- **c)** para ambientes de trabajo.

29 Raúl afirma que la energía solar...
- **a)** es la más aprovechable en la ciudad.
- **b)** está aún poco considerada en Argentina.
- **c)** es la mejor para las empresas.

30 En cuanto al prototipo de cocina que presenta Raúl, se dice que...
- **a)** todos los electrodomésticos funcionan con energía solar.
- **b)** es necesario comprar unos electrodomésticos especiales.
- **c)** su distribución reduce el consumo de energía.

PRUEBA DE EXPRESIÓN E INTERACCIÓN ESCRITAS

Instrucciones

La prueba de Expresión e interacción escritas contiene *dos tareas*. *Duración: 80 minutos.*
Haga sus tareas únicamente en la ***Hoja de respuestas****.*

Tarea 1

Instrucciones

A continuación escuchará una noticia sobre la situación del tráfico en su ciudad. La escuchará dos veces. Durante la audición, podrá tomar notas. Después, redactará una carta al ayuntamiento de su ciudad en la que proteste por esta situación y pida mejoras. En la carta deberá:

- *presentarse;*
- *explicar cómo es la situación actual de los ciclistas en la ciudad;*
- *exponer las ventajas de desplazarse en bicicleta para el ciudadano y para la ciudad;*
- *proponer soluciones para mejorar el problema.*

Número de palabras: ***entre 150 y 180.***

Tarea 2

Instrucciones

Elija solo una de las dos opciones que se le ofrecen a continuación:

OPCIÓN 1

Usted debe escribir una entrada en un blog sobre la disponibilidad y el consumo de las tecnologías de la información y comunicación en los hogares. El texto debe incluir y analizar la información que aparece en los siguientes gráficos:

Porcentaje de hogares que poseen:

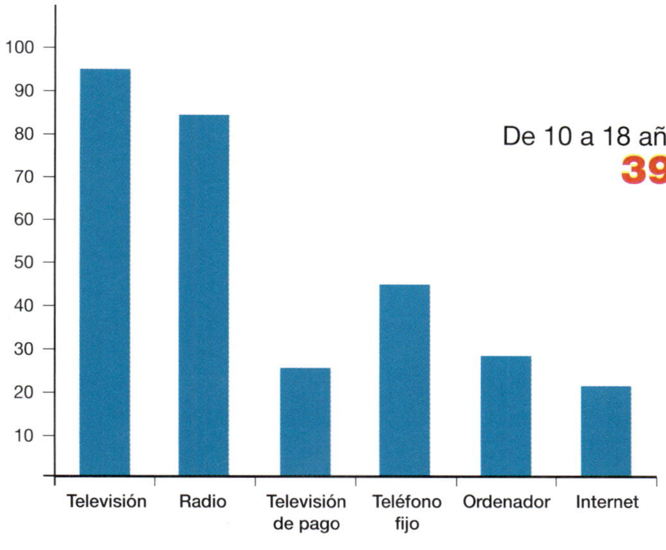

Uso de ordenador e Internet:

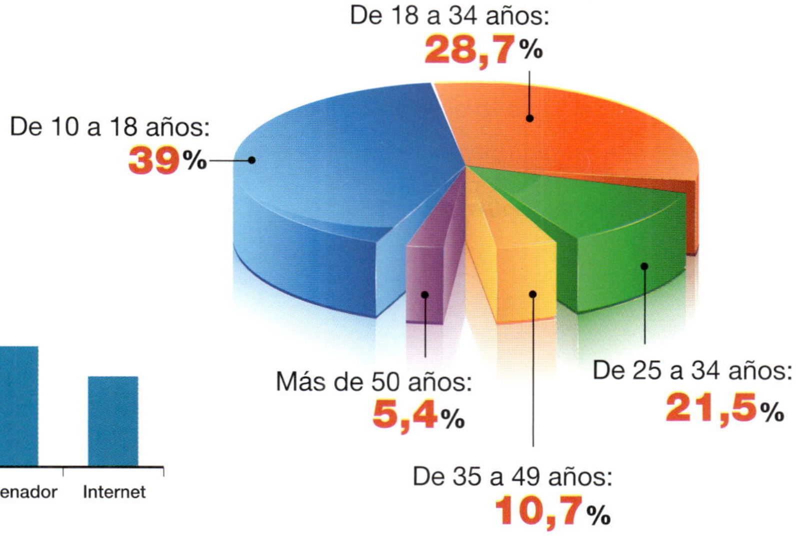

Redacte un texto en el que deberá:

- *comentar la importancia que estas tecnologías tienen en los hogares;*
- *interpretar o comentar la frecuencia de uso de ordenador e Internet en función de las edades;*
- *destacar aquellos datos que considere más relevantes;*
- *elaborar una conclusión.*

Número de palabras: ***entre 150 y 180.***

OPCIÓN 2

Usted escribe en un periódico local. El fin de semana pasado, dentro del programa de actividades culturales que se organizan cada mes en su pueblo, usted asistió a un singular evento y debe escribir sobre él. A continuación puede ver la información extraída del programa que repartieron en la sala:

EL PROYECTO FARENHEIT 451 O LAS PERSONAS-LIBRO

Este proyecto nace de una idea tomada de la famosa novela de Ray Bradbury. En ese mundo imaginario los libros estaban prohibidos, pero un grupo de valientes, para salvar la cultura, decidió memorizarlos, de manera que no se perdieran. Así se convirtieron en personas-libro, perpetuando y salvando, cada uno un trozo de cultura. Nosotros llevamos varios años haciendo lo mismo. Todo empezó como una propuesta curiosa entre unos pocos amigos, y ahora somos más de 30. Al principio era solo un intercambio divertido, pero la experiencia gustó y la gente quería escucharnos recitar. Comenzamos a viajar para compartir nuestros libros con los demás. De alguna forma, viven en cada uno de nosotros, son parte nuestra, como el nombre o los apellidos. Esta noche nos reunimos y conoceréis a las personas y sus respectivos libros. El que quiera podrá unirse al grupo recitando de memoria un fragmento de literatura. No hay requisitos ni reglas, basta con aprenderse una poesía, un cuento o un trozo de una obra más extensa (los libros más largos suelen estar representados por varias personas). La experiencia es única y el que prueba repite.

"Hola, me presento: Me llamo Víctor y soy una persona-libro..."

Redacte un texto en el que deberá:

- *hacer una pequeña introducción sobre esta actividad cultural;*
- *valorar la actuación de las personas-libro;*
- *contar cómo reaccionó el público que asistió al recital;*
- *elaborar una opinión personal sobre el evento.*

Número de palabras: ***entre 150 y 180.***

PRUEBA DE EXPRESIÓN E INTERACCIÓN ORALES

Instrucciones

La prueba de Expresión e Interacción orales contiene tres tareas:

- **Tarea 1**

Valorar propuestas y conversar sobre ellas. (4-5 minutos)

Usted deberá hablar durante dos minutos de las ventajas e inconvenientes de una serie de soluciones propuestas para una situación determinada. A continuación, conversará con el entrevistador sobre el tema. Deberá elegir una de las dos opciones propuestas.

- **Tarea 2**

Describir una situación imaginada a partir de una fotografía y conversar sobre ella. (3-4 minutos)

Usted debe imaginar una situación a partir de una fotografía y describirla durante uno o dos minutos. A continuación conversará con el entrevistador acerca de sus experiencias y opiniones sobre el tema de la situación. Tenga en cuenta que no hay una respuesta correcta: debe imaginar la situación a partir de las preguntas que se le proporcionan. Deberá elegir una de las dos opciones propuestas.

- **Tarea 3**

Opinar sobre los datos de una encuesta (2-3 minutos)

Usted debe conversar con el entrevistador sobre los datos de una encuesta, expresando su opinión al respecto. Deberá elegir una de las dos opciones propuestas.

*Tiene 15 minutos para preparar las **Tareas 1** y **2**. Usted puede tomar notas y escribir un esquema de su exposición que podrá consultar durante el examen; en ningún caso podrá limitarse a leer el esquema o sus notas.*

Tarea 1

Instrucciones

Le proponemos dos temas con algunas indicaciones para preparar una exposición oral. Elija uno de ellos. Tendrá que hablar durante ***2 o 3 minutos*** *sobre ventajas e inconvenientes de una serie de soluciones propuestas para una situación determinada. A continuación, conversará con el entrevistador sobre el tema.*

TEMA 1:

EMIGRAR PARA BUSCAR NUEVAS OPORTUNIDADES

En su país, debido a una crisis económica, toda una generación de jóvenes con una preparación académica muy alta se está viendo obligada a irse a vivir al extranjero para buscar nuevas oportunidades. Un debate en televisión reune a un grupo de expertos en diversos ámbitos (educación, política, sindicatos juveniles, etc.) con el objetivo de encontrar soluciones a este problema. Lea las siguientes propuestas y, durante dos minutos, explique sus ventajas e inconvenientes; tenga en cuenta que debe hablar, como mínimo, de cuatro de ellas. Cuando haya finalizado su intervención, debe conversar con el entrevistador sobre el tema de las propuestas.

Para preparar su intervención, al analizar cada propuesta debe plantearse por qué le parece una buena solución y qué inconvenientes tiene, a quién beneficia y a quién perjudica, si puede generar otros problemas, si habría que matizar algo...

Los jóvenes deberían ser realistas y aceptar trabajos que están por debajo de sus posibilidades.

Para mí, habría que comenzar con una reforma total del sistema educativo: tenemos demasiados universitarios.

La emigración no es un problema tan grave. No es la primera vez que nuestros ciudadanos emigran, es una forma de autorregulación del mercado de trabajo.

Los bancos, en colaboración con el gobierno, deberían ofrecer microcréditos para los jóvenes que quieran montar su propia empresa.

Los políticos deberían favorecer el empleo juvenil.

Debemos crear subvenciones públicas para favorecer el autoempleo.

TEMA 2:

LAS CIUDADES Y LA SEGURIDAD

El ayuntamiento de su ciudad ha convocado una reunión de expertos para solucionar el problema de la falta de seguridad en las calles. Lea las siguientes propuestas y, durante dos minutos, explique sus ventajas e inconvenientes; tenga en cuenta que debe hablar, como mínimo, de cuatro de ellas. Cuando haya finalizado su intervención, debe conversar con el entrevistador sobre el tema de las propuestas.

Para preparar su intervención, al analizar cada propuesta debe plantearse por qué le parece una buena solución y qué inconvenientes tiene, a quién beneficia y a quién perjudica, si puede generar otros problemas, si habría que matizar algo...

La policía debería intensificar la vigilancia en las zonas más peligrosas de la ciudad.

Habría que organizar grupos ciudadanos de vigilancia nocturna. Así estaríamos más tranquilos.

Creo que el Ayuntamiento debería contratar a más policías y hacerlos patrullar toda la noche.

Se debería mejorar el alumbrado de las calles. Algunas son tan oscuras que favorecen la delincuencia.

Se debería establecer un horario nocturno limitado. Después de las 22h, los ciudadanos deberían evitar salir.

Para mí, el problema de la seguridad está más relacionado con el tráfico. Demasiados peatones y ciclistas mueren atropellados. Se debería limitar la velocidad.

EXPOSICIÓN

Ejemplo Tema 1: *A la propuesta de crear subvenciones públicas le veo una ventaja muy clara...*

Ejemplo Tema 2: *A la propuesta de contratar a más policías le veo una ventaja muy clara...*

Conversación

Una vez el candidato haya hablado de las propuestas de la lámina durante el tiempo estipulado (2 minutos), el entrevistador le hará algunas preguntas sobre el tema hasta cumplir con la duración de la tarea.

EJEMPLO DE PREGUNTAS DEL ENTREVISTADOR:

TEMA 1

Sobre las propuestas

- De las propuestas dadas, ¿cuál le parece la mejor?

Sobre su realidad

- ¿Cree que en su país hay un problema parecido con el desempleo juvenil? ¿Se ha propuesto alguna solución eficaz?

Sobre sus opiniones

- ¿Cree que los jóvenes deberían renunciar a trabajar en su área de estudio?

TEMA 2

Sobre las propuestas

- De las propuestas dadas, ¿cuál le parece la mejor?

Sobre su realidad

- ¿Existe este tipo de problema en su ciudad? ¿Se ha hecho algo para solucionarlo?

Sobre sus opiniones

- ¿Cree que en su ciudad sería necesario aumentar la seguridad ciudadana? En caso afirmativo, ¿cómo podría lograrse?

*La duración total de esta tarea es de **4 a 5 minutos.***

Tarea 2

Instrucciones

Usted debe imaginar una situación a partir de la fotografía y describirla durante unos minutos. A continuación conversará con el entrevistador acerca de sus experiencias y opiniones sobre el tema de la situación. Tenga en cuenta que no hay una respuesta correcta: debe imaginar la situación a partir de las preguntas que se le proporcionan. Deberá elegir una de las dos fotografías propuestas.

FOTOGRAFÍA 1: LOS ANIMALES DOMÉSTICOS EN LAS CIUDADES

En la fotografía hay un animal atado a una bicicleta. Imagine la situación y hable de ella durante, aproximadamente, dos minutos. Estos son algunos aspectos que puede comentar:

- ¿Dónde están? ¿Por qué?
- ¿Cómo imagina que es el animal? ¿Y su dueño o dueña?
- ¿Qué cree que está pensando el animal? ¿Por qué?
- ¿Cómo imagina que es el dueño o la dueña del animal? ¿Y el animal?
- ¿Qué cree que va a ocurrir después? ¿Cómo va a terminar la situación?

FOTOGRAFÍA 2: UN PROBLEMA EN UN RESTAURANTE

Las personas de la fotografía tienen un problema. Imagine la situación y hable de ella durante, aproximadamente, dos minutos. Estos son algunos aspectos que puede comentar:

- ¿Dónde cree que están? ¿Por qué?
- ¿Qué relación cree que hay entre estas personas? ¿Por qué?
- ¿Cómo imagina que es cada una de estas personas? ¿Por qué?
- ¿Qué cree que ha pasado? ¿Por qué?
- ¿Qué cree que se están diciendo?
- ¿Qué cree que va a ocurrir después? ¿Cómo va a terminar la situación?

Una vez haya descrito la fotografía durante el tiempo estipulado (2 minutos), el entrevistador le hará algunas preguntas sobre el tema de la situación hasta cumplir con la duración de la tarea.

Ejemplo de preguntas del entrevistador:

FOTOGRAFÍA 1:

- ¿Cree que es difícil convivir con un animal? ¿Por qué?
- ¿Cuáles son las dificultades más habituales para quien lleva a su mascota por la ciudad?
- ¿Usted tiene animales? En caso afirmativo, ¿cuáles? En caso negativo, ¿conoce a alguien que los tenga? ¿Cuáles?

*La duración total de esta tarea es de **3 a 4 minutos**.*

FOTOGRAFÍA 2:

- ¿Qué prefiere, comer en casa o en un restaurante? ¿Por qué?
- ¿Qué ventajas tiene comer fuera? ¿E inconvenientes?
- ¿Usted ha tenido alguna vez problemas en un restaurante o local público? En caso afirmativo, ¿cuál? En caso negativo, ¿conoce a alguien que los haya tenido?

Tarea 3

Instrucciones

Usted debe conversar con el entrevistador sobre los contenidos de una noticia, expresando su opinión al respecto. Deberá elegir una de las dos opciones propuestas.

PROPUESTA 1: LOS ANGELES SERÁ LA ZONA WIFI MÁS GRANDE DEL MUNDO

Wifix 2.0, la empresa especializada en wifi, pretende convertir Los Angeles en la mayor zona de wifi gratuito del mundo. Con la instalación de miles de dispositivos, cada rincón de la ciudad tendrá cobertura garantizada, y los usuarios podrán acceder a Internet desde cualquier lugar.

Instrucciones

Comente ahora con el entrevistador su opinión sobre la noticia:

- ¿Conocía esta noticia? ¿Qué le parece?
- ¿Usted hace uso de redes itinerantes de acceso a Internet? ¿En qué lugares?

Ejemplo de preguntas del entrevistador:

- ¿Cree que es un servicio necesario? ¿Para qué puede ser útil?
- ¿Conoce algún caso de lugares que ofrezcan conexión wifi? ¿Cuáles?

PROPUESTA 2: EL E-HORA

Después del e-pack y el e-tel, está a punto de llegar la última y más esperada novedad de Pinapple: el e-hora. Será, en definitiva, como uno de sus hermanos mayores, pero se llevará en la muñeca como un reloj de pulsera normal. Con él podremos acceder al correo electrónico, hacer llamadas, orientarnos por la ciudad gracias a sus mapas, etc.

Instrucciones

Comente ahora con el entrevistador su opinión sobre la noticia:

- ¿Había oído esta noticia antes? ¿Qué le parece?
- ¿Cree que tendrá éxito este producto? ¿Por qué?

Ejemplo de preguntas del entrevistador:

- ¿Conoce la utilidad de alguno de los aparatos mencionados? ¿Podría poner un ejemplo?
- ¿Qué opinión le merece esta noticia? ¿Por qué?

*La duración de esta tarea es de **2 a 3 minutos**.*

MODELO 3
PRUEBA DE COMPRENSIÓN DE LECTURA

Instrucciones

*La prueba de Comprensión de lectura contiene cuatro tareas. Usted debe responder a 36 preguntas. Duración: 70 minutos. Marque sus opciones únicamente en la **Hoja de respuestas**.*

Tarea 1

Instrucciones

*Usted va a leer un texto sobre una noticia de cultura. Después, debe contestar a las preguntas (1-6). Seleccione la respuesta correcta (a / b / c). Marque las opciones elegidas en la **Hoja de respuestas**.*

UNA HERMANA GEMELA PARA LA MONA LISA

Profesionales del Museo del Prado de Madrid aseguraron recientemente que una réplica de la Gioconda, la cual ha estado expuesta durante una década en la pinacoteca, fue pintada en el taller de Leonardo da Vinci. "Es, probablemente, la primera copia conocida de la Gioconda", dijo este miércoles Miguel Falomir, jefe del Departamento de Pintura Italiana del Prado.

El Museo decidió descolgar la obra para restaurarla en 2010. La idea era que luciera sus mejores galas en la exposición de obras de Da Vinci que albergará el Museo Louvre de París a mediados de este año. Los trabajos de restauración descubrieron sorprendentes similitudes con la Mona Lisa, que habían permanecido ocultas por un barniz oscuro agregado a la pintura en el siglo XVIII. Sobre todo, el paisaje toscano de fondo aparecía muy deteriorado.

Posteriormente, una prueba de rayos-X permitió establecer que las capas de pintura y la forma de componer el cuadro eran casi idénticas a la original y que los cambios hechos en la copia del Prado eran prácticamente iguales a la forma en que había evolucionado la primera. Aunque inicialmente la obra se le atribuía a un discípulo de Leonardo Da Vinci, ahora todo parece indicar lo contrario. Nos encontraríamos, pues, ante otra obra del gran pintor renacentista.

Por un lado, y en referencia a los rasgos del rostro de la Mona Lisa "española", se ha descubierto que resulta más rejuvenecido en comparación con la obra del Louvre. Actualmente los expertos están discutiendo si esto se ha debido a que Da Vinci pintara los dos cuadros, con la misma modelo, en un arco de 15 o 20 años, o más bien que se trate de un efecto del barnizado en el lienzo que se encuentra en París. Asimismo, se ha observado otra diferencia, y es que en la cara de la réplica aparecen dibujadas las cejas, mientras que la Mona Lisa original nunca las ha tenido.

Por otro lado, el estado de conservación de la Gioconda 'española' es mucho mejor que el de la original. Según expertos, el cuadro gemelo permitirá estudiar mejor a Leonardo y contribuir a descifrar algunos de los famosos misterios que aún envuelven al enigmático cuadro de Lisa Gherardini y su icónica sonrisa.

Desde el museo madrileño tildan el descubrimiento de "muy científico" e importante para la Historia del Arte.

La réplica se expondrá en el Prado el 21 de febrero, pero después viajará a Francia tal y como estaba previsto. El lienzo original y la copia podrán ser admirados frente a frente en el Louvre durante la exposición dedicada a Da Vinci, que tendrá lugar entre el 29 de marzo y el 25 junio. Por tanto las 'gemelas' volverán a reunirse.

(Adaptado de: Museodelprado.es)

PREGUNTAS

1 La copia de la Mona Lisa…
   a) nunca se había mostrado al público hasta ahora.
   b) estuvo expuesta al público durante diez años en el Museo del Prado.
   c) estaba en una galería privada.

2 Se ha decidido restaurar la copia de la Mona Lisa…
   a) porque el cuadro había sufrido muchos daños.
   b) para demostrar que era de Leonardo Da Vinci.
   c) en ocasión de la exposición sobre Leonardo Da Vinci en el Louvre.

3 Los expertos opinan que la Gioconda del Louvre parece más envejecida porque…
   a) se pintó en un momento posterior a la obra gemela.
   b) se usaron modelos diferentes.
   c) en la obra gemela se usó un barniz más claro.

4 En el texto nos afirman que…
   a) a la Mona Lisa "española" le falta la sonrisa enigmática.
   b) la Mona Lisa "española" tiene cejas.
   c) en el lienzo de la Mona Lisa "española" no aparece el paisaje toscano.

5 Según el texto,...
   a) la Gioconda del Louvre está mejor conservada.
   b) la Gioconda de Madrid no presenta una pincelada tan exquisita.
   c) la Gioconda "española" contribuirá a un estudio más profundo de la obra de Leonardo.

6 En el Louvre…
   a) las dos obras podrán verse juntas.
   b) se prepararán dos salas para ver cada obra por separado.
   c) las dos obras estarán expuestas durante un mes.

Tarea 2

Instrucciones

*Usted va a leer cuatro textos en los que cuatro personas hablan sobre sus experiencias en la televisión. Después, relacione las preguntas (7-16) con los textos (A, B, C y D). Marque las opciones elegidas en la **Hoja de respuestas**.*

PREGUNTAS

		A. MANUEL	B. SARA	C. ANA	D. FELIPE
7	¿Quién se peleó con el presentador?			X	
8	¿Quién no quiere volver a repetir la experiencia de ir a la tele?	X			
9	¿Quién tuvo que hacer una prueba?	X			
10	¿Quién estuvo en un programa que se emite a primera hora de la tarde?		X		
11	¿Quién es un asiduo del mismo programa?				X
12	¿Quién piensa que la tele no es lo que era?				X
13	¿Quién fue a la tele para dar una sorpresa?		X		
14	¿Quién intentó salvar la situación al principio?			X	
15	¿Quién estuvo sentado en la parte de atrás del plató?		X		
16	¿Quién estuvo en un programa en vivo?			X	

TEXTOS

A. MANUEL

Un amigo mío me convenció para que lo acompañara a un casting de televisión en el que buscaban una especie de azafato con pinta de modelo, para un concurso. Pues nada, que fui con él y al final me cogieron a mí. Él lo sentó fatal, estuvo un mes sin hablarme. Yo empecé a trabajar en el programa y, al principio todo muy bien, ligaba un montón, la gente me paraba por la calle,... ¡me sentía famoso! Solo que, al poco tiempo, empecé a hartarme: eso de estar más de cuatro horas seguidas de pie, y grabar una y otra toma porque el presentador se equivoca, pues acaba cansando. Así que lo dejé y, mira, una experiencia que tengo en el currículum, pero que no voy a repetir.

B. SARA

A mi abuela le encantan los programas de sobremesa, esos que hacen entrevistas a famosetes y cuentan cotilleos. Como se acercaba su cumpleaños, quise hacerle un regalo especial. Así que llamé a un programa para ir como espectadora con ella. Total, que el día esperado la monté en el coche y le dije: "Abuela, ¿a que no sabes adónde vamos? ¡Verás!". Cuando llegamos al plató donde se grababa el programa, en cuanto vio al presentador salió corriendo hacia él para darle un par de besos y decirle que cumplía ese día ochenta años. Él se quedó bastante cortado y le dijo que no lo molestara, ¡vaya tío más antipático! Encima, nos pusieron en los asientos de atrás del todo y la pobre, que además tiene cataratas, no consiguió ver ni a un invitado. En definitiva, mi sorpresa fue un auténtico desastre.

C. ANA

Bueno, hace un año y pico gané un premio literario bastante reconocido con una novela que había escrito. Un presentador muy famoso, cuyo nombre prefiero evitar, me invitó a su programa. Fue uno de los momentos peores de mi vida. No solo no me saludó cuando llegué al estudio, sino que además durante toda la entrevista no hizo otra cosa que criticar mi obra. Al principio, yo intentaba justificar por qué había estructurado la trama de cierta manera, o por qué había elegido un estilo determinado, pero, como veía que no se bajaba del burro, y que quería humillarme, ¿sabes lo que hice? Como estábamos en directo, me levanté de mi asiento y le solté delante de todos que era un mediocre y un envidioso. Él se quedó con un palmo de narices y yo salí de allí como una reina.

D. FELIPE

Siempre me ha gustado ver la tele, a todas horas, y todo tipo de programas. La primera vez que fui a un plató para hacer de público fue hace más de diez años. Pero, ¡ojo! Desde aquel entonces solo he ido al mismo programa, yo soy un espectador fiel. Lo que sí veo es que el trato ha cambiado. Antes, si ibas todas las semanas, después de grabar te daban un tique para almorzar en el comedor de la cadena televisiva: primer y segundo plato, postre, una bebida y café. Ahora, ni por asomo: ¡un bocadillo y una botella de agua nos dan! De todas formas, no importa, a mí me sigue gustando ir todas las semanas y aparecer en la tele, de público. ¡Y a mis vecinos les hace tanta ilusión verme...!

Tarea 3

Instrucciones

Lea el siguiente texto, del que se han extraído seis fragmentos. A continuación lea los ocho fragmentos propuestos (A-H) y decida en qué lugar del texto (17-22) hay que colocar cada uno de ellos. HAY DOS FRAGMENTOS QUE NO TIENE QUE ELEGIR. Marque las opciones elegidas en la ***Hoja de respuestas****.*

LOS BARRIOS DE SAN FRANCISCO

La gracia de San Francisco es que es la más europea de las ciudades norteamericanas y que, a diferencia de otras metrópolis, **17** ....F...., y descubrir curiosidades como las casas victorianas de tonos suaves y dispuestas en línea, o los murales de Mission. Las distintas caras de San Francisco sorprenden y contagian una emoción que aumenta al cruzar el Golden Gate, el puente que ejerce de símbolo de esta ciudad californiana.

El Golden Gate es una obra de ingeniería con vocación de monumento, en especial cuando, para deleite de los fotógrafos, la niebla lo ciega parcialmente y tiñe de un aire fantasmal su estructura pintada de naranja. Erigido entre 1933 y 1937, mide 1.280 metros de largo y está suspendido de dos altas torres con 227 metros de altura. Cuando lo construyeron decían que no llevaba a ninguna parte, **18** ....A...., pero los atascos que registran sus seis carriles de circulación demuestran hoy la utilidad de este puente que ha aparecido en películas como Superman y alguna de James Bond.

19 ....D.... San Francisco es mucho más, por supuesto, gracias en parte a su fama de ciudad contracultural y tolerante donde casi todo es posible. Union Square es el lugar ideal para iniciar un paseo. Empecemos:

Justo en el cruce de las calles Powell y Market, los tranvías giran en redondo al llegar al final de trayecto. **20** ....B.... La experiencia de subirse a un tranvía para bajar por la fuerte pendiente de Hyde Street hasta el muelle de los pescadores es, sin duda, una experiencia inolvidable.

Una vez en los muelles, resulta obligado dirigirse al Pier 39, donde se suceden los bares, los restaurantes y las tiendas de souvenires, y donde holgazanean decenas de focas tendidas sobre plataformas flotantes. **21** ....E...., cerrada en 1963 y visible desde la costa, sigue atrayendo a miles de visitantes cada año.

22 ....G.... La segunda opción conduce a Chinatown, el barrio chino que abarca ocho manzanas. Allí uno se sentirá como si estuviera en medio de la ciudad de Pekín, entre escenas de la vida cotidiana de la colonia china, varios restaurantes típicos y la antigua fábrica de galletas de la fortuna, donde venden esos típicos dulces con un mensaje que puede anunciar dinero, amor o fama.

FRAGMENTOS

- **A** ya que su función era únicamente la de unir la ciudad con pueblos de pescadores al otro lado de la bahía
- **B** Años atrás había hasta 23 líneas en San Francisco, pero hoy únicamente quedan tres, convertidas en atracciones turísticas.
- **C** donde es posible ir a pie a todos lados, sin tener que coger el coche.
- **D** Pero es evidente que San Francisco no se reduce única y exclusivamente a su famoso puente.
- **E** Desde aquí se puede coger un barco que conduce a la isla de Alcatraz, cuya histórica y cinematográfica cárcel
- **F** resulta sumamente agradable andar por sus barrios disfrutando de un paseo sin prisas
- **G** Tras el paseo en tranvía, merece la pena bien descender hasta el paseo marítimo de Embarcadero, o bien regresar a Union Square para iniciar un itinerario a pie.
- **H** La primera opción es caminar por las calles del centro, siempre llenas de músicos callejeros y de puestos de comida.

Tarea 4

Instrucciones

Lea el texto y rellene los huecos (23-36) con la opción correcta (a / b / c).
Marque las opciones elegidas en la ***Hoja de respuestas****.*

BIOGRAFÍA DE EL GRECO

El Greco nació en la ciudad cretense de Candía en 1541. La isla era por aquel entonces una colonia de la República Veneciana, que se regía artísticamente **23** .... la estética bizantina y donde se hablaba griego. Su iniciación profesional **24** .... como marco, probablemente, alguno de los talleres monásticos que mantenían las enseñanzas de la pintura mural y de iconos.

Aún siendo bastante joven, se embarcó hacia Venecia, donde pudo aprender de los artistas más prestigiosos de la época. Seguramente, si no **25** .... la experiencia veneciana, su estilo habría evolucionado de manera muy diferente.

En 1570 se trasladó a Roma, donde siguió aprendiendo del contacto directo con el estilo renacentista y alcanzó la notoriedad que no **26** .... en una Venecia plagada de pintores de calidad. Sin embargo, lo más destacable de aquella época fueron sus retratos, como el que pintó para su amigo Giulio Clovio. El Greco, un tanto frustrado por la imposibilidad de mostrar su valía, **27** .... a declarar en una ocasión que era mejor que Miguel Ángel. Ya **28** .... por la enemistad que le generó tal comentario en los círculos intelectuales romanos, o porque confiaba en algún encargo de mérito en la corte de Felipe II de España, hacia 1576 abandonó Italia rumbo a España.

La primera mención de El Greco en España es de 1577, cuando realizó el retablo mayor de la iglesia de Santo Domingo. Poco después pintó el impresionante "Expolio" de la sacristía de la catedral de Toledo. Probablemente estas pinturas **29** .... en la sede toledana una gran novedad, ya que en ellas se fundían **30** .... mejor del arte veneciano y romano.

Pero las aspiraciones de El Greco apuntaban más alto, **31** .... que él había venido a España buscando abrirse las puertas de El Escorial y entrar al servicio de Felipe II. Y, en efecto, en 1579 logró atraer la atención del monarca y el encargo de un cuadro **32** .... el retablo de El Escorial. Por desgracia, el cuadro que realizó, el "Martirio de San Mauricio", no agradó al rey, no porque no la **33** .... una obra de índole religiosa, sino porque le resultó un tanto extravagante el estilo manierista empleado por el pintor. **34** .... fracasar, el pintor se domicilia y crea taller **35** .... Toledo definitivamente, donde pudo seguir pintando, gracias a la cantidad de clientes **36** .... solicitaban sus servicios.

Opciones

23	a) de	b) en	c) por
24	a) tuvo	b) hubo	c) estuvo
25	a) tuviera	b) habría tenido	c) hubiera tenido
26	a) hubo logrado	b) había logrado	c) lograse
27	a) llegó	b) iba	c) puso
28	a) es	b) fue	c) fuera
29	a) causasen	b) causarían	c) hubieran causado
30	a) el	b) lo	c) la
31	a) ya	b) como	c) por
32	a) por	b) para	c) con
33	a) considere	b) considerase	c) consideraría
34	a) De	b) Al	c) En
35	a) a	b) en	c) hasta
36	a) que	b) quienes	c) cuyos

PRUEBA DE COMPRENSIÓN AUDITIVA

Instrucciones

*La prueba de Comprensión auditiva contiene cinco tareas. Usted debe responder a 30 preguntas. Duración: 40 minutos. Marque sus opciones únicamente en la **Hoja de respuestas**.*

51

Tarea 1

Instrucciones

*Usted va a escuchar seis conversaciones breves. Escuchará cada conversación dos veces. Después debe contestar a las preguntas (1-6). Seleccione la opción correcta (a / b / c). Marque las opciones elegidas en la **Hoja de respuestas**. Tiene 30 segundos para leer las preguntas.*

PREGUNTAS

Conversación 1

1 La mujer...

a) dice que la jefa de Pedro no es muy guapa.
b) intenta animarlo.
c) acaba de hablar con María Isabel.

Conversación 2

2 La mujer...

a) cree que el vestido negro es demasiado aburrido.
b) no sabe bien lo que quiere.
c) ha decidido comprarse algo negro.

Conversación 3

3 Eva María...

a) se ha trasladado a otro lugar.
b) tiene una cabra.
c) no sabía adónde ir para tomar el sol.

Conversación 4

4 El hombre...

a) es monótono.
b) quiere que su hija tire la basura en el cubo correcto.
c) quiere que su hija saque la basura.

Conversación 5

5 El profesor...

a) rechaza la petición de su alumna.
b) dice que la estudiante debe repetir la asignatura.
c) aceptará las notas de la universidad extranjera.

Conversación 6

6 El truco de la tortilla de Karlos...

a) está en su habilidad manual.
b) está en saber bien la receta.
c) es inconfesable.

1

52 **Tarea 2**

Instrucciones

Usted va a escuchar una conversación entre Gustavo y su socia, Penélope. Indique si los enunciados (7-12) se refieren a Gustavo (A), a Penélope (B) o a ninguno de los dos (C). Escuchará la conversación dos veces. Marque las opciones elegidas en la ***Hoja de respuestas****. Tiene 20 segundos para leer los enunciados.*

	A. Gustavo	B. Penélope	C. Ninguno de los dos
0 *Tiene hijos.*	☐	✓	☐
7 Ha encontrado casa fácilmente.	☐	☐	☐
8 Está cansado/a de su situación actual.	☐	☐	☐
9 No quiere tener hijos de momento.	☐	☐	☐
10 Tiene un vecino ruidoso.	☐	☐	☐
11 Puede dar una entrada para comprar la vivienda.	☐	☐	☐
12 Ha cambiado de opinión.	☐	☐	☐

53 **Tarea 3**

Instrucciones

Usted va a escuchar parte de una entrevista a un hombre conocido como "el banquero de los pobres". Escuchará la entrevista dos veces. Después debe contestar a las preguntas (13-18). Seleccione la respuesta correcta (a / b / c). Marque las opciones elegidas en la ***Hoja de respuestas****. Tiene 30 segundos para leer las preguntas.*

PREGUNTAS

13 En la entrevista, el hombre dice que...
- **a)** las mujeres sustentan la economía.
- **b)** las mujeres se apoyan mutuamente.
- **c)** sus clientes tienen recursos.

14 La idea surgió...
- **a)** tras su regreso a su país.
- **b)** cuando lo despidieron de su trabajo.
- **c)** cuando se quedó sin dinero.

15 Según la entrevista...
- **a)** los créditos se conceden sin necesidad de presentar garantías para su devolución.
- **b)** el banco presta dinero cuando se firma el contrato.
- **c)** la letra de los contratos es muy pequeña y sus clientes la pasan por alto.

16 En la entrevista se dice que el banco de los pobres...
- **a)** no tiene ningún problema.
- **b)** avala a gente que quiere montar su propia empresa.
- **c)** cuenta con un número mínimo de deudores.

17 En opinión del entrevistado...
- **a)** la economía mundial se basa en un sistema equivocado.
- **b)** la naturaleza está en peligro.
- **c)** es un riesgo prestar dinero.

18 El entrevistado...
- **a)** dice que hay que regalar dinero a los pobres.
- **b)** afirma que la caridad es un error.
- **c)** confiesa que él nunca da limosna.

54 Tarea 4

Instrucciones

Usted va a escuchar a seis personas que dan consejos para vivir de forma más ecológica. Escuchará a cada persona dos veces. Seleccione el enunciado (A-J) que corresponde al tema del que habla cada persona (19-24). Hay diez enunciados incluido el ejemplo. Seleccione solamente seis.
*Marque las opciones elegidas en la **Hoja de respuestas**.*
Ahora escuche el ejemplo:

Persona 0

La opción correcta es el enunciado B

	A	B	C	D	E	F	G	H	I	J
0	☐	☒	☐	☐	☐	☐	☐	☐	☐	☐

Tiene 20 segundos para leer los enunciados.

ENUNCIADOS

A	Separar la basura.
B	**Cambiar nuestra forma de hacer las cosas todos los días.**
C	Mudarse al campo.
D	Usar la creatividad.
E	Montar un huerto comunitario.
F	Vivir en una casa sostenible.
G	Usar energías renovables.
H	Vivir en una zona con un estilo de vida sano.
I	Mudarse a Polonia.
J	Crear una empresa de reciclaje de objetos usados.

	PERSONA	ENUNCIADO
	Persona 0	*B*
19	Persona 1	
20	Persona 2	
21	Persona 3	
22	Persona 4	
23	Persona 5	
24	Persona 6	

55 **Tarea 5**

Instrucciones

Usted va a escuchar a un hombre argentino que ha recorrido el mundo en su barco. Escuchará la audición dos veces. Después debe contestar a las preguntas (25-30). Seleccione la opción correcta (a / b / c). Marque las opciones elegidas en la ***Hoja de respuestas****.*
Tiene 30 segundos para leer las preguntas.

PREGUNTAS

25 Antonio cuenta que...
- **a)** su relación con el mar nació cuando era más joven.
- **b)** aprendió a navegar gracias a sus padres.
- **c)** trabajaba en un puerto.

26 Según la grabación, Antonio...
- **a)** hizo caso a sus padres.
- **b)** se enamoró de las ballenas al ver una película.
- **c)** se rompió un brazo en el barco.

27 A los 17 años, Antonio...
- **a)** empezó a trabajar en su propio barco.
- **b)** trabajaba con su abuelo.
- **c)** lo dejó todo.

28 En la grabación, Antonio dice que...
- **a)** hizo pruebas para su viaje a Tierra del Fuego.
- **b)** su primer viaje lo ayudó a hacerse más fuerte.
- **c)** su primera travesía fue bastante asequible.

29 El hombre cuenta que...
- **a)** fue a México para ayudar a las ballenas.
- **b)** tuvo problemas con las luces del barco.
- **c)** en uno de sus viajes asistió al nacimiento de las ballenas

30 Según la grabación...
- **a)** las crías de ballena jugaban con los barcos.
- **b)** Antonio es el único hombre argentino capitán de barco en Greenpeace.
- **c)** una ballena chocó contra un barco.

PRUEBA DE EXPRESIÓN E INTERACCIÓN ESCRITAS

Instrucciones

*La prueba de Expresión e interacción escritas contiene dos tareas. Duración: 80 minutos. Haga sus tareas únicamente en la **Hoja de respuestas**.*

56

Tarea 1

Instrucciones

Usted va a escuchar una oferta muy ventajosa de una agencia de viajes. La escuchará dos veces. Tras aceptarla, le informan de que solo es válida si viajan dos personas, por ese motivo usted le escribe una carta a una persona allegada para invitarla a que viaje con usted. En la carta deberá:

- *saludar e interesarse por su amiga o amigo;*
- *explicarle el motivo de su carta;*
- *exponer las ventajas del viaje que ha contratado;*
- *proponer actividades que podrían realizar durante su estancia;*
- *despedirse.*

*Número de palabras: **entre 150 y 180**.*

Tarea 2

Instrucciones

Elija solo una de las dos opciones que se le ofrecen a continuación:

OPCIÓN 1

Usted debe escribir un artículo breve, para una revista cultural, sobre la importancia del español en el mundo. El texto debe incluir y analizar la información que aparece en los gráficos siguientes:

El español en el mundo

Millones de personas que hablan español

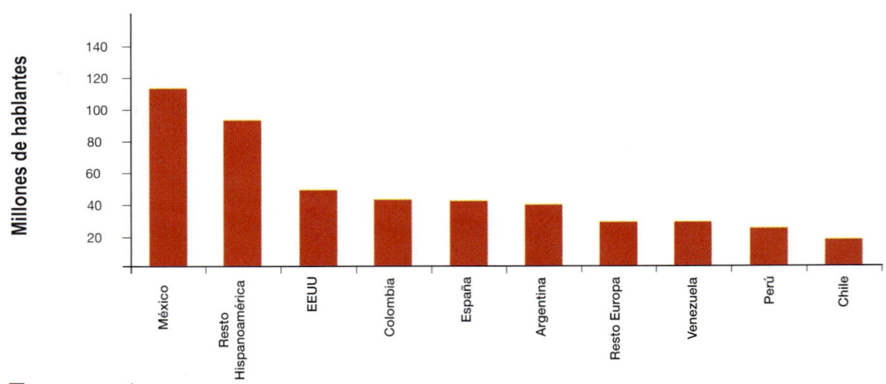

El español y el ámbito laboral

Carreras universitarias que incluyen el español como asignatura obligatoria

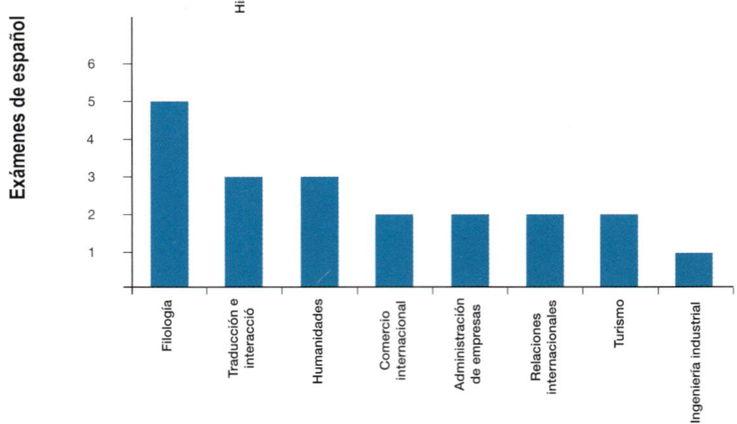

Redacte un texto en el que deberá:

- *comentar la importancia que tiene el español en el mundo;*
- *interpretar o comentar los datos que considere más relevantes;*
- *destacar la situación del español en su lugar de origen;*
- *elaborar una conclusión.*

*Número de palabras: **entre 150 y 180**.*

OPCIÓN 2

Usted escribe en un blog sobre nuevas tecnologías. Ayer asistió a la competición Solar Decathlon Europe, la iniciativa que promueve el empleo de la energía solar en los hogares, y ha decidido escribir sobre el tema. A continuación puede ver la información extraída de la página web de la competición:

SOLAR DECATHLON EUROPE
Competimos por un futuro verde

La instalación de paneles fotovoltaicos ha dejado de ser una realidad aplicable solo a vastos terrenos campestres, y ha encontrado su espacio en los tejados de las casas particulares. No solo eso, sino que existen métodos de almacenaje de energía solar que nos podrían permitir disfrutar de agua caliente y calefacción.

Si quieres conocer las ventajas que supone el empleo de esta fuente de energía renovable, acércate a la Solar Decathlon Europe, una competición ecológica entre universidades cuyas innovadoras propuestas se basan precisamente en la energía solar. Se trata de un certamen cuyo fin es crear viviendas ecológicas, que consuman cantidades reducidas de energía y que no generen una cantidad excesiva de residuos.

Para poder participar en esta competición, los centros universitarios han de presentar modelos de hogares lo más realistas posibles; para ello buscan la ayuda económica de empresas o fundaciones concienciadas que estudian las propuestas y luego deciden si merece la pena invertir o no.

Este año se celebrará su tercera edición en Madrid y ya se escuchan nombres de proyectos que aspiran al premio principal. Es el caso, por ejemplo, del equipo de investigación de una universidad francesa, cuyo diseño contempla unas zonas comunes con invernadero, verdaderamente innovadoras. Asimismo, la representación española defiende las casas prefabricadas, construidas con materiales tradicionales; y otro de los favoritos este año es un equipo investigador italiano cuyo proyecto se basa en la creación de una casa que genera un volumen mínimo de residuos, reduciendo, por tanto, el impacto medioambiental del hogar.

Redacte un texto en el que deberá:

- *hacer una pequeña introducción acerca de esta iniciativa;*
- *valorar la intención y preparación de los participantes;*
- *contar cómo reaccionó el público que asistió a la competición;*
- *elaborar una opinión personal sobre este tipo de proyectos.*

*Número de palabras: **entre 150 y 180**.*

PRUEBA DE EXPRESIÓN E INTERACCIÓN ORALES

Instrucciones

La prueba de Expresión e Interacción orales contiene tres tareas:

- **Tarea 1**

Valorar propuestas y conversar sobre ellas (4-5 minutos)

Usted deberá hablar durante dos minutos de las ventajas e inconvenientes de una serie de soluciones propuestas para una situación determinada. A continuación, conversará con el entrevistador sobre el tema. Deberá elegir una de las dos opciones propuestas.

- **Tarea 2**

Describir una situación imaginada a partir de una fotografía y conversar sobre ella (3-4 minutos)

Usted debe imaginar una situación a partir de una fotografía y describirla durante uno o dos minutos. A continuación conversará con el entrevistador acerca de sus experiencias y opiniones sobre el tema de la situación. Tenga en cuenta que no hay una respuesta correcta: debe imaginar la situación a partir de las preguntas que se le proporcionan. Deberá elegir una de las dos opciones propuestas.

- **Tarea 3**

Opinar sobre los datos de una encuesta (2-3 minutos)

Usted debe conversar con el entrevistador sobre los datos de una encuesta, expresando su opinión al respecto. Deberá elegir una de las dos opciones propuestas.

*Tiene 15 minutos para preparar las **Tareas 1** y **2**. Usted puede tomar notas y escribir un esquema de su exposición que podrá consultar durante el examen; en ningún caso podrá limitarse a leer el esquema o sus notas.*

Tarea 1

Instrucciones

*Le proponemos dos temas con algunas indicaciones para preparar una exposición oral. Elija uno de ellos. Tendrá que hablar durante **2 o 3 minutos** sobre ventajas e inconvenientes de una serie de soluciones propuestas para una situación determinada. A continuación, conversará con el entrevistador sobre el tema.*

TEMA 1:

CADA VEZ MÁS PERSONAS SUFREN ALERGIAS EN PRIMAVERA

Desde hace unos años, en su país ha aumentado el número de personas alérgicas al polen que sufren, especialmente, durante la primavera. Un grupo de alergólogos, biólogos y gente común se ha reunido con el objetivo de encontrar soluciones a este problema. Lea las siguientes propuestas y, durante dos minutos, explique sus ventajas e inconvenientes; tenga en cuenta que debe hablar, como mínimo, de cuatro de ellas. Cuando haya finalizado su intervención, debe conversar con el entrevistador sobre el tema de las propuestas.

Para preparar su intervención, al analizar cada propuesta debe plantearse por qué le parece una buena solución y qué inconvenientes tiene, a quién beneficia y a quién perjudica, si puede generar otros problemas, si habría que matizar algo...

Deberíamos limitar los espacios verdes en las ciudades. Quien quiera campo, que salga de la ciudad.

Para mí, la proliferación de alergias se debe a la mala alimentación de la población. Habría que informar acerca de este hecho.

La alergia no es un problema tan grave. Las personas que la sufren deberían quedarse en casa durante los meses de primavera.

Los laboratorios deberían poner a la venta las vacunas a precios razonables. Ahora son demasiado caras.

En las ciudades, deberíamos plantar árboles y flores que no afecten a estas personas.

Es un problema relacionado con el calentamiento global. Deberíamos reducir el impacto medioambiental de nuestras actividades.

TEMA 2:

LA ALIMENTACIÓN SANA

Varias asociaciones de su ciudad han convocado una reunión para solucionar el problema de la mala alimentación entre los jóvenes. Lea las siguientes propuestas y, durante dos minutos, explique sus ventajas e inconvenientes; tenga en cuenta que debe hablar, como mínimo, de cuatro de ellas. Cuando haya finalizado su intervención, debe conversar con el entrevistador sobre el tema de las propuestas.

Para preparar su intervención, al analizar cada propuesta debe plantearse por qué le parece una buena solución y qué inconvenientes tiene, a quién beneficia y a quién perjudica, si puede generar otros problemas, si habría que matizar algo...

Las familias deberían dar ejemplo en la mesa. La alimentación sana ha de empezar en la casa de cada uno.

Habría que pedir a los centros escolares que incluyeran en sus programas las normas de una alimentación sana.

Creo que el gobierno debería aumentar el precio de los productos menos saludables. De esa forma se comprarían menos.

Se debería llenar la ciudad de anuncios y pancartas que denunciasen las consecuencias de este tipo de alimentación.

Se debería obligar a los establecimientos que venden alimentos a pegar etiquetas en aquellos productos que no sean especialmente saludables.

Para mí, el problema de la mala alimentación tiene que ver con el ritmo de vida que llevamos. Deberíamos reducir las horas de trabajo y estudio, así tendríamos más tiempo para cocinar platos sanos.

EXPOSICIÓN

Ejemplo Tema 1: *A la propuesta de reducir el precio de las vacunas le veo una ventaja muy clara...*
Ejemplo Tema 2: *A la propuesta de dar ejemplo en casa le veo una ventaja muy clara...*

Conversación

Una vez el candidato haya hablado de las propuestas de la lámina durante el tiempo estipulado (2 minutos), el entrevistador le hará algunas preguntas sobre el tema hasta cumplir con la duración de la tarea.

Ejemplo de preguntas del entrevistador:

TEMA 1:

Sobre las propuestas
- De las propuestas dadas, ¿cuál le parece la mejor?

Sobre su realidad
- ¿Cree que en su país hay cada vez más personas alérgicas? ¿Conoce alguna solución eficaz?

Sobre sus opiniones
- ¿Cree que las alergias influyen en el estilo de vida de quien las sufre?

TEMA 2:

Sobre las propuestas
- De las propuestas dadas, ¿cuál le parece la mejor?

Sobre su realidad
- ¿Existe este tipo de problema en su entorno? ¿Se ha hecho algo para solucionarlo?

Sobre sus opiniones
- ¿Cree que en su ciudad sería necesario informar a la población acerca de los beneficios de una alimentación sana? En caso afirmativo, ¿cómo podría hacerse?

*La duración total de esta tarea es de **4 a 5 minutos.***

Tarea 2

Instrucciones

Usted debe imaginar una situación a partir de la fotografía y describirla durante unos minutos. A continuación conversará con el entrevistador acerca de sus experiencias y opiniones sobre el tema de la situación. Tenga en cuenta que no hay una respuesta correcta: debe imaginar la situación a partir de las preguntas que se le proporcionan. Deberá elegir una de las dos fotografías propuestas.

FOTOGRAFÍA 1: LA ORIENTACIÓN EN LA CIUDAD

Las personas de la fotografía están observando el plano de una ciudad. Imagine la situación y hable de ella durante, aproximadamente, dos minutos. Estos son algunos aspectos que puede comentar:

- ¿Dónde están? ¿Por qué?
- ¿Qué relación cree que hay entre estas personas? ¿Por qué?
- ¿Cómo imagina que es cada una de estas personas? ¿Por qué?
- ¿Qué cree que está pasando? ¿Por qué?
- ¿Qué cree que se están diciendo?
- ¿Qué cree que va a ocurrir después? ¿Cómo va a terminar la situación?

FOTOGRAFÍA 2: ARTE EN EL PARQUE

Las personas de la fotografía están observando algo. Imagine la situación y hable de ella durante, aproximadamente, dos minutos. Estos son algunos aspectos que puede comentar:

- ¿Dónde cree que están? ¿Por qué?
- ¿Qué relación cree que hay entre estas personas? ¿Por qué?
- ¿Cómo imagina que es cada una de estas personas? ¿Por qué?
- ¿Qué cree que están mirando? ¿Por qué?
- ¿Qué cree que pueden comentar entre ellas?
- ¿Qué cree que va a ocurrir después? ¿Cómo va a terminar la situación?

Una vez haya descrito la fotografía durante el tiempo estipulado (2 minutos), el entrevistador le hará algunas preguntas sobre el tema de la situación hasta cumplir con la duración de la tarea.

Ejemplo de preguntas del entrevistador:

FOTOGRAFÍA 1:

- ¿Cree que es fácil orientarse en una ciudad desconocida? ¿Por qué?
- ¿Usted tiene problemas para orientarse? En caso negativo, ¿conoce a alguien que tenga este problema?
- ¿Cuáles son las dificultades más habituales para quien viaja a una nueva ciudad?

FOTOGRAFÍA 2:

- ¿Qué le gusta más? ¿Visitar museos o dar paseos al aire libre? ¿Por qué?
- ¿Qué ventajas tiene colocar obras de arte en espacios públicos? ¿E inconvenientes?
- ¿Usted ha visto alguna exposición al aire libre que le haya gustado especialmente? En caso afirmativo, ¿de qué se trataba? En caso negativo, ¿conoce a alguien que la haya visto?

*La duración total de esta tarea es de **3 a 4 minutos**.*

Tarea 3

Instrucciones

Usted debe conversar con el entrevistador sobre los contenidos de una noticia, expresando su opinión al respecto. Deberá elegir una de las dos opciones propuestas.

PROPUESTA 1: **CONCIENCIANDO SOBRE LA VEJEZ**

Los investigadores de un centro alemán de pediatría han creado un traje que permite experimentar físicamente lo que siente un anciano de 75 años. El simulador de vejez pesa diez kilos y está diseñado para limitar los movimientos de las articulaciones, posee una visera que distorsiona la vista y también merma la capacidad auditiva. Su objetivo es concienciar a los jóvenes acerca de las necesidades de los mayores.

Instrucciones

Comente ahora con el entrevistador su opinión sobre la noticia:

- ¿Conocía esta noticia? ¿Qué le parece?
- ¿Cree usted que los jóvenes sienten empatía hacia las personas mayores? ¿Puede poner algún ejemplo?

Ejemplo de preguntas del entrevistador:

- ¿Por qué ha escogido esa opción?
- ¿Conoce otras iniciativas que busquen beneficiar a las personas mayores? ¿Cuáles?

PROPUESTA 2: **PARA QUE TE SIENTAS ARTISTA**

Muchas personas han soñado alguna vez con ser una estrella de la música. Hay quien canta en la ducha o quien lo hace mientras realiza las tareas del hogar. Tomás Vega y Limpialson han creado un plumero con micrófono incorporado para todas aquellas personas que quieran dar rienda suelta a su vena artística mientras limpian la casa.

Instrucciones

Comente ahora con el entrevistador su opinión sobre la noticia:

- ¿Había oído esta noticia antes? ¿Qué le parece?
- ¿Cree que tendrá éxito este producto? ¿Por qué?

Ejemplo de preguntas del entrevistador:

- ¿Por qué ha escogido esa opción? ¿Cree que sería un buen regalo? ¿Para quién?
- ¿Conoce otros inventos curiosos? En caso contrario, ¿qué le gustaría que se inventara?

*La duración de esta tarea es de **2 a 3 minutos**.*

MODELO 4
PRUEBA DE COMPRENSIÓN DE LECTURA

Instrucciones

La prueba de Comprensión de lectura contiene cuatro tareas. Usted debe responder a 36 preguntas. Duración: 70 minutos. Marque sus opciones únicamente en la ***Hoja de respuestas****.*

Tarea 1

Usted va a leer un texto sobre los cuentos. Después, debe contestar a las preguntas (1-6). Seleccione la respuesta correcta (a / b / c). Marque las opciones elegidas en la ***Hoja de respuestas****.*

CURACIÓN A TRAVÉS DE LOS CUENTOS

Resulta imposible establecer con precisión los orígenes del cuento, pero lo que sí se conoce es que sus más antiguos e importantes precursores fueron los pueblos orientales, milenios atrás. Esta tradición fue extendiéndose con los intercambios comerciales y los movimientos migratorios. La sabiduría que subyace tras los cuentos está unida a una cultura popular que representa un yo colectivo común a diferentes culturas. No es casual que ciertos cuentos se repitan en diferentes países.

Hoy en día, sin embargo, algunos padres desconfían de la utilidad de una costumbre que consideran anclada en el pasado y que, según ellos, perpetúa los roles clásicos de una sociedad que ha evolucionado, dejándolos atrás.

Los expertos, sin embargo, nos advierten del peligro de esta visión simplificada, enfatizando los múltiples beneficios que los cuentos conllevan. Begoña Ibarrola, autora y psicóloga especializada en educación emocional, subraya que contar un cuento antes de dormir no es solo un momento insustituible para establecer una conexión emocional con los propios hijos, sino que además ayuda a los pequeños a cultivar la fantasía y la curiosidad por la lectura.

Carmen Martínez, miembro del Comité de Bioética de la Asociación Española de Pediatría (AEP), acérrima defensora de los cuentos clásicos, afirma que estos "son sumamente útiles, porque con su trama sencilla, sus dificultades y un final feliz, transmiten que en la vida surgen problemas, pero que siempre hay personas que pueden ayudarnos y que, esforzándose, se sale adelante". La pediatra enfatiza que el niño necesita estereotipos claros en forma de personajes, como el feo, el guapo, el malo o el bueno, que conectan con aspectos positivos y negativos que todos llevamos en nuestro interior.

Además, a través del juego simbólico que plantean los cuentos, el niño encuentra estrategias para elaborar ciertas situaciones de conflicto, a la vez que construye su propio sistema de valores morales. Identificando emociones como los celos de la madrastra hacia Blancanieves, puede aceptar su propia envidia ante el hermanito recién nacido, reconociéndola y, tal vez, transformándola.

Esto no significa que un cuento sea una medicina infalible, ni que leerle Pinocho a nuestro hijo cada noche hará que deje automáticamente de contar mentiras. Lo principal, según la doctora Martínez, es el vínculo de afecto y el equilibrio emocional que seamos capaces de transmitirle. Un cuento puede ayudar, pero no es en sí mismo una medicina que vaya a sustituirnos. Aparcar a los pequeños frente al televisor durante toda la tarde y leerles un cuento antes de dormir no significa que estemos cultivando positivamente nuestra relación con ellos.

Un cuento puede curar si lo usamos sabiamente. No olvidemos que en la milenaria medicina ayurveda se usaban relatos específicos para cada enfermo como complemento a una serie de terapias.

PREGUNTAS

1 En el texto se afirma que...
   a) algunos padres desconfían de la utilidad de los cuentos.
   b) los padres usan los cuentos porque se sienten culpables.
   c) un cuento es siempre de ayuda para un niño.

2 En el texto se advierte...
   a) del peligro de la visión proyectada en los cuentos.
   b) que el uso excesivo de los relatos puede tener efectos adversos.
   c) que no se deberían despreciar las ventajas de los cuentos.

3 Según el texto, los cuentos clásicos...
   a) ayudan a superar cualquier problema.
   b) aportan ejemplos claros de la realidad.
   c) están llenos de estereotipos.

4 En el texto se afirma que...
   a) lo importante es desarrollar una buena relación con los hijos.
   b) los cuentos tienen valores totalmente diferentes en cada cultura.
   c) la televisión y los cuentos son herramientas educativas.

5 Según el texto, el cuento...
   a) sirve para jugar con los hermanos pequeños.
   b) ayuda al niño en su desarrollo emocional.
   c) ayuda a los padres a corregir comportamientos negativos.

6 En el texto se dice que...
   a) contar cuentos es una costumbre de los médicos ayurvedas.
   b) un cuento es el complemento ideal de una educación equilibrada.
   c) se deberían combinar diversas terapias con los cuentos.

Tarea 2

Instrucciones

Usted va a leer cuatro textos en los que cuatro personas hablan sobre sus experiencias buscando trabajo. Después, relacione las preguntas (7-16) con los textos (A, B, C y D). Marque las opciones elegidas en la **Hoja de respuestas***.*

PREGUNTAS

		A. MARIAN	B. FÉLIX	C. LAURA	D. FRANCISCO
7	¿Quién se quedó sin trabajo?				
8	¿Quién ganaba poco?				
9	¿Quién no se encontraba a gusto por las relaciones de parentesco de su antigua empresa?				
10	¿Quién se presentó a un concurso?				
11	¿A quién la/lo descubrió su actual jefe?				
12	¿Quién tuvo que pasar una entrevista fuera de lo común?				
13	¿Quién tenía miedo de aceptar la nueva oferta de trabajo que le habían propuesto?				
14	¿Quién ha pasado a ocuparse de las mismas tareas que las de sus entrevistadores?				
15	¿Quién tuvo altibajos anímicos?				
16	¿Quién ha sido capaz de aprovechar un límite de su carácter para encontrar trabajo?				

TEXTOS

A. MARIAN

Pues yo llevaba un montón de años trabajando en la misma empresa y me daba cuenta de que había perdido la motivación y estaba un poco "quemada" por el ambiente de trabajo. Así que, un día, un amigo me dijo que estaban buscando gente para el departamento de Recursos Humanos de la multinacional en la que trabajaba. Pues nada, que no le di más vueltas y me presenté al proceso de selección. Fue un poco raro, nos metieron a todos los candidatos en una sala de espera y, en un momento dado, nos advirtieron de que había un topo, es decir que uno de nosotros era un miembro de la empresa. A partir de ese momento nos pidieron que lleváramos a cabo una serie de actividades de grupo, y al final eligieron a los dos candidatos que habían tenido una mejor reacción ante las pruebas. Fue divertido, y resulta que yo fui una de los dos seleccionados, según me dijeron porque había priorizado el trabajo en equipo y el alcanzar los objetivos propuestos. Hoy, soy yo la que hace este tipo de procesos de selección. Y, la verdad, ¡me divierto un montón!

B. FÉLIX

Yo antes trabajaba para una pequeña empresa familiar, y el rollo de este tipo de sitios es que haces tu trabajo y mil y una cosas más. Era el único empleado, el resto eran familiares del jefe, así que podéis imaginar lo que pasaba, yo era el chico de los recados. Después de 3 años, llegué a la conclusión de que había tocado fondo. Mi trabajo ni me llenaba ni me permitía desarrollar mis capacidades. Tengo que admitir que mandé cientos de currícula antes de recibir una oferta mínimamente interesante. Pero un día llegó, era de una empresa de cosmética natural y me pedían un cambio radical, pasaría a ocuparme de las ventas en la zona del norte de África, viajando de un sitio a otro y conociendo diferentes lugares y personas. Al principio le di un montón de vueltas, era un cambio drástico: ¿y si no me adaptaba? Al final decidí arriesgarme y la verdad es que no me arrepiento en absoluto.

C. LAURA

A mí siempre me han atraído las culturas orientales, pero cuando terminé mis estudios de chino no sabía cómo orientarme en el mundo laboral. Comencé a hacer de traductora para empresarios que venían a Madrid. Cobraba poco y hacía más horas que un reloj. Solía colaborar en los encuentros que se organizaban en palacios de congresos y cosas por el estilo. Además de traducir, tenía que coordinar las diversas visitas de los invitados. Y así fue como conocí a mi actual jefe. Se quedó tan impresionado por mi forma de ser metódica y mi organización que, al final del ciclo de conferencias, acabó pidiéndome que fuera su asistente personal permanente. Mi familia siempre me ha dicho que soy una maniática del orden y yo lo veía como uno de mis defectos, pero resultó ser una gran ventaja.

D. FRANCISCO

Yo siempre he sido un tío bastante conservador y ni se me pasaba por la cabeza cambiar de puesto de trabajo. Con 10 años en la empresa me sabía mis tareas al dedillo y era cómodo no tener que improvisar. Mi creatividad y mis pasiones, que son la pintura y la escritura, las cultivaba en mis ratos libres. Mis amigos me animaban a presentarme a algún concurso, pero me daba pereza. Un día, mi empresa cerró por quiebra. Me quedé de patitas en la calle de un día para otro. El barco de mi supuesta tranquilidad hizo aguas y naufragó. Tras un bajón anímico de varios meses, decidí ponerme manos a la obra y hacer algo productivo. Envié una novela mía a varios certámenes, pero nada. Pasé un año llorando por los rincones, hasta que una mañana de octubre sonó el teléfono y me dieron la noticia: ¡iban a publicar mi novela en Alfaguara! Así fue como la vida me cambió.

Tarea 3

Instrucciones

Lea el siguiente texto, del que se han extraído seis fragmentos. A continuación lea los ocho fragmentos propuestos (A-H) y decida en qué lugar del texto (17-22) hay que colocar cada uno de ellos. HAY DOS FRAGMENTOS QUE NO TIENE QUE ELEGIR. Marque las opciones elegidas en la ***Hoja de respuestas.***

FORMACIÓN ADECUADA PARA LAS NUEVAS PROFESIONES

Las Tecnologías de la Información y la Comunicación (TICs) han transformado nuestro mercado laboral durante los últimos años. Su vinculación con los avances tecnológicos hace que su papel sea fundamental a la hora de definir el perfil de los nuevos profesionales que necesitan la sociedad y las empresas de nuestros días.

17 .... Así, a finales de los noventa surgieron posiciones en las empresas con denominaciones como webmaster, programador web o diseñador web, por citar algunos ejemplos.

18 .... Las empresas son cada vez más conscientes de la importancia de utilizar estos nuevos canales para gestionar su reputación en la Red, buscar nuevos marcos de negocio o relacionarse con sus clientes. Y la actividad profesional se ha incrementado notablemente dando paso a profesiones innovadoras como desarrollador de tecnologías móviles, blogger profesional o administrador de sistemas multiplataforma, entre otras.

19 .... que recogen los nuevos títulos de Formación Profesional Superior, como el de Técnico Superior en Administración de Sistemas Informáticos en Red, avalan la preparación que tienen y tendrán estos titulados. Esta formación profesional superior implica tres aspectos fundamentales. Un enfoque eminentemente práctico, que los capacita para configurar, administrar y mantener los sistemas informáticos que conviven dentro de las empresas, a diferentes niveles. 20 .... Y un desarrollo competencial que incide en el aprendizaje de idiomas y otros aspectos como la responsabilidad, el liderazgo, la capacidad de solucionar problemas, de gestionar equipos de trabajo, o de evaluar y analizar riesgos.

21 .... El centro educativo juega un papel esencial en este sentido, ya que es el responsable de establecer acuerdos con compañías interesadas en formar a técnicos en nuevas tecnologías. 22 .... sino también su implicación en el proceso formativo del estudiante, garantizando una estrecha relación entre los tutores de la empresa y los del centro. Solo así se podrá establecer un seguimiento real de su aprendizaje y se podrán incorporar a los programas formativos conocimientos y contenidos acordes con las necesidades del mundo laboral.

FRAGMENTOS

- **A** Estos perfiles emergentes ofrecen numerosas posibilidades de empleo para nuestros jóvenes y las cualificaciones profesionales.
- **B** A la hora de cerrar estos convenios no solo se debe tener en cuenta el liderazgo de la compañía,
- **C** Hasta hace muy poco, estos nuevos perfiles estaban vinculados con redes locales e Internet.
- **D** Además, estos acuerdos se ocupan de buscar la empresa adecuada para cada perfil de estudiante,
- **E** Una conexión permanente con las tendencias del mercado, actuales y futuras, para estar siempre al día de los últimos avances.
- **F** Apenas una década después, gracias al auge de las redes sociales y la informática móvil, las necesidades han cambiado.
- **G** También resulta fundamental la realización de prácticas en empresas, ya sean estas tecnológicas o de otros sectores.
- **H** Todas estas profesiones ahora están en boga y tienen mucha demanda entre gran parte de los jóvenes

Tarea 4

Instrucciones

Lea el texto y rellene los huecos (23-36) con la opción correcta (a / b / c).
Marque las opciones elegidas en la ***Hoja de respuestas****.*

VIDA Y OBRA DE JUAN RULFO

El escritor mexicano Juan Rulfo nació en Sayula, México. Durante un tiempo vivió en una pequeña localidad llamada San Gabriel, en el estado mexicano de Jalisco, pero, a causa de la muerte **23** .... de su padre y de su madre, sus familiares **24** .... vieron obligados a internarlo en un colegio de Guadalajara, la capital del estado de Jalisco, **25** .... residía.
Durante aquellos años **26** .... acceso a la biblioteca de un sacerdote, lo que influyó notablemente en su vocación de escritor. De hecho, y **27** .... que algunos estudiosos atribuyen su introducción en el mundo de la escritura a la pérdida de sus padres, este periodo de lectura se considera su principal inspiración para emprender la carrera artística.
28 .... su intención era cursar estudios universitarios, no consiguió hacerlo oficialmente por diversas razones, aunque sí asistió en **29** .... de oyente a algunos cursos **30** .... contenidos asimiló convirtiendose, así, en experto en historia, antropología y geografía mexicanas.
Durante gran parte de los años 1930 y 1940 recorre su país, trabajando en Guadalajara y en Ciudad de México. A partir de 1945 **31** .... a publicar sus cuentos y fotografías en las revistas América y Pan, y ahí se produce su confirmación como escritor.
A **32** .... de los cuarenta conoce a su futura esposa, Clara Aparicio, **33** .... creará una familia. Por fin, a principios de los años cincuenta, Rulfo ve reconocida su labor de escritor con la concesión de dos becas por parte del Centro Mexicano de Escritores. Esta ayuda le **34** .... publicar, en 1953, *El Llano en llamas*, y, en 1955, *Pedro Páramo*, quizá su obra más alabada. En los años siguientes publica otros materiales llegando a convertirse en el escritor mexicano más admirado tanto dentro como fuera de su patria.
Según diversas encuestas realizadas en varios países, su obra ocupa una posición muy destacada en la literatura universal. Prueba de ello es el hecho de que sigan **35** .... nuevas traducciones de sus escritos.
Durante las dos últimas décadas de su vida y siguiendo sus inquietudes antropológicas, Juan Rulfo se dedicó a trabajar en el Instituto Nacional Indigenista de México. El resultado de su labor **36** .... la publicación de una de las principales colecciones de antropología contemporánea y antigua de México.

Opciones

23 a) adelantada	**b)** prematura	**c)** anterior
24 a) le	**b)** lo	**c)** se
25 a) al que	**b)** donde	**c)** cuando
26 a) tuvo	**b)** hubo	**c)** dio
27 a) aunque	**b)** a pesar	**c)** pese a
28 a) Si bien	**b)** Como	**c)** Dado que
29 a) cualidad	**b)** calidad	**c)** carácter
30 a) sus	**b)** con los	**c)** cuyos
31 a) decide	**b)** empieza	**c)** piensa
32 a) medio	**b)** medias	**c)** mediados
33 a) a la que	**b)** de la que	**c)** con la que
34 a) autoriza	**b)** permite de	**c)** permite
35 a) a aparecer	**b)** apareciendo	**c)** aparecidas
36 a) fuera	**b)** fue	**c)** sea

PRUEBA DE COMPRENSIÓN AUDITIVA

Instrucciones

La prueba de Comprensión auditiva contiene cinco tareas. Usted debe responder a 30 preguntas. Duración: 40 minutos. Marque sus opciones únicamente en la ***Hoja de respuestas****.*

7 **Tarea 1**

Instrucciones

Usted va a escuchar seis conversaciones breves. Escuchará cada conversación dos veces. Después debe contestar a las preguntas (1-6). Seleccione la opción correcta (a / b / c).
Marque las opciones elegidas en la ***Hoja de respuestas****. Tiene 30 segundos para leer las preguntas.*

PREGUNTAS

Conversación 1

1 El hombre...
- a) debe distribuir papel y lápiz a los asistentes.
- b) ya ha hecho el informe.
- c) debe ocuparse de la bebida.

Conversación 2

2 La mujer...
- a) decide preparar la comida el día antes.
- b) no tiene ganas de cocinar.
- c) le pide a su pareja que cocine.

Conversación 3

3 La mujer...
- a) afirma que la financiación ya ha llegado.
- b) cree que no se pueden utilizar datos anteriores.
- c) propone empezar a escribir algo del artículo.

Conversación 4

4 El hombre...
- a) elige la lavadora con programa antiarrugas.
- b) quiere hablar de precios.
- c) prefiere una lavadora que seque también.

Conversación 5

5 La alumna...
- a) toca la flauta.
- b) puede ensayar los fines de semana.
- c) ensaya sin partituras.

Conversación 6

6 La chica...
- a) vio una película que le encantó.
- b) dice que el cine le salió barato.
- c) no se deja llevar por las críticas cinematográficas.

58 **Tarea 2**

Instrucciones

Usted va a escuchar una conversación entre dos personas que trabajan en el mundo de la moda: Mónica y su socio, Esteban. Indique si los enunciados (7-12) se refieren a Mónica (A), a Esteban (B) o a ninguno de los dos (C). Escuchará la conversación dos veces. Marque las opciones elegidas en la ***Hoja de respuestas.*** *Tiene 20 segundos para leer los enunciados.*

	A. Mónica	B. Esteban	C. Ninguno de los dos
0 *Dice que tienen que empezar a preparar la nueva colección.*	✓	☐	☐
7 Quiere seguir la tendencia de la última colección.	☐	☐	☐
8 Quiere romper con lo que han hecho hasta ahora.	☐	☐	☐
9 Está preocupado/a.	☐	☐	☐
10 No viaja con frecuencia.	☐	☐	☐
11 Se ha dejado convencer.	☐	☐	☐
12 Le hace un cumplido a su compañero/a.	☐	☐	☐

59 **Tarea 3**

Instrucciones

Usted va a escuchar parte de una entrevista a un especialista en tiburones. Escuchará la entrevista dos veces. Después debe contestar a las preguntas (13-18). Seleccione la respuesta correcta (a / b / c). Marque las opciones elegidas en la ***Hoja de respuestas.*** *Tiene 30 segundos para leer las preguntas.*

PREGUNTAS

13 En la entrevista, el hombre dice que de pequeño...

a) fue atacado por un tiburón mientras practicaba submarinismo.

b) tenía miedo de los tiburones.

c) ya sabía que quería estudiar el mundo de los tiburones.

14 Durante su carrera universitaria, el hombre...

a) profundizó en el estudio del tiburón blanco.

b) se dedicó a investigar las especies de tiburones más desconocidas.

c) combinaba sus estudios con un trabajo en un acuario.

15 El hombre opina que los tiburones...

a) atacan por instinto.

b) atacan solo si tienen hambre.

c) pueden ser peligrosos si se ven atacados.

16 El hombre dice que el tiburón gatopardo...

a) tiene el vientre y las aletas llenos de manchas.

b) es de pequeñas dimensiones.

c) es inofensivo.

17 El hombre comenta que las modificaciones en el comportamiento de los tiburones están causadas por...

a) el ecoturismo.

b) las inmersiones en jaulas.

c) los cambios en el hábitat del escualo.

18 El entrevistado dice que el número de tiburones está descendiendo a causa de...

a) los cambios climáticos.

b) la pesca indiscriminada.

c) la falta de alimento en el océano.

60 **Tarea 4**

Instrucciones

Usted va a escuchar a seis personas que dan su opinión sobre la costumbre de guardar secretos. Escuchará a cada persona dos veces. Seleccione el enunciado (A-J) que corresponde al tema del que habla cada persona (19-24). Hay diez enunciados incluido el ejemplo. Seleccione solamente seis. Marque las opciones elegidas en la ***Hoja de respuestas****. Ahora escuche el ejemplo:*

Persona 0

La opción correcta es el enunciado B

	A	B	C	D	E	F	G	H	I	J
0	☐	☒	☐	☐	☐	☐	☐	☐	☐	☐

Tiene 20 segundos para leer los enunciados.

ENUNCIADOS

A	Piensa que contar secretos suscita una sensación agradable.
B	**Dice que confiar secretos es una cosa muy normal.**
C	Dice que siempre debemos prometer silencio absoluto a quien nos cuenta un secreto.
D	Opina que hay que evaluar los pros y los contras de contar un secreto.
E	Dice que no todo el mundo cuenta los secretos por la misma razón.
F	Se le da bien guardar secretos.
G	Cree que se trata de cargas emocionales muy complicadas de soportar.
H	Admite su incapacidad para mantener la boca cerrada.
I	Dice que la mayoría de las personas son incapaces de guardar un secreto.
J	Piensa que hacer oídos sordos es la mejor solución.

	PERSONA	ENUNCIADO
	Persona 0	*B*
19	Persona 1	
20	Persona 2	
21	Persona 3	
22	Persona 4	
23	Persona 5	
24	Persona 6	

61 Tarea 5

Instrucciones

Usted va a escuchar a una ponente de un congreso sobre el medio ambiente. Escuchará la audición dos veces. Después debe contestar a las preguntas (25-30). Seleccione la opción correcta (a / b / c).
*Marque las opciones elegidas en la **Hoja de respuestas**.*
Tiene 30 segundos para leer las preguntas.

PREGUNTAS

25 Según la grabación, la ponente...

a) está feliz de participar en el congreso.
b) se siente orgullosa de participar en el congreso.
c) fue recibida con honores cuando participó en el congreso.

26 En la conferencia, la ponente dice que...

a) el concepto de economía verde es de sobras conocido.
b) sabe cuántas personas están familiarizadas con el concepto de economía verde.
c) quiere averiguar a cuántos asistentes les suena el concepto de economía verde.

27 Según la ponente, a menudo...

a) responsabilizamos a los medios de nuestros problemas.
b) creemos que la economía nos perjudica en gran medida.
c) el sistema económico es el motivo de nuestras desgracias.

28 En la grabación, la ponente dice que...

a) un alto porcentaje de nuestros ecosistemas va a desaparecer.
b) muchos de nuestros ecosistemas se están quedando sin sus recursos.
c) nuestros puestos de trabajo están en peligro.

29 La mujer afirma que...

a) los ciudadanos de a pie pueden impulsar el cambio.
b) los asistentes deben invertir en nuevas energías.
c) debemos prescindir de nuestro bienestar para reducir el impacto ecológico.

30 Según la grabación...

a) todos podemos influir en los que toman las decisiones importantes.
b) los asistentes deben invertir en nuevas energías.
c) hay que pensar en las generaciones futuras.

PRUEBA DE EXPRESIÓN E INTERACCIÓN ESCRITAS

Instrucciones

La prueba de Expresión e interacción escritas contiene dos tareas. Duración: 80 minutos.
*Haga sus tareas únicamente en la **Hoja de respuestas**.*

62

Tarea 1

Instrucciones

Usted va a escuchar una oferta de trabajo de una famosa empresa farmacéutica. La escuchará dos veces. Después tendrá que escribir una carta de presentación. En la carta deberá:

- *presentarse;*
- *indicar cuál ha sido su formación hasta ahora;*
- *explicar los motivos por los que está interesado en la oferta;*
- *justificar por qué es un buen candidato para la oferta;*
- *despedirse y solicitar una entrevista.*

*Número de palabras: **entre 150 y 180.***

Tarea 2

Instrucciones

Elija solo una de las dos opciones que se le ofrecen a continuación:

OPCIÓN 1

Usted debe escribir un artículo breve sobre el uso de Internet en Chile. El texto debe incluir y analizar la información que aparece en los gráficos siguientes:

Actividades más frecuentes de los usuarios de Internet

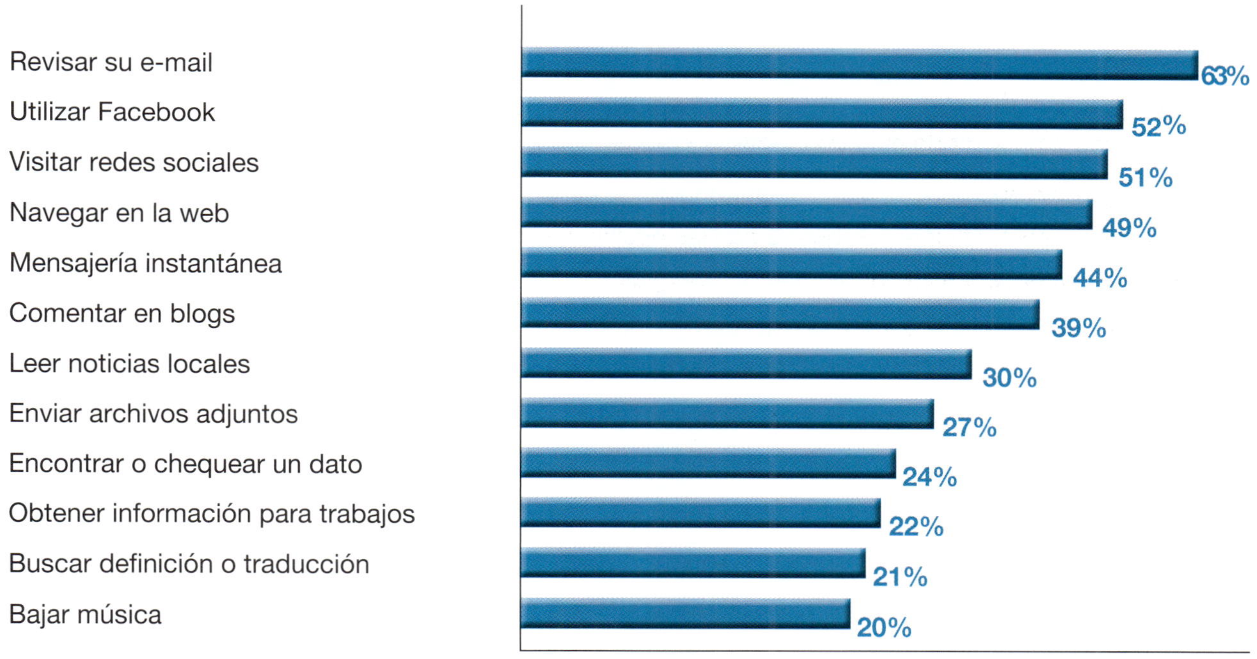

Redacte un texto en el que deberá:

- *comentar la diferencia de uso según el sexo;*
- *interpretar o comentar los datos que considere más relevantes;*
- *comparar los resultados con la situación en su país;*
- *elaborar una conclusión.*

Número de palabras: ***entre 150 y 180.***

Promedio horas uso Internet en casa y en el trabajo

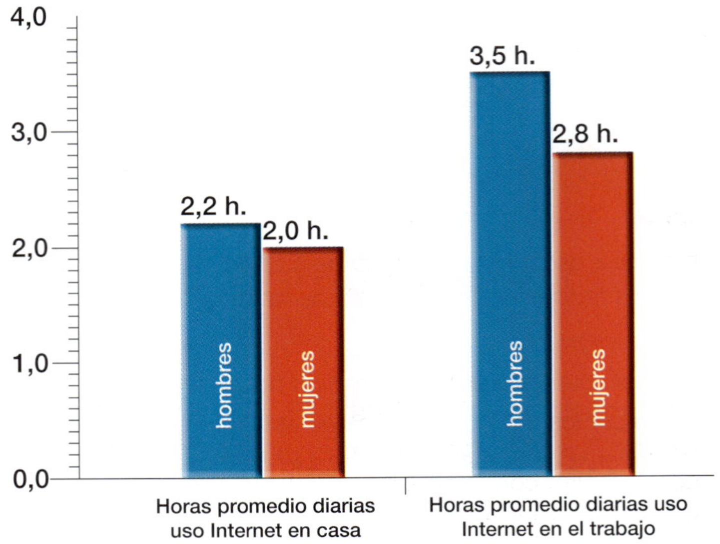

OPCIÓN 2

Basándose en la reseña de la novela de Antonio Muñoz Molina, escriba un artículo de opinión sobre algún libro que haya leído y le haya marcado de alguna manera.

EL JINETE POLACO (1988) DE ANTONIO MUÑOZ MOLINA

Hace más de diez años que leí esta magnífica (y muy larga) novela de Antonio Muñoz Molina con la que ganó el premio Planeta en 1991, y pese a no haberla releído, a día de hoy el recuerdo que guardo de ella es nítido y poderoso. Es lo que tienen los libros magistralmente escritos, con historias bien cimentadas, construidas y acabadas, y personajes carismáticos y creíbles casi siempre: el poso que dejan en el recuerdo es poderoso y muy agradable.

El jinete polaco, título que alude a un grabado de la obra homónima de Rembrant (enseguida sabrá el lector a qué se debe esto), contiene un efectivo mosaico de personajes y tramas narrado con pocos diálogos y muchos saltos temporales. La compleja historia que encierra está dividida en tres partes y sus raíces se encuentran en el imaginario pueblo andaluz de Mágina, creación de Antonio Muñoz Molina y sobre el que ha escrito en otras ocasiones.

El protagonista de la obra es Manuel, un traductor simultáneo que estaba deseando salir de su humilde pueblo, pero que con los años deja de renegar de él. Las cuatro generaciones de la familia de Manuel, de la que sabremos progresivamente, están vinculadas irremediablemente con Mágina, pero él prefiere deambular de país en país poniendo como excusa su nómada profesión. Su extraño reencuentro con Nadia, una bella mujer que vivió también en Mágina e hija no deseada de un comandante de apellido Galaz (que ocupará un papel determinante en la novela), hará que Manuel vuelva a unirse a su tierra natal.

Redacte un texto en el que deberá:

- *presentar el tema del que quiere hablar;*
- *citar la reseña que ha leído;*
- *hablar del libro que le ha dejado huella (argumento y personajes) y explicar por qué;*
- *concluir con una reflexión sobre la importancia de la lectura.*

Número de palabras: ***entre 150 y 180.***

PRUEBA DE EXPRESIÓN E INTERACCIÓN ORALES

Instrucciones

La prueba de Expresión e interacción orales contiene tres tareas:

- **Tarea 1**

Valorar propuestas y conversar sobre ellas (4-5 minutos)

Usted deberá hablar durante dos minutos de las ventajas e inconvenientes de una serie de soluciones propuestas para una situación determinada. A continuación, conversará con el entrevistador sobre el tema. Deberá elegir una de las dos opciones propuestas.

- **Tarea 2**

Describir una situación imaginada a partir de una fotografía y conversar sobre ella (3-4 minutos)

Usted debe imaginar una situación a partir de una fotografía y describirla durante uno o dos minutos. A continuación conversará con el entrevistador acerca de sus experiencias y opiniones sobre el tema de la situación. Tenga en cuenta que no hay una respuesta correcta: debe imaginar la situación a partir de las preguntas que se le proporcionan. Deberá elegir una de las dos opciones propuestas.

- **Tarea 3**

Opinar sobre los datos de una encuesta (2-3 minutos)

Usted debe conversar con el entrevistador sobre los datos de una encuesta, expresando su opinión al respecto. Deberá elegir una de las dos opciones propuestas.

Tiene 15 minutos para preparar las Tareas 1 y 2. Usted puede tomar notas y escribir un esquema de su exposición que podrá consultar durante el examen; en ningún caso podrá limitarse a leer el esquema o sus notas.

Tarea 1

Instrucciones

*Le proponemos dos temas con algunas indicaciones para preparar una exposición oral. Elija uno de ellos. Tendrá que hablar durante **2 o 3 minutos** sobre ventajas e inconvenientes de una serie de soluciones propuestas para una situación determinada. A continuación, conversará con el entrevistador sobre el tema.*

TEMA 1:

EL TRÁFICO

En su ciudad el tráfico ha aumentado notablemente, y de consecuencia también la contaminación del aire y acústica.
Lea las siguientes propuestas y, durante dos minutos, explique sus ventajas e inconvenientes; tenga en cuenta que debe hablar, como mínimo, de cuatro de ellas. Cuando haya finalizado su intervención, debe conversar con el entrevistador sobre el tema de las propuestas.
Para preparar su intervención, al analizar cada propuesta debe plantearse por qué le parece una buena solución y qué inconvenientes tiene, a quién beneficia y a quién perjudica, si puede generar otros problemas, si habría que matizar algo...

Yo siempre cojo el coche para ir al trabajo. Es que el bono de transporte sale bastante caro.

A mí me encanta moverme en bicicleta y aunque los carriles bici brillan por su ausencia, prefiero arriesgarme. Si los hicieran, creo que la gente cogería más la bici.

Yo creo que la cuestión principal es utilizar un tipo de vehículo lo menos contaminante posible. Ya existen coches que funcionan con electricidad.

El Ayuntamiento debería limitar el tráfico imponiendo un peaje a quien quiera entrar en coche por el centro.

Un domingo al mes cortan el tráfico en la ciudad para reducir la emisión de gases nocivos. Pero no es suficiente.

Las personas mayores estamos obligadas a ir en taxi. El transporte de esta ciudad no está adaptado a nuestras necesidades.

TEMA 2:

SALUD

En un debate televisivo se está hablando de la sanidad pública y privada.
Lea las siguientes propuestas y, durante dos minutos, explique sus ventajas e inconvenientes; tenga en cuenta que debe hablar, como mínimo, de cuatro de ellas. Cuando haya finalizado su intervención, debe conversar con el entrevistador sobre el tema de las propuestas.
Para preparar su intervención, al analizar cada propuesta debe plantearse por qué le parece una buena solución y qué inconvenientes tiene, a quién beneficia y a quién perjudica, si puede generar otros problemas, si habría que matizar algo...

Lo malo de la sanidad pública es que a veces hay listas de espera eternas. Si tienes algo grave, no es lo más aconsejable.

La sanidad pública es un derecho que pagamos todos los contribuyentes. Debería ser totalmente gratuita.

A veces los pacientes pagan un médico privado porque creen que así estarán mejor atendidos..

Hay gente que se hace un análisis de sangre cada mes sin necesidad. Si no se abusara de la sanidad pública, la calidad mejoraría. Hay que poner controles.

Yo creo que la sanidad pública debería incluir los ambulatorios veterinarios. Al fin y al cabo, nuestros animales domésticos son miembros de la familia.

Para las personas mayores, sería mejor que recibieran la asistencia sanitaria en sus hogares. Ellos estarían más contentos y las colas se reducirían enormemente.

EXPOSICIÓN

Ejemplo Tema 1: *A la propuesta de cortar el tráfico en la ciudad...*

Ejemplo Tema 2: *A la propuesta de incluir ambulatorios veterinarios...*

Conversación

Una vez el candidato haya hablado de las propuestas de la lámina durante el tiempo estipulado (2 minutos), el entrevistador le hará algunas preguntas sobre el tema hasta cumplir con la duración de la tarea.

Ejemplo de preguntas del entrevistador:

TEMA 1

Sobre las propuestas

- De las propuestas dadas, ¿cuál le parece la mejor?

Sobre su realidad

- ¿Cree que en su ciudad el tráfico es también un problema?
  ¿Se han tomado medidas para reducirlo? ¿Han funcionado? ¿Por qué?

Sobre sus opiniones

- ¿Cree que el tráfico influye en la calidad de vida de los habitantes de una ciudad?

TEMA 2

Sobre las propuestas

- De las propuestas dadas, ¿cuál le parece la mejor?

Sobre su realidad

- En su país, ¿cómo funciona el sistema sanitario público? ¿Cree que es eficaz? ¿Por qué?

Sobre sus opiniones

- Personalmente, ¿prefiere utilizar la sanidad pública o privada? ¿Por qué?

*La duración total de esta tarea es de **4 a 5 minutos**.*

Tarea 2

Instrucciones

Usted debe imaginar una situación a partir de la fotografía y describirla durante unos minutos. A continuación conversará con el entrevistador acerca de sus experiencias y opiniones sobre el tema de la situación. Tenga en cuenta que no hay una respuesta correcta: debe imaginar la situación a partir de las preguntas que se le proporcionan. Deberá elegir una de las dos fotografías propuestas.

FOTOGRAFÍA 1: VACACIONES IDEALES

Las personas de la fotografía están pasando unas vacaciones en la playa. Imagine la situación y hable de ella durante, aproximadamente, dos minutos. Estos son algunos aspectos que puede comentar:

- ¿Dónde están? ¿Por qué?
- ¿Qué relación cree que hay entre estas personas? ¿Por qué?
- ¿Cómo imagina que es cada una de estas personas? ¿Por qué?
- ¿Qué cree que está pasando? ¿Por qué?
- ¿Qué cree que se están diciendo?
- ¿Qué cree que va a ocurrir después? ¿Cómo va a terminar la situación?

FOTOGRAFÍA 2: EN LA FERIA

Las personas de la fotografía están en una fiesta popular. Imagine la situación y hable de ella durante, aproximadamente, dos minutos. Estos son algunos aspectos que puede comentar:

- ¿Dónde cree que están? ¿Por qué?
- ¿Qué relación cree que hay entre estas personas? ¿Por qué?
- ¿Cómo imagina que es cada una de estas personas? ¿Por qué?
- ¿Qué cree que están mirando? ¿Por qué?
- ¿Qué cree que pueden comentar entre ellas?
- ¿Qué cree que va a ocurrir después? ¿Cómo va a terminar la situación?

Una vez haya descrito la fotografía durante el tiempo estipulado (2 minutos), el entrevistador le hará algunas preguntas sobre el tema de la situación hasta cumplir con la duración de la tarea.

Ejemplo de preguntas del entrevistador:

FOTOGRAFÍA 1:

- ¿Cree que una playa paradisíaca es la mejor opción para ir de vacaciones? ¿Por qué?
- ¿Qué tipo de vacaciones prefiere usted?
- ¿Cuáles son las ventajas e inconvenientes de pasar unas vacaciones como las de la foto?

FOTOGRAFÍA 2:

- ¿Le gustan las fiestas populares? ¿Por qué?
- ¿En su país o ciudad se celebran fiestas similares o de otro tipo? Descríbalas.
- ¿Piensa que esta foto puede representar la cultura española? ¿Coincide con su percepción de lo hispánico?

*La duración total de esta tarea es de **3 a 4 minutos**.*

Tarea 3

Instrucciones

Usted debe conversar con el entrevistador sobre los contenidos de un gráfico, expresando su opinión al respecto. Deberá elegir una de las dos opciones propuestas.

PROPUESTA 1: LAS PRÁCTICAS PROFESIONALES

Se ha hecho una encuesta a jóvenes universitarios colombianos de entre 20 y 25 años sobre su valoración de las prácticas profesionales. Observe el gráfico con los resultados:

¿Cómo evalúas las prácticas profesionales?

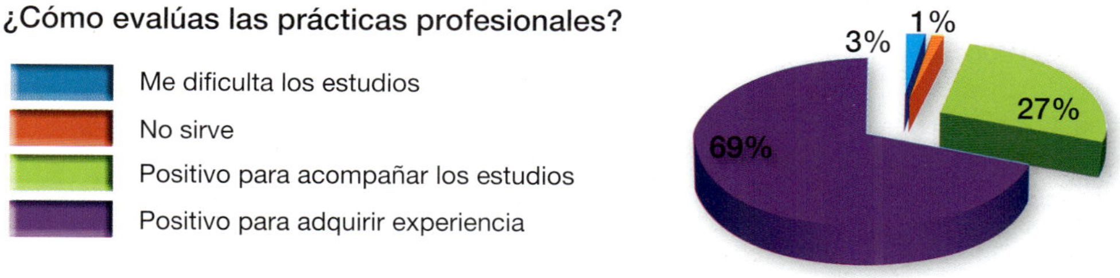

Instrucciones

Converse ahora con el entrevistador sobre sus impresiones acerca del gráfico:

- ¿Cree que estos resultados coinciden con la opinión de los jóvenes de su país?
- Personalmente, ¿qué opina acerca del tema? ¿Puede contar su experiencia o la de alguien conocido al haber realizado un periodo de prácticas?

Ejemplo de preguntas del entrevistador:

- ¿Por qué ha escogido esa opción?
- ¿Cuáles son las ventajas de hacer prácticas profesionales? ¿Y los inconvenientes?

PROPUESTA 2: EL ARTE QUE SE COME

Carl Warner es el impulsor de lo que se llama "foodscapes", un neologismo que une las palabras comida y paisaje, en una definición más que precisa de las obras que realiza. Las obras de Warner se realizan sobre esbozos pintados en un lienzo y que componen una representación paisajística. Después, el artista selecciona los productos, los ordena sobre el esbozo y los va fotografiando. Estas fotos las realiza en varias etapas para que los productos frescos no se deterioren. Tras este proceso, recompone los fragmentos fotográficos hasta lograr la composición final que, como podemos ver en la exposición online que mantiene en su sitio web, resultan una auténtica muestra de ingenio artístico.

Instrucciones

Comente ahora con el entrevistador su opinión sobre la noticia:

- ¿Había oído esta noticia antes? ¿Qué le parece?
- ¿Qué tipo de arte prefiere? ¿Por qué?
- ¿Ha ido alguna vez a alguna presentación curiosa o que le haya llamado la atención por algún motivo?

Ejemplo de preguntas del entrevistador:

- ¿Por qué ha escogido esa opción? ¿Le gustaría conocer la obra de este artista? ¿Por qué?
- ¿Piensa que una obra de arte que se come no es verdadero arte?
- En su opinión, ¿qué características debe tener una obra de arte para ser considerada como tal?

*La duración de esta tarea es de **2 a 3 minutos**.*

CIDEB
en Internet: www.blackcat-cideb.com
Correo-e: info@blackcat-cideb.com

Member of CISQ Federation
RINA
ISO 9001:2008
Certified Quality System
The design, production and distribution of educational materials for the CIDEB brand are managed in compliance with the rules of Quality Management System which fulfils the requirements of the standard ISO 9001 (Rina Cert. No. 24298/02/S - IQNet Reg. No. IT-80096)

Redacción: Maria Grazia Donati
Diseño y cubierta: Simona Corniola
Maquetación: Gloriana Conte - Ambra Coniglione
Búsqueda iconográfica: Alice Graziotin
Ilustraciones: Claudia Benassi
Coordinación gráfica: Simona Corniola

Dirección de arte: Nadia Maestri

Créditos fotográficos: Istockphoto; Dreams Time; Shutterstock; ©LookImages/Cuboimages: 20ar; Rene Burri/Magnum Photos/Contrasto: 20c; ©LookImages/Cuboimages: 20ab; ©JohnWarburton-Lee/Cuboimages: 23; © Yan Ting/Xinhua Press/Corbis: 30dcha; Getty Images: 34; Simon Jay Price/Tips Images: 36; Getty Images: 37, 58; Cinetext/Allstar/Paramount Pict./Tips Images: 66; AFP/Getty Images: 71; 2010 Eduardo Parra/ Getty Images: 95ab; Getty Images: 109ar, 111ar; Tips Images: 111ab; Getty Images: 113ar; Tips Images: 114; Getty Images: 115ar, 132; ODD ANDERSEN/Getty Images: 151; Getty Images: 152, 189; Daniel Perez/Getty Images: 190. La editorial quiere agradecer a Silvio Cavallo la concesión de las fotos de las páginas: 133, 168, 170, 171.

Primera edición: junio 2013

La editorial quiere agradecer a Flavia Bocchio Ramazio su colaboración.

Impreso en Italia por: DEAPRINTING – Novara.

Reimpresiones	0	1	2	3	4	5	6
Año	2013	2014	2015	2016	2017	2018	2019

Características mínimas para el Libro Digital			
WINDOWS		**MACINTOSH**	
Sistema operativo	XP	Mac OS	10.4.x
Tipo di procesador	AMD / Intel	Tipo di procesador	Intel Solo
Velocidad procesador	1.0 Ghz	Velocidad procesador	500 Mhz / 1.0 Ghz
Memoria RAM	256 mb	Memoria RAM	256 mb
LINUX OS			
Linux OS	Fedora 6 / Ubuntu 6 / Open Suse 10.2 / Mandriva 2007		
Tipo di procesador	AMD / Intel		
Velocidad procesador	1.0 Ghz		
Memoria RAM	256 mb		
Requisitos adicionales	Kernel 2.6, GLIB 2.4, GTK 2		